자연의 인간, 인간의 자연

자연의 인간, 인간의 자연

1판1쇄 펴냄 2012년 7월 9일

지은이 | 박호성

펴낸이 | 박상훈
주간 | 정민용
편집장 | 안중철
편집 | 최미정, 윤상훈, 이진실
제작·영업 | 김재선, 박경춘

펴낸 곳 | 후마니타스(주)
등록 | 2002년 2월 19일 제300-2003-108호
주소 | 서울 마포구 합정동 413-7번지 1층(121-883)
편집 | 02-739-9929, 9930 제작·영업 | 02-722-9960 팩스 | 02-733-9910
홈페이지 | www.humanitasbook.co.kr

인쇄 | 천일 031-955-8083   제본 | 일진제책 031-908-1407

값 15,000원

ⓒ 박호성 2012
ISBN 978-89-6437-157-2 93300

이 도서의 국립중앙도서관 출판시도서목록(CIP)은 e-CIP홈페이지(http://www.nl.go.kr/ecip)와 국가자료공동목
록시스템(http://www.nl.go.kr/kolisnet)에서 이용하실 수 있습니다(CIP제어번호: CIP2012003012).

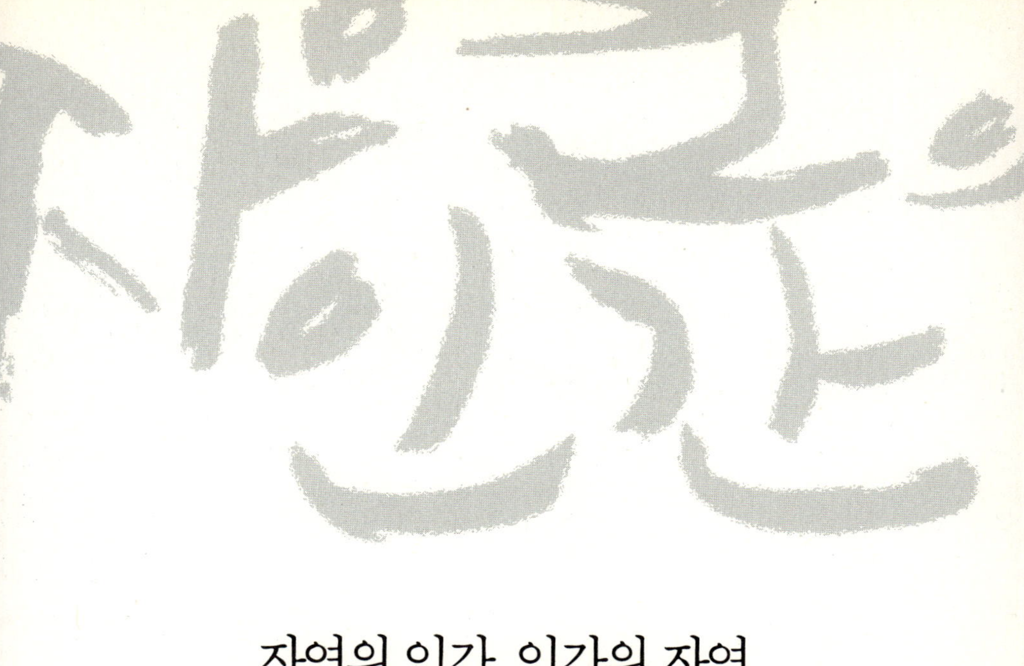

자연의 인간, 인간의 자연

박호성 지음

후마니타스

하늘의 뜻을 묵묵히 실행하시어,

'살아 있는 성자'라 칭송 받기도 하시는

가브리엘 박충선 님께 변변찮은 이 졸저를 삼가 바칩니다.

차례

프롤로그

금의 아름다움을 알게 되면, 별의 아름다움을 잊게 된다.

_독일 속담

평화로운 자연, 선량한 주민

나는 지금 닳아 반질반질해진 오래된 책상에 앉아, 그것이 책상으로 바뀌기 전 숲 속의 푸른 나무였을 때, 그곳에 둥지를 틀고 우짖던 새의 노랫소리는 과연 어땠을까를 떠올려 보며 이 글을 쓴다.

그런데 조선 시대 사람들도 '오늘 참 공기가 맑다'라는 말을 하곤 했을까? 지질하게도 나는 이런 습관성 의문에서 잘 헤어나질 못한다. 뿐만 아니라 자연을 사뭇 가까이 불러다 옆에 앉혀 놓고는, 21세기야말로 바야흐로 '황인종의 시대'가 되리라는 못내 어처구니없는 낙관론에 사로잡히기 일쑤다.[1] 심지어는 이런 어쭙잖은 나의 '지론'이 정당하다는 것을 입증하기 위해, 가당찮게도 혹세무민할 만한 그럴 듯한 논리를 갖다 붙이기도 한다. '생활 철학적인' 배경과 '기술적인' 측면, 두 가지 요인이 바로 기본 축이다.

첫째로, 우리 동양인은 예로부터 음풍농월吟風弄月이니 죽림칠현竹林七賢이니 하며, 자연과 벗 삼고 자연에 동화하고자 하는 삶의 자세를 즐기고 기려 온 전통을 지니고 있다. 우리는 소풍 같은 것을 가면서도 흔히 '자연을 벗 삼는다'는 말투를 즐겨 덧붙이곤 한다. 그런 상투적인 말 속에도 자연을 늘 가까운 벗처럼 생각해 온 우리의 손때 묻은 인간적 겸허함이 깃들어 있는 것이다.

사실 '자연을 벗 삼는다'는 것은 우리 동양인의 오래된 생활 관습이기도 하다. 그러니 자연을 순수한 정복의 대상으로 여겨 마구잡이로 분탕질하려 들기보다는, 오히려 자연을 즐기고 자연을 닮아 가려는 몸짓이 우리에게는 더욱 예사로운 것이었다. 서양인들처럼 자연을 갈아엎거나 자연과 전쟁을 벌이는 게 아니라, 자연 속에서 노니는 온유한 음풍농월이 우리네 본연의 삶의 흔적이었다고 할 수 있다. 자연을 향해 삿대질하기보다는 자연으로부터 무언가를 배워 얻고자 했던 것이, 우리 선조들의 기특하고 갸륵한 마음가짐이었던 것이다.

물론 그로 인해 우리는 이른바 근대적 과학 문명을 뒤늦게 밟아 나감으로써 자연과의 싸움질에 익숙했던 '앞선' 자들로부터 억눌리고 노략질당하

---

1 이에 대해서는, 박호성, 『공동체론 : 화해와 통합의 사회·정치적 기초』(효형, 2009), 618-620쪽도 참조.

는 아픈 세월을 겪기도 했다. 그리고 지금도 그 상흔을 짊어진 채 무거운 후유증에 시달리고 있기도 하다. 하지만 장자莊子처럼 풀이해서, 소의 코를 자연이라 이른다면, 이 코를 꿰뚫고 있는 코뚜레를 아마 문화나 문명이라 일컬을 수도 있을 것이다. 이렇게 본다면, 서양인은 오히려 자신들의 코에 열심히 그리고 성공적으로 코뚜레를 만들어 걸고, 그것에 질질 끌려다니기만 하는 존재라 할 수도 있지 않을까.

지금 세계는 '지구를 살리자'느니, '자연을 보호하자'느니 해가며, 도처에서 야단법석을 피우고 있다. 하지만 우리 동양인은 그저 우리의 오랜 피속에 흥건히 녹아들어 있는, 자연에 대한 자연스러운 동경과 애정을 다시 그윽이 불 지피기만 하면 되지 않을까. 이것이 '생활 철학적인' 배경이다.

둘째로, 역사적으로 볼 때, 지금까지 이 세계는 대포나 항공모함 등 '거대한 것'을 잘 만드는 부류가 지배해 왔다고 말할 수 있다. 예컨대 세계 최대 대포는 독일 크룹Krupp 사에서 제작한 것으로, 구경이 280밀리미터, 포길이가 13.96미터, 중량이 60톤이나 나가며, 최대 사거리가 무려 16킬로미터에 달하는 것으로 알려져 있다. 그리고 니미츠 호로 불리는 미국의 세계 최대 항공모함은 그 넓이가 축구장의 세 배나 되고, 브리지가 15층 건물 높이에 달해, "떠다니는 해상 도시"로 명성을 떨치고 있다.

그러나 앞으로의 세계는 '정보화' 등에서도 드러나듯이, '거대한' 것이 아니라 '정교한' 것을 잘 만들어 내는 종족이 이끌어 가게 되지 않을까 싶다. 가령 태어나서 죽을 때까지 젓가락을 사용하는 민족들의 미세한 손재주는 가히 환상적이라 할 수 있다. 이런 면에서 백인들은 이들 동양인을 결코 따라잡을 수 없다. 국제기능올림픽대회에서, 어느 민족 출신 선수들이 메달을 휩쓸던가. 그리고 컴퓨터나 인터넷 강국은 대체 어떤 나라들일까. 미국은 '확대 지향성'에 사로잡혀 전전긍긍하기만 하는 나라 같은 인상을 준다. 거창한 규모에만 매달리다 보니, 그것을 정교하고 치밀한 알짜로는 채우지 못해 허전하고 허황한 느낌을 줄 때가 잦다. 이런 미국적 성향은 가령 일본의 '축소 지향성'과 대비되기도 한다. 예컨대 세계적인 평화 운동가이자 재기 발랄한 이론가인 노르웨이의 요한 갈퉁Johan Galtung은 "만일 일본이 핵무기 제조 허가를 받게 된다면, 틀림없이 '포켓용 핵무기'를 단숨에 만들어 낼 것"이라 이야기할 정도다. 이것이 21세기가 황인종의 시대가 될 것이라 볼 수 있는 두 번째 '기술적' 측면이다.

만약에 자연과의 합일성合一性과 기술적 정교성이 압도하는 이런 시대가 도래한다면, 전 세계 인류가 평화롭게 자연을 벗 삼으며 자유롭게 삶을 향유할 수 있는, 복된 화해와 공생의 세계가 혹시 열리지는 않을까.[2]

———

2 참고로, 헌팅턴도 — 다른 문맥을 통해 — 이와 유사한 입장을 밝히고 있다. 그는 통계 수치를 제시해 가며, 영토와 인구, 생산력 및 군사력 등의 측면에서 아시아 문명권의 급속한 신장과 서구의 "완만한" 몰락을 예측한다. 그는 "서구의 장악력은 1920년대에 절정에 이르렀다가 그 후 불규칙하지만 뚜렷한 하강세에 있다. 절정기로부터 1백 년이 지난 2020년대의 서구는 세계 영토의 24%(절정기에는 49%), 세계 총인구의 10%(절정기에는 48%), 사회적으로 동원 가능한 인구의 15~20%, 세계 총생산의 30%(절정기에는 70%), 제조업 생산량의 약 25%(절정기에는 84%), 전 세계 병력의 10% 미만을 차지할 것"으로 내다보면서, 2020년쯤이 되면, "서구가 주도하던 시대는 막을 내릴 것"이라 단언한다[새뮤얼 헌팅턴, 『문명의 충돌』(이희재 옮김, 김영사, 2008), 116쪽 참조].
　이에 덧붙여 헌팅턴은 특히 동아시아인들은 자신이 서구보다 약하다고 느꼈을 때는 서구의 지배에 대한 저항을 정당화하기 위해 자유주의, 민주주의, 독립성 같은 서구적 가치를 부르짖기도 했지만, 이제 점점 강해지고 있다는 자신감을 얻은 비서구 사회는 예전에 자신이 변호하던 것과

하지만 나는 웅대한 자연에 견주어 한갓 솜털 같은 미물에 불과한, 초라하기 짝이 없는 인간 주제에 도대체 무슨 배짱으로 외마디라도 내지를 수 있겠는가 하는 조마조마한 심정으로 이 책을 쓰긴 했다. 그러나 끝까지 나를 굳건히 후원해 준 것은 무엇보다 우리 한국 사회의 장래가 매우 밝다는 굳센 심증 하나였다. 환경오염과 생태계 파괴 현상이 줄을 잇는 비극적인 상황임에도, 우리 민족의 의연한 삶의 발자취가 내게 큰 힘이 되어 준 것이다.

우리 민족은 빼어나게 '자연 친화적인' 공동체적 삶의 전통을 누리며 살아왔다. 예컨대 소나무 하나를 보자. 우리는 소나무와 끊으려야 끊을 수 없는 간곡한 인연과 친분을 맺고 살아 왔다. 눈, 바람, 서리를 이겨 내며 늘 푸르게 우리 땅 어디에서나 잘 자라는 소나무는 우리 민족의 삶 속에 깊숙이 뿌리내려 왔다. 우리 애국가에도 "남산 위에 저 소나무……" 하는 구절이 있을 정도 아닌가. 우리 선조는 소나무로 지은 집에서 소나무 장작으로 불을 지피며 살다가, 죽어서는 소나무 관에 묻혔다. 송진으로 배의 이음새

동일한 가치관을 가차 없이 공격하게 되었다고 주장한다. 왜냐하면 서구에 대한 반항이 원래는 서구적 가치의 보편성을 내세움으로써 정당화되었지만, 이제 그것은 비서구적 가치의 우월성을 표방함으로써 정당화된다고 보기 때문이다(같은 책, 119쪽). 나아가 헌팅턴은 아시아의 급속한 경제성장 국면을 사례로 보여 주기 위해, "1인당 생산량을 두 배로 늘리는 데 영국과 미국이 각각 58년과 47년 걸린 데 비해, 일본은 35년, 인도네시아는 17년, 한국은 11년, 중국은 10년"밖에 걸리지 않았다고 주장하면서, "1990년 현재 세계 2위와 3위의 경제대국을 가지고 있는 아시아는 2020년까지는 5대 경제 대국 가운데 4개국, 10대 경제대국 가운데 7개국을 가지게 될 공산이 크다"고 단언한다(같은 책, 134-135쪽).

를 메웠고, 흉년이나 보릿고개를 만나면 소나무 속껍질로 허기를 달랬으며, 어두운 밤에는 관솔불로 주위를 밝혔다. 추석에는 솔잎을 깔고 송편을 쪘으며, 솔잎이나 송홧가루, 솔방울로는 차나 술을 빚었다. 소나무의 뿌리에 기생하는 (백)복령은 요긴한 약재로 쓰이기도 했다. 늘 우리는 올바른 마음과 굳은 절개를 지니고 서리와 눈을 막아 추위를 이겨 내는 소나무와 함께 살며 그를 본받고자 애써 온 것이다. 산꼭대기 바위틈에서까지 소나무를 키우는 우리 강산은 또 얼마나 복 받은 땅인가.

그러나 그게 다가 아니다. 우리는 늦가을에 잘 익은 홍시를 따면서도, 까치가 요기 삼아 따먹을 수 있도록 몇 개는 따지 않고 나무에 그대로 남겨 둘 줄 아는 '형제애'를 발휘하기도 했다. 더욱이 찬송가 가사까지 '삼천리 반도 금수강산, 하나님 주신 동산' 하며, 우리 자연에 대한 예찬을 아끼지 않을 정도다. 물론 외국인들도 예외는 아니다. 그네들은 우리 산천이 그렇게 인간 친화적일 수 없다고 입을 모은다. 무지막지할 정도의 대평원들이 끝간데없이 뻗어 있는 다른 나라들과 달리 우리나라는, 평야가 널찍이 펼쳐져 있는가 싶으면 그 끝자락에는 다소곳한 산이 병풍처럼 포근하게 감싸고 앉아 있기 일쑤여서, 그렇게 아늑하고 편안한 정감을 자아낼 수 없다고 경탄들을 한다.

또 계곡을 굽이굽이 감돌아 흘러내리는 우리 물의 빛깔은 어떤가. 라인 강이니, 미시시피니, 다뉴브니, 세느니 하는, 세계적으로 이름 높은 강들의 빛깔은 대부분 잿빛이다. 세계 어디에서도 우리처럼 그야말로 맑고 투명한 물빛을 찾기란 그리 쉬운 일이 아니다. 이처럼 우리는 방방곡곡 어디서

나 고즈넉한 산과 맑은 물을 만날 수 있는 유려한 삶의 터전에서 삶을 이어 온 것이다. '평화로운 자연, 선량한 주민', 바로 이것이야말로 세계에 자랑스레 내세울 수 있는 우리의 천연 트레이드마크였던 것이다.

그런데 이 복 받은 땅과 양순한 사람들이 지금은 과연 어떤 상태에 놓여 있을까?

인간과 자연

'돌아가다'라는 단어를 국어사전에서 찾아보면 "본디 있던 자리로, 또는 오던 길을 되돌아 다시 가다"로 풀이되어 있다. 그러나 흥미로운 것은 그 말이 동시에, 예컨대 '할아버지가 돌아가셨다' 하는 식으로, '죽다'의 높임말로 사용되기도 한다는 것이다. 인간이 죽으면 도대체 어디로 '돌아가는' 것일까?

인간이란 어차피 자연에서 와서 더불어 자연으로 되돌아갈 '피붙이 공동 운명체'다. 부귀한 사람도 빈천한 사람도 언젠가는 모두 자연으로 돌아간다. 그러나 흙이 되기는 매일반일 텐데도 조그만 눈앞의 사리사욕을 탐해 허망한 싸움을 그칠 줄 모른다면, 그것은 자연과 인간에 대한 원초적 배리가 될 것이다.

우리는 자연 속에서 태어나, 자연 속에서 살고 있다. 지금 이 순간에도 우리 인간은 자연 속에 있고, 자연은 우리의 가슴속에 있다. 그리고 어느 날 우리는 다시 그리로 돌아갈 것이다. 자연 속에 우리 인간이 있듯이 우리 인간 안에 자연이 있으며, 자연과 인간이 둘이 아니고 곧 하나임을 자연스레 깨우쳐야 할 것이다. 그런데 우리 인간이 그 자연을 제대로 느끼지 못하는 것은, 자연이 멀리 떨어져 있기 때문이 아니라 오히려 그것이 너무나 가까이 있고, 또한 우리가 한 번도 그곳에서 벗어난 일이 없기 때문이다. 결국 인간이 자연을 학대하는 것은 곧 자신의 삶 그 자체를 박해하는 것이 된다. 자연을 '죽이면', 자연이 '죽인다.' 자연이 인간의 소유물이 아니라, 인간이 자연의 소유물인 탓이다. 다른 한편, 우리 인간이 우리 자신의 생존을 위해 다른 생명체의 희생을 요구할 수밖에 없다면, 우리 또한 마찬가지로 다른 생명체를 위해 스스로 희생을 감수하는 것이 지극히 자연스러운 이치요, 의무라 할 수 있다. 그러므로 우리는 절제할 줄 아는 '자연살이'를 통해 우리를 살리고, 자연을 살리고, 생명을 아끼는 법을 체득하지 않으면 안 된다.

이런 자연이 우리에게 보여 주듯이, 썩은 풀숲에서 여름밤을 밝히는 반딧불이 나오고, 더러운 흙 속에 살던 굼벵이가 자라 가을바람에 이슬 마시는 매미가 되는 것처럼, 그리고 진흙탕 속에서 연꽃이 피는 것처럼, 진실로 깨끗한 것은 언제나 더러운 것으로부터 나오고, 밝음 또한 언제나 어두움에서 비롯하는 것이라 할 수 있다. 방향성芳香性 식물은, 성장하는 동안에는 향기를 내지 않는다. 하지만 이윽고 땅 위에서 짓밟히고 으깨어지면, 달콤한 향기를 사방에 흩날린다. 이런 면에서 어둡고 더러운 비리와 부조리를 잘 퇴치함으로써, 더욱더 밝고 깨끗한 세상을 만들어 나가는 것, 이것은 자연의 섭리를 따르는 일이기도 하다. 요컨대 걸림돌을 디딤돌로 만들어 나가는 지혜 같은 것을 우리는 자연으로부터 배워 익힐 수 있을 것이다.

하기야 햇빛 비치는 좋은 날씨만 계속되면, 이 세상의 모든 게 사막으로 변할 수밖에 없다. 휘몰아치는 거센 비바람이 있기에 새싹이 돋아난다. 허나 사막은 어딘가에 샘을 숨기고 있기 때문에 아름다운 것이다. 그러므로 그 샘을 찾아야 한다. 이처럼 고통과 난관 속에는 언제나 그것을 이겨 내도록 이끌어 주는 희망의 샘이 숨어 있는 법이다. 그러므로 그 샘을 찾기만 하면 되는 것이다. 이 세상에 희망 없는 일은 없다. 다만 희망이 없다고 생각하는 사람만 있을 뿐이다.

인간은 모름지기 자연의 자연스러운 산물로 살아가야 할 것이다. 우리는 작은 이슬방울, 가느다란 실개천 하나하나까지 다 받아들임으로써 비로소 바다의 가없는 깊이가 온전해진다는 사실을 모른 체할 수 있을까. 아울러 자신이 깨끗하다 하여 남의 더러움을 기꺼이 포용하지 못한다면 그것은 참된 깨끗함이 아니라 결벽증에 지나지 않고, 자기가 옳다고 여긴대서 남에게까지 그 길을 강요하려 든다면 그것은 옳음이 아니라 자기도취일 따름이라는 가르침을 어이 멀리할 것인가.

가장 비인간적인 것은 이기주의다. 왜냐하면 우리 인간은 죽음이라는 절대 평등의 울타리 안에서 서로서로 격려하고 도우며 살아가야 마땅할 공동 운명체이기 때문이다.

하지만 우리 인간은 참으로 가증스럽고 뻔뻔스러운 존재다. 우리는 흔히 '이 인간아!' 하고 외칠 때가 있다. 이 경우 '인간'이란 마음에 거슬리는 상대를 경멸조로 일컬을 때 쓰는 말이다.[3] 태양과 물과 바람과 나무와 공기처럼, 아무런 보상도 바라지 않고 한결같이 무상으로 모든 걸 바치기만 하는 자연을, 우리는 마음 내키는 대로 짓밟고 허물고 더럽히려고만 든다. 자연이 마치 순교자처럼 비칠 정도다. 어떻게 하면 자연 역시 예수님처럼 부활할 수 있을까. 원래 인간 없는 자연은 전혀 문제 될 게 없다. 그러나 자연 없는 인간은 생존 불능이다. 이처럼 인간에게 자연은 전부이나, 자연에게 인간은 극히 미세한 일부분에 지나지 않는다.

그런데 인간은 혹시 자연에 고통을 가하고 폭력을 자행함으로써 쾌락을 추구하는 "마조히스트"masochist는 아닐까? 평생 자연을 벗하며 살았으며, 『월든』이란 뛰어난 작품을 남기기도 한 미국 작가 헨리 데이비드 소로우Henry David Thoreau는 죽기 전 자신의 일기에 다음과 같은 기록을 남겼다. "대부분의 사람들은 자연을 아낄 줄 모른다. 그리고 자기 소유라면, 자연의 모든 아름다움을 돈 몇 푼에도 팔아넘기려 한다. 그 대가가 고작 럼주 한 잔인 경우도 많다."

"누구나 세상을 변화시킬 생각은 하지만, 어느 누구도 자신을 변화시킬 생각은 하지 않는다"라고 일갈한 사람은 바로 톨스토이다. 우리는 물론 바람의 방향을 바꿀 수는 없다. 하지만 돛배의 진로는 변경할 수 있다. 이런 의미에서 무엇보다 '바람의 방향'부터 살핀 연후에, 요컨대 우리 인간의 생

---

3 국어사전에서는 '인간'이 "마음에 거슬리는 인간을 경멸해 일컫는 말"로 정의되기도 한다. 이에 대해서는, 『국어대사전』(이응백 감수, 교육도서, 1988), 1666쪽을 참조할 것.

명줄임에도 바로 우리 자신에 의해 싸늘하게 버림받고 있는 생태계에 대한 냉철한 인식을 토대로 하여, '돛배의 진로', 말하자면 이 생태계를 무엄하게 짓이기고 있는 인간의 '쇄신' 방안을 모색해야 할 것이다.

하지만 예컨대 '살생하지 말라'는 계율이 과연 정당하기만 할까. 인간뿐만 아니라 뭇 생명체는 자신의 생명을 유지하기 위해 필연적으로 다른 생명체를 희생시키지 않으면 안 되도록 창조되었다. 그렇게 하지 않으면, 스스로가 죽을 수밖에 없기 때문이다.

그럼에도 우리는 이 지상의 모든 살아 있는 것에 연민을 갖고 최대한 많은 것에 이득을 베풀고, 그리고 최소한의 것에 부득이하게 해를 끼치도록 노력해야 할 것이다. '생명'生命은 '살라는 명령'이다. 모든 것이 살라는 명령을 함께 부여받고 또 살 권리를 공평히 지녔으니, 우리가 줄 수 없는 생명을 어찌 우리 손으로 함부로 취할 수 있겠는가. 우리가 "죽은 사람", 그리고 "아직 태어나지 않은 사람들의 생명권生命權을 존중"하는 것과 마찬가지로, "비인간적 존재의 생존권生存權" 역시 존중해야 마땅하다. 그러므로 "생명 보전에 대한 우리의 책임은 동물 보호뿐만 아니라 식물과 무생물계에까지 확대"되는 것이 바람직하다.[4]

이런 의미에서 모든 생명의 원천인 자연을 단순히 '보호'하는 게 아니라 오히려 '존중'하는 자세가 보다 합당하고 소망스러운 것임은 물론이다. 그

---

4 진교훈, "생명과 철학 : 철학에서 본 생명," 서강대 생명문화연구원, 『생명의 길을 찾아서』(민지사, 2001), 32쪽 참조.

럴 때 우리는 비로소 인간과 자연의 합일을 지향하는 새로운 '생명 공동체'biotic community를 건설할 수 있는 터전을 마련할 수 있을 것이다. 그러기 위해 우리는 무엇보다 자연의 가르침에 겸허히 귀 기울여야 마땅하다. 자연이 인간의 스승이기 때문이다.

그러나 우리는 '자연과학'을 배운다고 말하면서도, '자연'을 배운다고는 말하지 않는다.

법정 스님은 한때 "인류의 위대한 사상이나 종교가 벽돌과 시멘트로 된 교실에서가 아니라, 때 묻지 않은 자연의 숲 속에서 움텄다는 사실을 우리는 상기할 필요가 있다"고 나직이 타이르신 적이 있다. 이 말씀을 좇아, 나 역시 내 무지와 나태함이 허용하는 한도 안에서, 가능한 자연에 묻혀 이 책을 쓰고자 발버둥 쳐보기도 했다. 하지만 사람 됨됨이가 워낙 한심한 탓에, 이 책을 집필하던 중에 보이스 피싱으로 금융사기까지 당했을 뿐만 아니라, 한국의 거리에 넘쳐 나는 '정의의 사도'로부터 터무니없이 '뺑소니 차량범'으로 무고까지 당해 바쁜 와중에도 경찰서 신세를 지는 액운을 겪기도 했다.

그러나 그런 불운을 짓이기기라도 하듯 행운도 적잖이 뒤따랐다. 내게 보통 절에서는 찾아보기 힘든, 샤워장이 딸리고 인터넷 랜까지 설치된 독방을 번번이 독차지하도록 관용을 베풀어 주셨을 뿐만 아니라, 고찰을 거찰로 일구어 낸 빼어난 불력을 지니신, 경기도 안성 서운산 청룡사 주지 정완 큰스님께도 엎드려 감사를 드린다.

비록 모진 장마와 태풍에 맞서 홀로 싸우며 쓸쓸히 끙끙거리기도 했지만, 겹겹이 둘러싸인 울창한 산을 감아 돌며 옥빛을 띠고 유장하게 흐르는 북한강이 내려다보이는 강원도 화천군의 어느 고요한 통나무집에서 한 달 가량 은거할 수 있는 행운을 얻어 걸치기도 했다. 아직은 태곳적의 청정함을 고이 간직하고 있었지만, 이른바 4대강 사업으로 만신창이가 되어 가는 강가를 거닐며 자연과 인간에 대해 통한의 사색에 잠길 수도 있었다. 이른바 4대강 '살리기' 사업의 현장에서 인간의 흉포한 손에 하염없이 강간당하고 있는 측은한 강을 바라다보며 차마 두 눈을 뜰 수 없었다. 그러던 어느 날, 마치 백마를 탄 기사처럼 내 죽마고우 배호원 군이 아리따운 부인과 함께 이 먼 강원도 산골까지 홀연히 나를 찾아와 격려를 아끼지 않고 돌아갔다. 무엇보다 축복 받을 일은 고급 위스키까지 내 품에 안겨 준 일이었으니, 이보다 더한 행운을 대체 어디서 찾을 수 있었겠는가.

또한 내 천박하기 짝이 없는 동양철학 수준을 억지로라도 끌어올리기 위해 큰 바다처럼 고군분투해 주신, 같은 대학 철학과의 최진석 '옹'께도 깊이 감사드린다. 나의 무능과 천학비재를 들켜 버려 속이 몹시 쓰리긴 했다. 그리고 불교계 4대강 운하 개발 사업 저지 특별대책위원장을 맡고 계신 김포 용화사 주지 지관 스님으로부터도 값진 현장 체험을 엿듣는 행운을 누렸다. 그리고 호걸풍의 한원규 회장님은 멀리 부산에서까지 찾아와 나를 격려해 주셨다. 게다가 오경상 원장님께서는 명의다운 기공술로 나의 지친 몸을 통쾌하게 풀어 주셨을 뿐만 아니라, 진귀한 한약까지 지어 주시며 기운을 북돋아 주셨다. 아울러 나의 조교인 젊은 노익장 김민준 조교는 흔쾌히 강제 노동을 감수해 주었다.

내게 당한 사람들은 이들뿐만이 아니다. 특히 재학 시절 등골 휘게 나로부터 억센 가르침을 받은 적이 있다는 죄로, 직장에서까지 내 저술로 또다시 새로이 곤욕을 치르지 않으면 안 되었던 후마니타스 출판사의 정민용 편집 주간과 안중철 편집장은 정치학도답게 발군의 편집력을 유감없이 발휘해 주었다. 무엇보다 이들의 불처럼 치열하나 물처럼 부드러운 일 버릇은 두고두고 기억에 남을 듯하다.

차마 여기에 일일이 다 거론할 수는 없지만, 나의 어설픈 시도가 못내 불안했던 터라 많은 분들께 조언과 격려를 보내 주도록 뻔뻔스럽게 강요하기도 했음을 숨길 수는 없다. 하지만 일일이 열거할 수 없을 정도로 수많은 분들을 등쳐 먹었음에도 불구하고 이 정도 수준의 졸작밖에 내놓지 못한 내 자신의 원천적 무능함으로 인해 더 깊이 머리 숙일 수밖에 없음이 무엇보다 부끄럽다. 그러나 늘 그래 왔듯이, 내일은 새로운 태양이 뜨리라는 믿음으로 이미 다시 한 번 더 무뎌진 칼을 갈 숫돌을 찾아 나서긴 했다.

그러나 나는 인간 세계에 문제의 영원한 해결은 있을 수 없고 문제의 영원한 지속만이 있을 뿐이기 때문에, 우리 인간에게는 유토피아가 필연적으로 요구될 수밖에 없다고 믿는 편이다. 유토피아는 실현될 수 없는 것임에도 불구하고 그것이 실현될 수 있다는 꿈을 우리에게 끊임없이 불러일으킨다. 그를 통해 우리 인간은 앞으로 나아갈 힘을 얻을 수 있다. 이런 힘이야말로 결코 뿌리칠 수 없는 역사 발전의 동력인 것이다. 나는 이 책에서도 이런 유토피아의 겸허한 잠재력까지 등쳐 먹었다.

작가 김훈은 자신의 장편소설 『흑산』 후기에서, "늘, 너무나 많은 말을 이미 해버린 것이 아닌지를 돌이켜 보면 수치감 때문에 등에서 식은땀이

난다"고 고백한다. 만약 이런 대문호를 감히 흉내 내도 좋다면, 나 역시 똑같은 심정이라고 자백하지 않을 수 없다. 다른 한편 어떤 사상가는, "어떤 언어를 사용하든, 자신의 됨됨이 이상을 절대 말할 수 없다"고 갈파한 적이 있다. 나의 변변치 못한 됨됨이가 이 책 속에 그대로 드러날 것만 같아, 불안감을 떨치지 못하며 이 글을 마감한다.

2012년 여름, 등에 식은땀을 흘리며

저자 박호성

서론

텔레비전보다 기러기를 볼 수 있는 기회가 더 고귀하며,
할미꽃을 감상할 수 있는 기회가 언론의 자유만큼이나 소중한 권리다.

_알도 레오폴드,『모래 군의 열두 달』중에서

몇 년 전 나는 인간과 인간, 그리고 인간과 자연이 한데 어우러지는 인간적 삶의 가치와 의미를 강조하는 차원에서 『휴머니즘론 : 새로운 시대정신을 위하여』라는 저서를 출간한 적이 있다. 이 책의 결론에서, 나는 공동체주의·자연주의·문화주의로 구성된 '신新휴머니즘'이라는 새로운 개념을 제창하며 이를 우리의 역사적 소명이라 역설한 바 있다. 무엇보다 우리 인간은 언젠가는 함께 이 세계를 떠날 수밖에 없는, 그 어느 누구도 거역할 수 없는 절대 평등의 지상명령을 공유하고 있는 유한한 생명체로서, 서로 아끼고 도와야 하는 천부적 의무를 공동으로 부여받았음을 강조했다. 따라서 공동체를 더불어 가꾸어 나가는 애틋한 협동과 상부상조 정신, 그리고 이 공동체가 그 뿌리를 드리우고 있는 우리의 자연에 대한 숭고한 사랑과

존중심이 필연적으로 요청된다는 맥락에서, 나는 자연과 인간, 인간과 인간, 그리고 과거와 현재와 미래의 조화를 추구하는 삶의 정신을 우리 시대의 신휴머니즘이라 규정했던 것이다.

이 저서에 뒤이어, 나는 이 신휴머니즘의 구성 요소 가운데 하나로 설정된 공동체주의를 심화·확대해, 인간 상호 간의 공존·공생을 추구한다는 취지에서 『공동체론 : 화해와 통합의 사회·정치적 기초』를 발간했다. 지금 이 책은 이를 토대로 하여, 자연과의 공존·공생이 역사적 과업임을 강조하기 위해 쓴 것이다. 이런 의미에서, 앞의 두 저술이 주로 인간과 인간이 어떻게 더불어 잘살아 나갈 것인가 하는 문제에 골몰했다면, 지금 이 책에서는 인간과 자연이 어떻게 조화를 이루며 더불어 잘살아 나갈 수 있을 것인가 라는 주제에 몰두했다고 할 수 있다. 생태 위기의 극복을 외치는 인류사적 요구가 봇물처럼 터지고 있는 오늘날과 같은 상황에서, 인간과 인간, 인간과 자연 상호 간의 새로운 관계 정립이 무엇보다 절실히 요청되기 때문이다.

왜 쓰는가

우리의 공동체적 삶의 터전이자 최후의 피난처이기도 한 자연이 지금 심각한 위기에 봉착해 있다. '환경을 보호하자', '지구를 살리자' 등의 구호가 난무하는 현실이 그런 위기 현상을 극명히 드러내 보여 준다.

오늘날 자연은 더욱더 기하급수적으로 수탈당하고 있다. 이전 세대가 정성껏 간직해 오다가 고이 물려준 자연유산과 후속 세대를 위해 견실하게 보존해야 할 삶의 터전을 눈앞의 욕구를 충족하기 위해 마구잡이로 터무니없이 망가뜨린다. 선조의 보살핌을 짓어던지고, 후손에 대한 배려를 짓이겨 버리는 후안무치 그 자체인 셈이다. 요컨대 현 세대가 초역사적으로 역사 윤리를 송두리째 침탈하고 있는 것이다. 뿐만 아니라 오로지 인간 자신의 이기적인 행복과 쾌락만을 배타 독점적으로 향유하기 위해, 이 지구상의 다른 종種의 생명의 질서를 결정적으로 교란하고 있다. 요컨대 초인적으로 생태 윤리까지 공들여 파괴하고 있는 것이다.

하지만 더할 나위 없이 안타까운 것은 자연이 심각하게 피폐해져 감에 따라, 인간의 '자연'nature, 즉 인간의 '본성' 자체가 더욱더 극심하게 날로 황폐해져 간다는 사실이다. 모름지기 우리 인간은 태양과 물과 나무처럼, 우리에게 아무런 보상도 바라지 않고 자기가 가진 모든 것을 무상으로 다 내어 주는 자연에 대해 철면피하게도 "매춘 행위"를 자행하는 부도덕한 '패륜아'와 다를 바 없는 존재다.[1] 무엇보다 생태계 전체의 존속 가능성 자체를 결정적으로 위협하는 존재가 바로 인간이기 때문이다. 다음과 같은 수치가 이를 웅변적으로 증언한다.

예컨대 1600년에서 1900년 정도까지 인간들에 의해 멸종된 생물이 4년에 1종 꼴인 총 75종이었다면, 1900년대 초에는 1년에 1종, 1970년대 중반부터 1980년대 중반까지는 1년에 1천 종, 그리고 1980년대 중반 이후부터는 하루에 100~150종씩, 연간 4~5만 종이 맹렬히 사라지고 있다. 멸종 속도가 급격히 빨라지는 이런 추세대로라면, 20~30년 안에 전체 종의 5분의 1 정도, 1백 년 안에 2분의 1 정도가 사라지리라 추정할 정도다.[2] 심지어 전 세계 영장류의 절반에 달하는 303종이 인간에게 잡아먹히거나 서식지 파괴로 멸종 위기에 처해 있다는 연구 결과도 있다.[3]

무엇보다 산업 발전이 "우리의 생활 근거로서의 자연"에 끼치는 악영향이 특히 극심하다. 이제 '환상적인' 과학기술 문명에 대해 품었던 '황홀한' 자긍심도 종언을 고하고, 그에 따라 "합리주의의 무한한 진보에 대한 믿음"도 파괴되었다. 그리하여 "바야흐로 우리는 오늘날 인류사의 새 시대ein neues Zeitalter der Menschheitsgeschichte, 요컨대 종말의 시대Zeitalter des Exterminismus,

---

1 이에 대해서는 Seyyed Hossein Nasr, *Man and Nature : The Spiritual Crisis in Modern Man*(ABC International Group, Inc., Chicago 1997), p. 18을 참조할 것. 여기서 저자는 현대인들이 자연을, 마치 남편 스스로가 이득을 취할 뿐만 아니라 책임도 지고 있는 "결혼한 여성"(married woman)이 아니라, 어떤 의무나 책임감도 없이 일방적으로 이득을 취하기만 할 뿐인 "매춘부"(prostitute) 같은 존재로 취급한다고 통탄하고 있다.

2 송명규, 『현대 생태 사상의 이해』(도서출판 따님, 2008), 12쪽 참조.

3 마크 베코프, 『동물 권리선언 : 우리가 동물의 소리에 귀 기울여야 하는 여섯 가지 이유』(윤성호 옮김, 미래의 창, 2011), 27쪽

즉 자멸Selbstvernichtung과 현세적 삶의 파괴Zerstörung des irdischen Lebens가 시작하는 시기"로 접어들었다는, 종말론을 연상시키는 듯한 절망적인 통탄까지 등장할 정도다.[4]

결국 우리 뒤를 이을 모든 세대는 이런 '자멸'의 위기 및 '불치병'을 극복하기 위한 처절한 싸움에 전력투구할 수밖에 없는 가혹한 운명을 짊어지게 되었다.

하지만 안타까운 것은 이런 재난들이 근본적으로는 '인간 행위'요, '인간 작품'이라는 점이다. 예를 들어 아우슈비츠, 히로시마, 체르노빌 등과 같은 지명이 이제는 인류가 과거에는 거의 한 번도 체험한 적이 없는 가공할 재앙을 상징하는 개념처럼 굳어져 있다. 그러나 그것은 결코 '자연 재앙'이 아니라, 한마디로 '인간 재앙'이었던 것이다.[5] "생명의 근원"이자 "생명체의 본질"로 인식되는 자연이[6] 지금 결정적인 위기에 봉착해 있다. 요컨대 '생명' 자체의 위기인 것이다.

---

4 Wolfdietrich Schmied-Kowarzik, "Zur Dialektik des Verhältnisses von Mensch und Natur : Eine philosophiegeschichtliche Problemskizze zu Kant und Schelling," in Hans Jörg Sandkühler(Hg.), *Natur und geschichtlicher Prozess : Studien zur Naturphilosophie F. W. J. Schellings : mit einem Quellenanhang als Studientext und einer Bibliographie*(1. Aufl., Suhrkamp Verlag, Frankfurt am Main, 1984), p. 145. 유사한 맥락에서, 이 지구가 본래 엄청난 자생력을 가졌음에도 불구하고, 자연 역시 현재 "간암 말기 판정"과도 같은 "불치병" 선고를 받은 인간처럼, 지구온난화로 이상기후 현상이라는 혹독한 병에 시달리고 있다는 개탄 역시 멈추지 않는다. 이에 대해서는, 이진우·이은주, 『제5의 물결, 녹색인간』(이담북스, 2010), 27쪽을 참조할 것.

5 프란츠 알트, 『생태주의자 예수』(손성현 옮김, 나무심는사람, 2003), 25쪽을 참조할 것.

6 법정, 『산에는 꽃이 피네』(류시화 엮음, 동쪽나라, 1998), 21쪽.

　자연은 지금 무차별적으로 수탈당하고 있다. 조상 대대로 자랑해 오던 천혜의 생태계가 무참히 짓밟힌다. 그 와중에 저 머나먼 석기시대부터 전래되어 온 귀중한 문화유산까지 짓이겨진다. 그뿐인가. 미래의 세대를 위해 건강하게 보존해야 할 삶의 터전이 터무니없이 망가뜨려지기 일쑤다. 이처럼 소수의 특혜 계층을 위해, 선조와 당대인과 후손들을 포함한 사회 구성원 절대 다수의 '환경 정의'environmental justice가 송두리째 무너져 내릴 위기에 맞닥뜨린 것이다. 뿐만 아니라 뭇 생명체가 함께하는 우리 생태계의 윤리까지 서슴없이 파괴해 버리는 실정이다.

　대부분 크기가 작고 우리에게 잘 알려져 있지는 않지만, 우리는 수백만 종의 다른 생물들과 이 세계를 공유하고 있다. 지구상에 존재하는 1천만~2천만 종에 달하는 생물 각각을 "자연이라는 거대한 은행에" 함께 들어 있는 "같은 수에 해당하는 금고"라 간주한다면, 이들 금고의 대부분은 아직 뚜껑이 열리지 않은 상태다. 우리는 그 내용물에 대해 전혀 모르고 있을 뿐만 아니라, "더 많은 금고를 열수록 그 속에 들어 있는 내용물들이 인류 사회에 엄청난 가치를 지닌다는 사실이 증명될" 텐데도, "그 안에 든 보물이 무엇인지 알아보기도 전에" 수많은 금고를 마구잡이로 때려 부수는 현실인 것이다.7 이처럼 우리 인간은 이 지구상의 다른 종種의 생명의 질서까

---

7 그 생물종들의 이름은 무엇이고, 무슨 일을 하는 것일까? 이 물음의 답을 찾는 것이 바로 생물 다양성을 연구하는 새로운 학문 분야다. 앤드루 비티·폴 에얼릭, 『자연은 알고 있다』(이주영 옮김, 궁리, 2005), 18-19쪽. 다른 한편 세균과 원생생물을 최초로 관찰했을 뿐만 아니라 역사상 가장 먼저 현미경을 사용한 인물로도 알려진 네덜란드의 미생물학자 안톤 반 레벤후크는 1708년, "우

지 결정적으로 교란하고 있는 것이다. 이런 상황에서 "온실가스 배출이 심한 현 에너지 경제체제를 바꾸지 않으면 우리에게 미래는 없다"는 치명적인 경고까지 나오고 있는 실정이다.[8]

그럼에도 불구하고, 아니 사실은 바로 그렇기 때문에, 우리 인간은 대단히 위선적이고 이중적인 면모를 적나라하게 과시한다. 서구 문명은 오랫동안 인간을 자연에 의존해 살아가지 않고, 오히려 지배하며 살아가는 존재로 인식하는 편집증에 사로잡혀 왔다. 그리하여 예컨대 '인간', '평화', '사랑', '죽림칠현', '단사표음'簞食瓢飮, '여유', '소박함' 등의 샘물 같은 어휘들

———

리가 지금까지 발견한 모든 것은 자연의 거대한 보물 창고에 숨겨진 것에 비하면 아주 사소한 것에 불과하다"는 안타까움을 피력한 적도 있다. 이에 대해서는 같은 책, 25쪽을 참조할 것.

8 『서울경제』(2011/10/11). 세계적인 민간 환경 연구 기관인 월드워치연구소(Worldwatch Institute)의 설립자이자 환경학자인 레스터 브라운 미국 지구정책연구소장은 기후변화의 심각성에 대해 이와 같이 역설한 바 있다. 그는 생태계 보존을 위해 오는 2020년까지 세계 이산화탄소 배출량을 80% 줄이자는 플랜B를 주창하면서, "북극의 빙하가 녹아 전체 해수면이 1미터 상승하면, 방글라데시의 농경지가 50% 줄고, 세계 2위 쌀 수출국인 베트남의 메콩 델타 지역 침수 등으로 인한 농작물 가격 상승, 해안 국가들의 침수로 1억 명 이상의 기후 이민자가 발생한다. 온난화로 인한 티핑 포인트(tipping point, 급격한 변화의 시점)를 현재로서는 추정하기 어렵지만, 임계점을 넘어서면 인류는 멸망의 길에 들어서고 만다"고 절박한 경고의 목소리를 멈추지 않는다.

이어서 그는 화력 발전을 대체할 에너지로 풍력 발전을 특히 강조한다. 그는 "지난 10년간 풍력 발전은 매년 30%씩 성장해 왔다. 이 정도의 효율이 나오는 대체에너지는 아직 없다. 풍력 발전은 이미 덴마크 전체 전력의 25%, 독일 북부 지역 전력의 40~60%를 공급하는 등 잠재력이 엄청나다. 중국 광저우에 조성되고 있는 풍력발전 단지가 완성되면 3만8천 메가볼트의 전기를 매년 확보하게 되는데, 이는 폴란드나 이집트의 전체 전력을 충당할 정도다"고 외친다. 하지만 레스터 브라운 소장은 원자력 에너지는 단호히 거부하면서, "원자력 에너지는 결코 경제적이지 않다. 폐기물을 처리하는 비용이 발전소 건설 비용에 이를 정도로 거대하다. 원자력을 대체에너지로 주도하는 국가는 대부분 사회간접자본이 독점적인 경우가 많은데, 결국 시민의 세금 부담이 커질 수밖에 없다"고 역설하고 있다.

이 결국은 '공업화', '산업화', '근대화', '경제성장', '풍요', '발전'이라는 거센 해일에 휩쓸려 버렸다. 바야흐로 '전자화', '정보화', '세계화'라는 전 세계적인 거대 흐름이 우리를 빛의 속도로 덮치고 있다. 우리는 도대체 어디를 향해 가고 있는 것일까?

우리 현대인들은 한편으로는 "날카로운 칼로 자연을 난도질"하는 자연의 정복자로 군림하는 동시에, 다른 한편으로는 "흡사 보상 행위인 양 마치 자연미를 찬양하는" 것과 같은 위선적인 문화를 열심히 키워 왔다. 이런 인간적 이중성이 실은 자연과 사회를 심각한 생존 위기에 빠뜨리는 데 폭넓게 기여해 온 것이다.[9]

어쨌든 이 세계를 지배하게 된 서구 문명은 자연을 인간의 탐욕스러운 부와 이윤 축적을 가능케 하는 지극히 유용한 도구로 인식하도록 만들었고, 종내는 자연을 가장 믿음직스러운 '사유'私有의 대상으로 전락시킬 수밖에 없었다. 그러나 동시에 인간의 위선적인 문화적 속성은 자연을 가장 믿을 만한 '사유'思惟의 대상으로 등극시키기도 했다. 이처럼 '사유'私有와 '사유'思惟 사이에서 자연을 농간하는 와중에 무엇보다 무차별적인 자연 훼손과 무자비한 인간성 파탄이 필연적으로 뒤따를 수밖에 없었다.

그러나 주목을 요하는 것은 이런 위기 상황임에도 불구하고, "인간이 마지막으로 기댈 데"는 오직 자연이고 또 "현대 문명의 해독제는 자연밖에

---

9 다카기 진자부로, 『지금 자연을 어떻게 볼 것인가』(김원식 옮김, 녹색평론사, 2007), 12-14쪽을 참조할 것.

없다"고 역설하면서, "자연의 한 부분"인 우리 인간에게 자연이 결코 "정복의 대상"이 아니라 "위대한 교사"일 수밖에 없다고 외치는 경청할 만한 자성의 목소리 역시 드높다.[10]

그런데 환경오염과 생태계 파괴 현상이 줄을 잇는 이런 비극적인 상황에서, 도대체 우리는 어떻게 우리 삶의 기본 토대인 이 자연을 지키고 또 어떻게 자연과 교감을 나누어 나갈 것인가? 이 지구는 한정되어 있다. 그러므로 변해야 할 것은 오로지 인간의 생활양식밖에 없다.

예컨대 아프리카 탄자니아 곰베Gombe의 '침팬지 성녀'라 불리는 제인 구달Jane Goodall은 "이 지구가 먹여 살리고 수용할 수 있는 것보다 더 많은 사람들이 생겨나고, 야생 지역과 대다수의 생명체 종들이 사라지면서 생명의 복잡한 거미줄, 즉 지구 생태계의 생물학적 다양성이 파괴되는 순간이 다가오고 있다"고 경고한다. 특히 탐욕스럽고 향락적인 미국과 서구인의 삶의 방식이 지닌 심각한 부조리를 통박하면서, 그녀는 "인간의 멸종"이 그 필연적인 결과가 되리라는, 지극히 가공할 예언까지 마다 않는다.[11] 오죽하면 아인슈타인까지 팔을 걷어붙이고 나섰겠는가. 그는 "우리는 동물까지도 포함하는 경계 없는 윤리를 필요로 한다"고 역설하면서, "생명에 대해 경외감을 가지고 있는 사람은 단순히 기도만을 하지 않는다. 그는 생명을 지키기 위한 전투에 자신을 투신할 것이다. 다른 이유 때문이 아니라,

---

10 법정, 『산에는 꽃이 피네』(류시화 엮음, 동쪽나라, 1998), 21쪽.
11 제인 구달, 『희망의 이유』(박순영 옮김, 궁리, 2003), 248쪽.

바로 자기 자신도 주변 생명들의 연장선상에 있는 똑같은 생명이기 때문이다"라고 절규했다. 이처럼 그는 생명을 위한 '전투'까지 촉구하고 나섰다. 가히 목숨 바쳐 생명을 지키자는 선언인 것이다.[12]

이런 상황에서 과연 인간은 자연과 어떤 관계를 새로이 정립해야 하는가? 나는 우선 이런 문제의식에 포박당했다. 그러나 그게 다가 아니었다. 나는 또한 현재 세계화가 질주하는 대로를 따라 자유경쟁과 빈부 격차와 사회적 불평등까지 더불어 질주하는 현실도 외면할 수 없었다.

오늘날 한편에서는 자유민주주의의 궁극적 승리를 예찬하고 있으나, 또 다른 한편에서는 민주주의의 위기를 절규하는 기묘한 상황이 펼쳐진다. 심오한 경쟁주의에 편승한 심각한 약육강식의 사회윤리가 일상화하면서, 결국 대다수의 약자들이 도움을 호소할 길을 찾지 못한 채, 막무가내로 쓰러지고 있다. 어디에서 한 뼘의 인도주의라도 찾을 수 있겠는가. 밀려오는 빈익빈·부익부와 사회적 양극화의 해일에 다들 무릎 꿇을 수밖에 없는 것처럼 보이기까지 한다. 그런데 자신의 개인적 결핍이나 결함을 외부의 도움을 빌어 보충할 수밖에 없는 우리 힘없는 '조무래기'들은 도대체 어디로 발길을 옮겨야 할까.

이렇게 신자유주의가 범세계적으로 막강한 위세를 떨치는 통에, '왈짜'들의 사익이 공익을 짓누르며 당당히 개선장군처럼 군림하게 되었다. 아울러 이를 조장하는 시장주의가 강화되면서, 결과적으로 자본주의적 물신

----

12 같은 책, 279쪽, 311쪽.

숭배와 황금만능주의가 인간성을 궤멸시키는 데 적극 이바지하고 있다.
인간을 둘러싸고 심각한 병충해가 만연해 가고 있는 현실인 것이다. 모든
것이 오로지 맹렬히 질주하기만 할 뿐이다. 사회적 비인간화 역시 급속도
로 질주하고만 있다.

그래서 나는 다시금 또 하나의 다른 문제에 기습당할 수밖에 없었던 것
이다. 마실 물이 없어 갈증에 허덕이는 사람이 넘쳐 나는데도, 이들에게
'수질 개선' 운동에 동참하도록 촉구한다는 것이 과연 어떤 의미를 지닐 수
있겠는가? 마찬가지로 먹을 것이 없어 굶주리고 있는 사람에게 '자연을 보
호하자'는 외침이 과연 얼마나 호소력이 있을까? "곳간이 차야 예절을 알
며, 의식주가 족해야 영욕榮辱을 안다"는 관자管子(「목민편」牧民編)의 말처럼,
우리 인간이 근본적인 생존 욕구가 충족된 후에야 비로소 보다 높은 가치
의 실현을 위한 행동에 나서게 되리라는 것은 자명한 이치가 아니겠는가.
이런 유형의 의문들이 나를 결국 고문대로 끌어올리고야 말았다.

나는 어떻게 자연을 지키고 어떻게 자연과 교감을 나눌 것인가 하는 질
문을 던지며, 나를 고문하기 시작했다. 우선 학술적 고뇌의 흔적부터 뒤지
기 시작했다. 다행스럽게도 지금까지 유사한 문제의식에 입각해 관련 문
제들을 치열하게 파헤친 뛰어난 연구 업적들을 적잖이 만날 수 있었다. 하
지만 학문 세계에 어찌 완전무결함을 기대할 수 있겠는가.

한편으로는, 경제위기, 사회복지, 민주화 문제 등 우선적으로 학술적인
관심을 집중해야 할 두통거리들이 워낙 산적해 있는 한국 사회 특유의 시
대적 특성으로 인해 환경문제에 몰입할 기회와 여유를 제대로 찾지 못한

탓도 있을 뿐만 아니라, 다른 한편으로는, 이 분야가 자연이라는 워낙 방대한 주제를 포괄할 수밖에 없는 기본 속성을 지닌 탓에, 그동안 총체적이고 거시적으로 체계화된 연구 성과를 기대하기는 힘든 실정이었다. 나 스스로도 일종의 공범 의식과 같은 것을 모면할 길이 없었음은 물론이다.

종합적으로 보면, 여러 학자들의 철학 논문 모음집이 주조를 이루는 것처럼 보인다.[13] 게다가 이런 유형의 주제에 대한 사회과학적 접근 및 분석은 거의 불모에 가까울 정도였다. 이런 의미에서 예외적으로 한 정치학자의 저술이 단연 돋보였다.[14] 이 저서는 동·서양철학 세계를 넘나들면 대단히 총체적이고 방대한 분야를 섭렵하고 있는데, 특히 학문적 의욕과 깊이의 측면에서 상당히 주목할 만한 저서로 평가할 수 있다. 저자는 생태학이란 "기존의 낡은 패러다임"을 극복하고 "코페르니쿠스적 전환과도 같은 대전환을 거쳐 완전히 새로운 삶의 패러다임"을 구축해야 한다고 역설할 정도로 패기만만하다.[15] 그러나 때때로 개념의 남용이나 난맥상으로 인해 초점이 흐려지는 경향이 여기저기서 드러나기도 하는 탓에, 다중 초점 렌즈와도 같은 개괄적이고 교과서적인 느낌마저 들게 하는 부분도 없지 않았다. 아울러 뛰어난 독창성을 보이기도 하지만, 철학적 분석으로 일관하거나 특정 주제에 국한된 저술도 있다.[16] 다른 한편 정서적·문화적·문학적

---

13 예컨대 송영배 외, 『인간과 자연 : 유기체적 자연관과 동서철학 융합의 가능성』(철학과현실사, 1998), 또는 계명대학교 철학연구소 편, 『인간과 자연』(서광사, 1995) 등이 있다.
14 최민자, 『생태정치학 : 근대의 초극을 위한 생태정치학적 대응』(도서출판 모시는사람들, 2007)
15 같은 책, 20쪽.

성향의 저술도 드물지 않다.[17] 환경문제에 대한 우리의 논쟁이 아직 본격적인 단계에 접어들지 않은 탓에, 대체로 번역물이 주종을 이루는 편이기도 하다.[18] 그러나 현재의 역동적인 연구 열기로 미루어 볼 때, 아마도 머잖아 다양한 각도에서 여러 미비점들이 충실히 보완될 것이다.

---

16 박이문, 『문명의 미래와 생태학적 세계관』(당대, 1997); 안종수, 『동양의 자연관』(한국학술정보, 2006); 김명호, 『자연, 사람 그리고 한의학』(역사비평사, 1996); 최재천, 『생명이 있는 것은 다 아름답다』(효형, 2005); 송명규, 『현대 생태 사상의 이해』(도서출판 따님, 2008); 최병성, 『강은 살아 있다 : 4대강 사업의 진실과 거짓』(황소걸음, 2010) 등.

17 윤구병, 『자연의 밥상에 둘러앉다』(휴머니스트, 2010); 송명규, 『후투티를 기다리며』(도서출판 따님, 2010) 등.

18 알도 레오폴드, 『모래 군(郡)의 열두 달 : 그리고 이곳 저곳의 스케치』(송명규 옮김, 도서출판 따님, 2010); 도날드 휴즈, 『고대문명의 환경사』(표정훈 옮김, 사이언스북스, 1998); 잭 캔필드·마크 빅터 한센·스티브 칙맨 엮음, 『자연이 우리에게 준 1001가지 선물』(신혜경 옮김, 도솔 출판사, 2005); 샌드라 포스텔·브라이언 릭터, 『생명의 강 : 인간과 자연을 위한 21세기 강 살리기의 새로운 패러다임』(최동진 옮김, 뿌리와이파리, 2009); 레이첼 카슨, 『침묵의 봄』(김은령 옮김, 에코리브로, 2009); 앤드루 비티·폴 에얼릭, 『자연은 알고 있다』(이주영 옮김, 궁리, 2005); 다카기 진자부로, 지금 자연을 어떻게 볼 것인가(김원식 옮김, 녹색평론사, 2007); 존 벨라미 포스터, 『생태계의 파괴자 자본주의』(추선영 옮김, 책갈피, 2003); 존 자브나·소피 자브나·제시 자브나, 『새롭고 적극적인 지구를 살리는 방법 50』(황성돈 옮김, 물병자리, 2010); 토다 키요시, 『환경 정의를 위하여 : 환경파괴의 구조와 엘리뜨주의』(김원식 옮김, 창작과비평사, 1996); 루크 마텔, 『녹색사회론 : 현대 환경의 사회이론적 이해』(대구사회연구소 환경연구부 옮김, 한울아카데미, 1999); 제인 구달·세인 메이너드·게일 허드슨, 『희망의 자연』(김지선 옮김, 사이언스북스, 2010) 등.

무엇을, 어떻게 쓰는가

한마디로 이 책은 '자연론은 곧 인간론'이라는 기본 테제에 입각해 있다. 왜냐하면 생태 위기는 곧 인간 위기로서, 인간은 그런 자연 위기의 원인 제공자인 동시에 희생자로 그 위기의 중심에 서있기 때문이다. 나아가 이 논지를 다각적으로 풀어 나가기 위해 '총체적·역사적'으로 접근해 나갈 것이다. 다시 말해 자연은 과연 우리 인간에게 어떤 존재인가, 그리고 거꾸로 우리 인간은 이 자연에 대해 도대체 어떤 의미를 지닌 존재여야 하는가 하는 것을 포괄적으로 규명해 내는 것이 이 책의 기본적인 이론적 목표라 할 수 있다. 이런 취지에서 자연의 차원에서 인간을 조망하고, 인간의 관점에서 자연을 고찰하게 될 것이다. 하지만 원칙적으로 자연 중심적 입장을 견지하고자 한다. 그런데 이것은 무엇을 의미하는가?

이런 문제의식을 보다 구체적으로 개념화한다면, 다음과 같이 요약할 수 있을 것이다.

첫째, 나는 '자연이 인간의 소유물이 아니라, 인간이 자연의 소유물'이라는 관점에 입각한다. 그러므로 '자연을 죽이면 자연이 죽인다'는 생태적 원리를 적극 수용한다.

둘째, 인간을 자연에서 와서 더불어 자연으로 되돌아갈 '피붙이 공동 운명체'로 규정한다. 그러므로 인간은 지위 고하·빈부귀천을 가리지 않고 언젠가는 모두 필연적으로 자연으로 되돌아갈 수밖에 없는, 절대 평등의 지상명령을 안고 태어난 존재인 것이다. 아울러 인간은 자연의 지극히 미세한 한 부분에 지나지 않는다. 이처럼 인간이 이 거대한 자연계의 단순한 한 구성 인자에 지나지 않는다는 원리에 엄중히 기초해 있는 것이 바로 '생태계' 개념이다. 따라서 나는 생태계를 인간의 생존을 보다 근원적이고 확고하게 보장하고 보강할 수 있는 원동력으로 작용하는 범주로 파악한다. 이런 의미에서 '생태계'는 '환경'의 상위개념이요, '환경'은 '생태계'의 종속 개념으로 인식되는 것이다. 그러므로 나는 이런 생태계의 근원적 본성 그리고 생태계와 환경 간의 불가분의 상호 관계를 고려해, '생태 환경'이란 새로운 개념이 보다 적실하다고 여기고 있다. 이런 맥락에서, 일차적으로 자연, 환경, 생태계, '생태 환경' 등에 관한 개념 정리로 글 문을 열게 될 것이다.

셋째, 나는 '자연의 휴머니즘'을 논리 전개의 기본 출발점으로 삼는다. 절박한 시대적 상황을 고려할 때, '자연의 유일한 주제'가 오히려 '휴머니티'가 되어야 함이 더욱더 절실해 보이기 때문이다. 더구나 인간이 자연의 '본질적인 작용 요소'인 탓에, 자연이 '인간적 자연'일 수밖에 없음은 자명한 이치라 할 수 있다.

나는 이런 '인간적 자연'이 우리 인간으로 하여금 자연 속의 모든 생명체들과 평등하게 연대하도록 이끄는 소명을 부여한 것으로 인식한다. 물론 이런 정신과 가치가 인간의 본성에 필연적으로 내재하는 자연의 요청임은 두말할 나위도 없는 일이다. 이런 관점에서 나는 평등 의식의 선양, 연대 정신의 함양을 지극히 자연스러운 자연의 인본주의적 요청으로 이해하는 것이다. 따라서 '인간적 본성'human nature의 뿌리는 '자연'nature 그 자체라 믿어 의심치 않는다. 그러므로 인간의 (사회적) 환경 변화 없이 자연

환경의 변화 역시 불가능하리라는 판단을 선호한다. 그 역도 마찬가지다. 왜냐하면 자연론은 인간론일 수밖에 없기 때문이다. 예컨대 주위 동료 인간에 대한 사랑 없이 어떻게 자연을 사랑할 수 있겠는가.

지금껏 이런 자연에 대해 가장 결정적인 영향을 행사해 온 존재는 바로 인간이다. 자연 위기의 주범이 바로 인간 아닌가. 그러므로 인간에 대한 이해 없이는 자연에 대한 올바른 해석 역시 불가능할 수밖에 없다. 요컨대 인간과 자연은 변증법적 상호 관계로 결합된 존재인 것이다. 따라서 자연은 인간에 의해 변화하고, 인간은 또 그를 통해 자신의 '자연', 곧 '본성'을 변화시킨다. 인간은 자연의 일부일 뿐만 아니라, 동시에 자연을 변형시키는 힘으로 작용하기도 한다는 데 유념할 필요가 있다.

이런 관점에서, 이 책의 전체 구조를 크게 "인간의 자연"과 "자연의 인간"이라는 두 가지 기본 축으로 편성했다. 우선 '인간의 자연' 맥락에서는, 자연 위기를 초래할 수밖에 없도록 이끈 인간의 본성적 측면을 특히 자본주의와의 관련성을 통해 분석할 것이다. 무엇보다 자연의 피폐화와 더불어 발생하는 인간 본성의 황폐화와 관련지어 현대인, 특히 한국인을 '영혼 없는 기계'로 규정한다. 그리고 이를 토대로 이런 성향이 생태 위기와 어떤 관련성을 지니고 있는지를 파헤친다. 그와 관련된 객관적인 현실을 검토하기 위해 특히 4대강 사업을 사례로 선별했다. 아울러 '자연의 인간' 부문에서는 특히 '환경' 및 '생태' 민주화 운동, 나아가서는 '생태 환경' 민주주의 개념을 끌어들여, 그 특성과 의의를 분석한다.

넷째, 지금까지 제시한 논지를 심층적으로 풀어 나가기 위해, 총체적·

역사적 접근에 치중할 것이다. 우선 자연을 바라보는 동·서양의 전통적인 시각을 정리한다. 이와 연관지어, 특히 서양의 개인주의 및 동양의 집단주의적 성향이 자연관과 어떤 상관성을 지니는가 하는 것을 함께 살펴보게 될 것이다. 나아가 자연의 본성을 파악하기 위해 지구가 '하나의 거대한 생명체'라는 관점에 입각한다. 아울러 자연과 함께해 온 인류의 생활사를 '자연살이'라는 새로운 개념에 기대어 역사적으로 개괄할 것이다. 요컨대 자연과 인간의 상관관계를 입체적으로 해부하기 위해, 철학적·사회과학적·역사적·생활 윤리적 관점을 총체적으로 동원하고자 한다.

이 와중에 나는 위대한 자연과의 소심한 싸움질을 거듭할 수밖에 없었다. 그런데 상황이 워낙 힘겨웠던 탓이었던지, 언젠가 별반 특별한 느낌도 없이 그냥 한번 흘낏 눈길을 준 적이 있던 '아마존 밀림 공동체' 체험기가 그야말로 홀연히 머리에 떠오르는 게 아닌가. 어느 아마존 유역에서 원시적인 삶을 살아가고 있는 사람들에 관한 기록이 섬광처럼 뇌리를 스친 것이다. 나는 이들이야말로 '자연과의 합일'을 성취해 낸 인간일 뿐만 아니라, 동시에 동등한 자연의 산물이라고 확신하는 주위 동료들과 더불어 온전한 공동체적 평등과 연대를 수립한 '자연의 휴머니스트'들이 아닌가 하는 믿음에 사로잡히게 되었다.

이윽고 나는 이들을 '영혼 없는 기계'와는 상극인 '현대적 원시인'들이라 규정하게 되었다. 그러다가 결국엔 어떻게 하면 우리 모두가 '자연의 휴머니스트'가 될 수 있겠는가, 그리고 그것은 과연 어떤 특성을 지닌 존재일까 하는 쪽으로 사념의 파문波紋이 정처도 없이 무작정 번져 나가기 시작했다.

그리고 급기야는 오늘날 '현대판 원시주의'의 수립은 과연 불가능하기만 할까 하는 '이단적' 상념에까지 이르렀다. 학문적 파문破門감은 아닐까 하는 우려까지 일 정도였지만, 나는 '가장 위험한 것은 무식한 사람이 부지런하고 소신이 강할 때'라는 시중의 지혜로운 분별력을 애써 외면해 가며, 불 보듯 뻔한 나의 학문적 한계를 불문에 부치고 계속 '중단 없는 전진'을 거듭했다. '도전에 한계를 두지 말고, 한계에 도전하라'는 옛 선현의 엄중한 가르침이 나에겐 결국 나를 옭아매는 쇠사슬로 돌변하고 만 것이다.

나의 종착점은 결국 윤리적인 환경 정의 및 정의로운 생태 윤리의 정립을 추구하는 '현대 원시주의' 생태론으로 귀결했다. 한마디로 현대 원시주의 생태론은 '생명 사랑', 곧 '바이오필리아'Biophilla의 세계를 지향하는 것이다. 결론적으로 이 책은 우리 현대인이 힘을 사랑하는 인간이 아니라 사랑의 힘을 가진 존재로서, '인도주의적인 원시인' 또는 '고상한 원시인'으로도 일컬어질 수 있는 '현대적 원시인'으로 거듭 태어날 것을 촉구하며 대미를 장식한다.

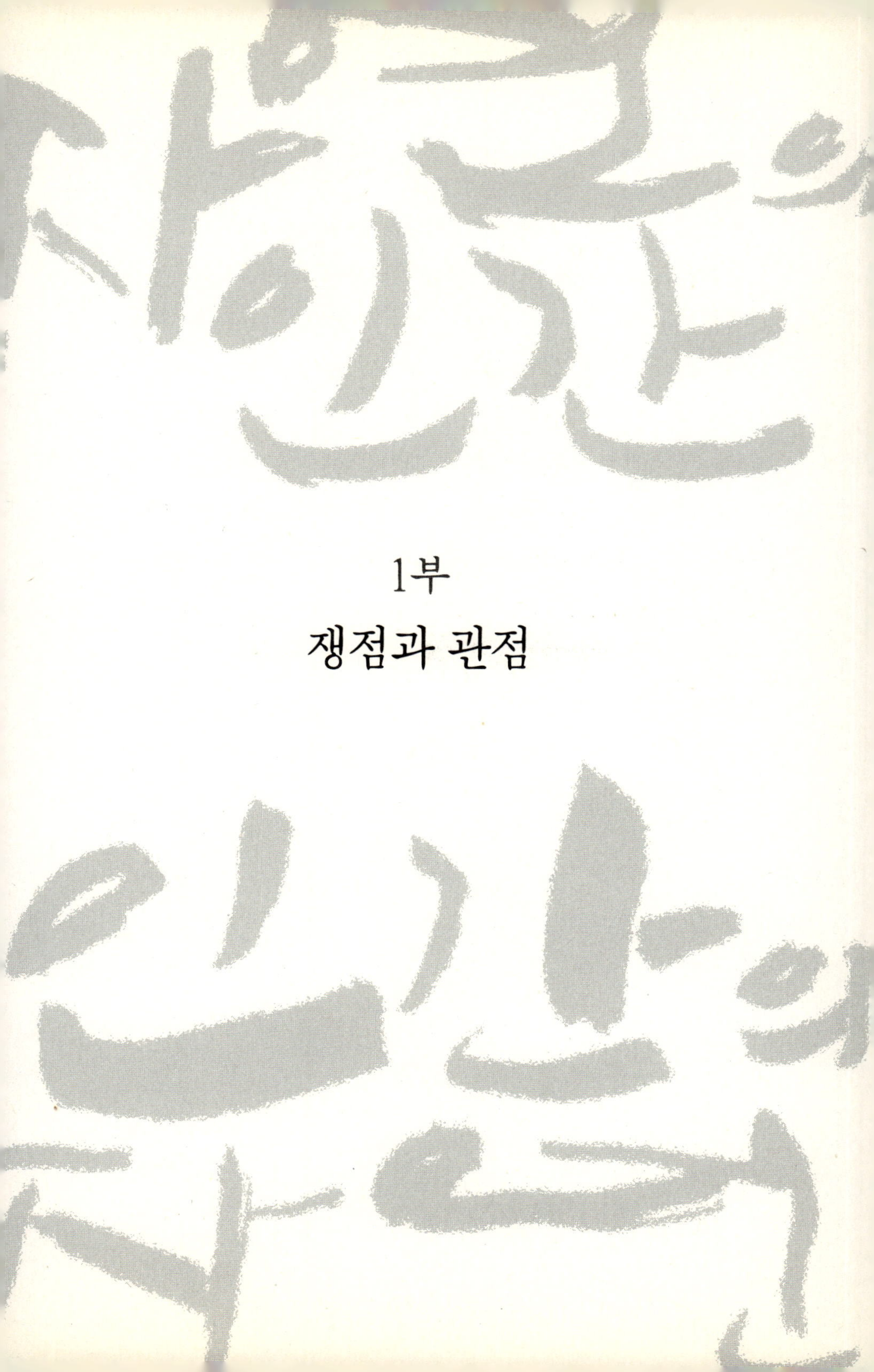

1부
쟁점과 관점

1장

기초 개념
예비 점검

거시적으로 볼 때, 두 개의 지배적인 세계사적 전통이 오늘날까지 서양의 정신세계를 관통해 왔다고 말할 수 있다. 그 하나는 헤브라이즘이고, 다른 하나는 헬레니즘이다.

이 두 개의 사조는 서구 인간학에서 인간을 정의하는 대표적인 두 개의 정신사적 개념과 직결되어 있다. 첫째는 기독교가 전수 받은 헤브라이즘의 인간관으로서, 그 본질은 "인간은 하느님의 모상이다"homo, imago Dei라는 정의 속에서 찾아볼 수 있다. 그것은 인간을 하느님의 아들딸로 인식함으로써 비주체적·비자율적 존재로 이해한다. 둘째는, 헬레니즘의 인간관으로서, 소피스트 철학자인 프로타고라스Protagoras의 "인간은 만물의 척도다"anthropos metron panton라는 언명 속에 잘 드러난다. 그것은 인간을 만물의 중심으로 간주한다.[1]

대체로 서양은 지금까지 바로 이 두 개의 인간학적 관념에 의해 순환적으로 규정당해 온 역사 과정을 밟아 왔다고 말할 수 있다. 이를테면 고대 그리스를 지배했던 헬레니즘적 인간중심주의가 중세 로마 시대에 오게 되면 헤브라이즘적 신중심주의로 뒤바뀌었다가, 르네상스 및 휴머니즘에 의해 서서히 열리기 시작한 근대 이후에 와서는 다시 합리주의 정신으로 무장한 인간중심주의로 환원되었다는 말이다. 그리고 각각의 세계사적 전개 과정 중에 세 개의 상이한 국가 유형이 등장한 바 있다. 요컨대 고대의 도시국가Polis, 중세의 제국Empire, 그리고 근대 이후의 민족국가Nationstate가 바로 그것이다. 이런 의미에서 인본주의人本主義와 신본주의神本主義의 순환적 교체사가 바로 서양사의 본류를 형성하고 있다고 말할 수 있을 것이다.

이런 역사 과정을 통해 생성된 서양 사상의 인간과 우주를 바라보는 시각은 지극히 다양하다. 그러나 다음과 같은 세 가지 유형의 관점은 특히 주목할 만하다.

첫째, 하느님에 초점을 맞추면서, 인간을 신의 피조물의 하나로 간주하는 초자연적·초월적 방식인 '신학적 인간관'을 들 수 있고, 둘째, 자연에 초점을 맞추면서, 인간을 다른 유기체와 마찬가지로 자연 질서의 일부로 보는 '과학적 인간관'이 있고, 셋째, 인간 자신 및 하느님과 자연에 대한 인간 지식의 출발점으로서 인간 경험에 초점을 맞추는 '인문주의적 인간관'이

---

1 이에 대해서는 성염·김석수·문명숙, 『인간이라는 심연 : 철학적 인간학』(철학과현실사, 1998), 18쪽을 참조할 것.

마지막을 이룬다. 그런데 첫째 방식이 중세에, 그리고 셋째 시각이 르네상스 시대에 각각 지배적이었다고 한다면, 둘째의 과학적 접근 유형은 17세기에 들어와서야 본격화하기 시작했다고 말할 수 있다.[2]

이런 맥락에서 볼 때, 오늘날의 생태 위기는 대체로 인본주의, 달리 말해 자연을 인간의 욕구 충족 수단으로 인식해 온 서구적 인간중심주의의 소산이라 할 수 있다. 그러므로 예컨대 자연, 환경, 생태계 등 이른바 오늘날의 자연보호 움직임과 직결된 주요 개념군들과 인간의 일상적 삶과의 상호 관계에 대한 면밀한 분석은 상당히 의미 있는 예비 작업이 될 수 있다. 왜냐하면 이는 앞으로의 본격적인 논의를 위한 개념적 토대로 작용할 것이기 때문이다.

자연

인간과의 직접적인 관련성 속에서 볼 때, 자연에 대한 시각은 결코 단순할 수 없다. 무엇보다 자연이 과학적 세계뿐만 아니라, 정치적·도덕적 상관성은 물론 인간의 일상적인 삶과 직결된 일체의 영역을 총괄하는 주체이기

---

2 이에 대해서는 앨런 블록, 『서양의 휴머니즘 전통』(홍동선 옮김, 범양사, 1989), 23-24쪽과 200-205쪽을 참조할 것.

때문이다.

이런 까닭에 여기서는 자연 개념의 모든 범주 및 역사적 변천 과정 전반을 일일이 추적하는 대신, 자연이 주로 '인간적인 것'과 대비된다는 측면에 초점을 맞추어 몇몇 핵심적 관점만을 개괄적으로 살펴보고자 한다. 이를테면 자연을 문화, 기술, 교육 등에 대비되는 것으로, 그리고 인간의 내적인 자기 체험 및 이해 영역에 작용하는 외적인 요인으로 인식한다는 말이다. 이런 의미에서 자연은 대체로 '근원적인 것'das Ursprüngliche, 그리고 그와 연관지어 '원천적으로 옳은 것'das ursprünglich Gute, '무언가 기준이 되는 것'etwas Maßgebendes, '절로 거기에 있는 것'dasjenige, was von selbst da ist, 그리하여 '우리의 현세적 존재의 믿을 만하고 포괄적인 배경den verläßlichen und umschließenden Hintergrund을 형성하는 것' 정도로 이해된다.[3]

따라서 그 어느 누구도 인간과 자연이 불가분의 상호 관계로 맺어져 있다는 사실에 대해 이의를 제기하지는 못할 것이다. 그러나 '인간 없는 자연'은 전혀 문제 될 게 없다. 반면에 '자연 없는 인간'은 생존 불능이다. 인간에게 자연은 전부이나, 자연에게 인간은 일부분에 지나지 않는 것이다.

자연은 인간의 교사다.[4] 자연은 본래 어머니의 품이며, 학교며, 절 같은 곳이다. 자연의 모든 것이 책이고, 스승이며, 성직자다. 그러하니 자연과 멀

---

3 이에 대해서는, Gernot Böhme, *Natürlich Natur : über Natur im Zeitalter ihrer technischen Reproduzierbarkeit*(Suhrkamp Verlag, Frankfurt am Main, 1992), p. 11을 참조할 것.
4 루소는 아이는 "태어남과 동시에", "자연의 제자"라 역설한다. J. J. 루소, 『에밀』(민희식 옮김, 육문사, 1995), 57쪽.

어진 문명인들은 문명화되는 수준과 속도만큼 순수의 빛을 상실할 것이다.

『에밀』에서 루소도 자연은 결코 우리를 기만하지 않지만 우리 자신이 언제나 스스로를 기만한다는 소신에서 출발해, "신이 만물을 창조할 때는 모든 것이 선하지만, 인간의 손에 건네지면 모두가 타락한다"고 개탄하지 않을 수 없었다.[5] 말하자면 그는 양심을 사랑하고, 이성을 깨닫고, 자유를 선택하는 것을 선善으로 인식했던 것이다.[6]

어쨌든 '자연'과 인간의 '본성' 사이에 깊은 상호 관계가 내재할 수밖에 없음은 자명한 이치다. 따라서 '자연'nature이 '인간 본성'human nature을 가리키는 말로 활용되기도 하는 것은 지극히 자연스러운 현상이라 할 수 있다. 한글 사전에서도 자연이 "사람이나 물질의 본디 성질, 본성本性"으로 풀이될 정도다.[7] 그리고 '자연스럽다'라는 말은 "꾸밈이나 거짓이나 억지가 없어, 어색하지 않다"고 묘사되고 있다.

실은 이미 기원전 6, 7세기 경 고대 그리스에서, 자연을 이런 '본성'과의 직접적인 관련성 속에서 해석하는 경향이 출현한 바 있다. 이 시기에 활약한 탈레스Thales, 아낙시만드로스Anaximandros, 아낙시메네스Anaximenes 등 이른바 '이오니아학파' 철학자들The Ionians은 '자연이란 무엇인가?' 라는 물음을 곧잘 '사물들은 무엇으로 만들어졌는가?'라는 질문과 동일시하는 습

---

5 같은 책, 23쪽.

6 같은 책, 94쪽 참조.

7 『동아 새국어사전』(이기문 감수, 동아출판사, 1996), 1827쪽.

성을 지니고 있었다. 예컨대 아리스토텔레스는 이 이오니아학파 철학자들이 무엇보다 "자연이란 무엇인가?"라는 질문을 "사물들은 무엇으로 만들어졌는가?" 또는 "우리가 접하는 자연 세계에서 발생하는 모든 변화의 밑바탕에 깔린 원천적이고 변화하지 않는 실체는 무엇인가?"라는 물음으로 대체한 것이, 이오니아학파 우주론의 두드러진 특성이라 강조하기도 했다.[8] 어떻게 보면, '자연'이 오늘날 한편으로는 '자연 사물들의 전체 또는 묶음'이라는 '집합적 의미'로 사용되면서, 다른 한편으로는 '본성'으로 풀이되기도 하는 유럽식 언어 이해 방식도 이런 이오니아학파 자연과학자들의 관점과 결코 무관한 것처럼 보이지는 않는다.[9]

그리스어로 된 초기 문헌에 의하면, '피시스'physis라는 그리스어도 영어 단어 'nature'의 본래 의미, 즉 "사물 내부에 있거나 사물에 직접적으로 속하는 운동의 원천"이라는 뜻을 지닌 어휘로 출발했다고 한다. 그러다가 상대적으로 뒤늦게 "사물들의 전체 또는 묶음"이라는 이차적인 의미를 포괄하게 되면서, 점차 '코스모스'cosmos, 즉 '세계'world라는 단어와 동일한 의미를 띠게 되었다는 것이다. 그러나 이오니아학파 철학자들은 '피시스'라는 어휘를 이차적인 의미, 요컨대 "세계 또는 세계를 구성하는 사물들"의 의미로서가 아니라, 주로 "그 사물들에 내재해서 그것들로 하여금 어떤 일정한 방식으로 움직이도록 만드는 어떤 것"이라는 일차적인 뜻으로 해석했

———

8 R. G. 콜링우드, 『자연이라는 개념』(유원기 옮김, 이제이북스, 2004), 54쪽.
9 같은 책, 73쪽.

던 것으로 보인다. 즉, 그들은 사물에는 "'자연'(본성)이 있다고 믿었고, 또 그것이 '하나'라고 믿었으며, 또한 운동과 관련해서는 자연이라고 불리는 그것이 본질적으로 실체 또는 물질"이라 믿었던 것이다.[10]

다른 한편 나는 이 우주와 자연이 저절로, 스스로, 요컨대 초자연적인 "위대한 설계자"의 명령이나 도움 없이 자연스럽게 만들어졌다고 믿는 편이다. 고대인들은 자연의 작동 방식에 대한 무지로 말미암아 "인간의 모든 면을 제멋대로 지배하는 신들을 발명하도록" 강요당하기 십상이었겠지만, 스티븐 호킹이 명쾌하게 지적하듯이, 우리 우주가 "각기 다른 법칙들을 지닌 수많은 우주들 중의 하나"라 믿는 "다중 우주" 개념을 따른다면, 우리는 우리를 위해 우주를 만든 "자비로운 창조자"를 들먹일 필요도 없이 "물리 법칙의 미세 조정"을 충분히 설명할 수 있다. "우주가 존재하는 이유, 우리가 존재하는 이유"는 한마디로 "자발적 창조"인 것이다. 그러므로 더 이상 "신에게 호소할 필요"가 없어진다. 말하자면 이 우주의 "위대한 설계"grand design는 결코 어떤 "위대한 설계자", 곧 신에 의해 이루어진 것이 아님이 명백하다는 말이다.[11]

---

10 같은 책, 74-76쪽. 뒤에서 좀 더 자세히 언급하겠지만, 마르크스도 자연은 인간에 의해 변화하고, 인간 또한 그를 통해 자신의 '자연', 곧 본성'을 변화시킨다는 관점에서, '인간의 자연화'(Vernatürlichung des Menschen)와 '자연의 인간화'(Vermenschlichung der Natur)라는 개념을 동원한 바 있다. 그는 인간과 자연의 불가분의 상관관계를 잘 파악하고 있었던 것이다.

11 인용은 스티븐 호킹·레오나르드 믈로디노프, 『위대한 설계』(전대호 옮김, 까치, 2010), 각각 21, 207, 228, 39, 171쪽 참조. 이와 유사한 입장에 대해서는, 리처드 도킨스, 『눈먼 시계공』(이용철 옮김, 사이언스북스, 2010)도 참조할 것.

이런 의미에서, 자연은 자연법칙을 스스로 창조한 능동적 존재일 뿐만 아니라 동시에 자연법칙의 지배를 받기도 하는 피동적 존재이기도 하다. 다시 말해 자연은 자신을 절로·스스로 창조한 탓에, 또한 절로·스스로 지배하는 존재일 수밖에 없다는 것이다.

인간의 입장에서 볼 때, 자연은 생명의 창조자인[12] 동시에 사멸의 주재자다. 말하자면 모든 생명체의 삶과 죽음을 관장하는 일차적 존재라는 말이다. 이런 의미에서 자연은 인간의 삶뿐만 아니라 동시에 죽음까지도 촉진·강화·앙양시키는 소재이면서 주체이기도 한 것이다. 그러므로 자연은 인간의 물질적 생활공간이자 동시에 생명 유지의 정신적 근본원리로 기능한다고 말할 수 있다. 따라서 자연의 질서는 삶과 죽음을 동시에 아우르는 생명의 질서가 될 수밖에 없다.

예컨대 흙(땅)은 기본적으로 우리의 생존에 절대적으로 필요한 먹을거리를 제공하기도 하지만, 건강한 삶을 병들게 하는 부동산 투기의 대상이 되기도 할 뿐만 아니라 생명의 파괴를 목표로 하는 군사력의 기반이 되기도 한다. 요컨대 생태계를 병들게 하면서 그의 사멸을 촉진하기도 하는 수많은 독소를 소리 없이 받아들이는 말 없는 온상이 바로 땅인 것이다. 하지만 땅, 아니 자연은, 길고 울퉁불퉁한 생의 여로를 마감하고 자신의 본향으

---

12 예컨대 인류학자, 로렌 아이슬리는 "인간을 탄생시킨 자연"에 대해 언급하고 있다. 데이비드 스즈키, 『마지막 강의 : 지속 가능한 미래를 상상하라』(오강남 옮김, 서해문집, 2012), 33쪽에서 재인용.

로 되돌아오는 인간존재를 차별 없이 수용한다. 그리하여 남녀노소, 지위 고하, 빈부, 인종, 피부색 차이 등 일체의 구분 없이 모든 인간을 공평히, 절대적으로 평등하게, 골고루 썩혀 준다. 말하자면 창조할 때와 거두어들일 때, 자연은 자신의 평등주의적 원리를 예외 없이 골고루 적용한다는 말인 것이다.

그러나 실은 자연과 인간 본성 간의 이런 밀접한 상호 관계로 인해 손쉽게 개념적 혼란이 초래될 수도 있음에 유념할 필요가 있다. 오늘날 자연의 위기와 관련된 논쟁 중에 무엇보다 '환경'과 '생태' 개념이 무시하지 못할 해석상의 혼동을 야기하는 대표적인 주제라 할 수 있다.

환경, 생태계, 그리고 '생태 환경'

일반적으로 '환경'environment이란 "유기체의 생존에 필요한 물리학적·생물학적인 외적 조건들external conditions의 완결된 범주complete range"를 일컫는 것으로서, "사회적·문화적, 그리고 (사람들을 위해서는) 제반 정치·경제적 고려뿐만 아니라 보다 통상적인 의미에서 토양, 기후, 식량 공급과 같은 요소들을 모두 포괄"하는 것으로 이해된다.[13]

---

13 Michael Allaby(ed.), *A Dictionary of Ecology*(Oxford University Press, 2010), p. 133.

하지만 모든 종류의 외적 조건을 다 '환경'이라 규정할 수는 없다. 오직 생명체의 생존과 직결된 조건만이 비로소 환경의 범주에 속한다고 말할 수 있는 것이다. 예컨대 '가정환경', '주거 환경', '환경 미화', '교육 환경', '작업환경' 등에서 쓰이는 '환경'이라는 용어는 나름대로 타당한 일상적 의미를 지니는 용례들이다. 그러나 예를 들어 '환경 도구'라는 말은 가능하지만, '도구 환경'이라는 개념은 전혀 성립할 수 없다. 요컨대 '환경'이란 개념은 생명체의 생존 문제와 직결된다는 의미에서 "생명 중심적 개념"이라 할 수 있다. 다시 말해 "환경이란 생명을 주축으로 볼 때, 그것을 둘러싼 조건"을 일컫는 개념이라는 말이다.[14]

그러나 문제는 오늘날 이 '환경'이 대체로 인간 생활에 직·간접적으로 영향을 끼치는 인간을 둘러싼 자연계의 다양한 조건들, 요컨대 인간의 환경만을 지칭하는 한정적 의미를 지닌 개념으로 통용된다는 점에 있다. 그러므로 예컨대 '환경을 보호하자'는 구호를 '인간을 보호하자'로, '자연을 살리자'를 '인간을 살리자'는 뜻으로만 한정지어 이해해도 큰 무리가 따르지 않을 정도다. 달리 말하면, '환경보호' 기치는 환경을 보호하는 주체와 보호받는 객체를 분리시킨 사유에 토대를 둔 것이라 할 수 있기 때문에, 기본적으로는 인간 중심적 시각에서 벗어나지 못하는 한계를 지닐 수 있다.[15] 이럴 때 환경오염, 생태계 파괴, 자연 훼손 등에 기인하는 결정적인

---

14 이 부분과 관련된 이후의 논의는 박이문, 『문명의 미래와 생태학적 세계관』(당대, 1997), 68-73쪽에 주로 의거했다.

폐해를 마치 순국열사라도 되는 것처럼 앞다퉈 격정적으로 규탄하는 경우, 유일한 비운의 주인공이나 희생양으로 선포되는 생명체는 거의 인간존재 하나에 국한될 가능성이 지극히 농후하다. 무엇보다 인간적 삶의 조건만 문제시될 따름이기 때문이다.

이처럼 '환경'이 인간 중심적 개념으로 애지중지되는 것은 부인할 수 없는 사실이다. 예컨대 아름다운 산과 들이나 강과 계곡을 바라보면서 환상적인 '자연환경'이라 경탄을 아끼지 않는 경우에도, 그 밑바닥에는 인간 중심적 관념이 부지불식간에 깔려 있음은 의심의 여지가 없다.

이런 맥락에서, '환경'이 '서술적'이 아니라 '평가적' 개념이라는 사실에 주목할 필요가 있다. 말하자면 가치중립적인 환경이란 존재하지 않는다는 말이다. 그러므로 일정한 기준에 입각해서 '좋다', '나쁘다'라는 평가가 항상 전제될 수밖에 없는 것이다. 따라서 인간에게는 '좋지만', 다른 동식물에게는 '나쁜' 환경이 있을 수도 있음은 두말할 여지도 없는 일이다. 이런 의미에서 오늘날 인간 중심적 환경 보존 의지가 때로는 생태계 파괴나 자연 훼손의 본질적 문제점을 극복하고자 하는 원초적 시도와 상충할 위험성조차 배제할 수 없다는 역설이 결코 억설이 아니라는 점에 유의할 필요가 있다. 뿐만 아니라 위에서 잠시 훑어본 바와 같이, 환경이란 용어 자체가 지나치게 다양하고 포괄적이고 중첩적으로 사용되기도 한다. 이런 면

---

15 최민자도 그의 『생태정치학 : 근대의 초극을 위한 생태정치학적 대응』(도서출판 모시는사람들, 2007), 89-90쪽에서 유사한 견해를 피력하고 있다.

에서 자연과의 본질적인 관계를 엄정하게 규정하고 통찰하는 어휘로는 그다지 적절해 보이지 않는다고 말할 수 있다.

그렇다면 근본적인 자연보호를 위해 어떤 대안이 보다 바람직하고 이상적인 것일까. 바로 이런 측면에서 우리는 '환경'과 '생태계' 개념을 보다 면밀히 비교·검증해 볼 필요가 있다.

앞에서 지적한 것처럼 '환경'이 항상 생명과 직결되는 것과 마찬가지로, '생태계' 역시 생명과 떼려야 뗄 수 없이 맞물려 있는 개념이다. 하지만 크게 보아 다음과 같은 세 가지 관점에서, 환경과 생태계를 구분해 볼 수 있다.[16]

첫째, 환경은 오로지 인간의 생명과 관련되어 있을 뿐이지만, 생태계는 모든 종류의 생명체를 총괄한다. 따라서 환경이 "인간 중심적"이라 한다면, 생태계는 "생물 중심적" 개념이라 할 수 있다. 이런 의미에서 환경이 "문화적" 개념인 데 반해, 생태계는 "생물학적" 범주에 속한다고 말할 수 있다. 예를 들어 들녘에 아름답게 피어 있는 한 송이 해바라기와 빈센트 반 고흐의 아름다운 화폭에 담긴 해바라기 사이에는 어떤 상호 관계가 성립할 수 있을까. 어마어마한 고액에 경매되는 고흐의 해바라기는 아마도 '환경'을, 반면에 들녘에 외로이 서있는 해바라기는 '생태계'를 각각 대변하지는 않을까.

둘째, 환경이 인간을 둘러싼 삶의 조건을 의미한다면, 생태계ecosystem, ecological system는 "삶의 장소인 거주지의 체계성"을 뜻한다. 원래 "eco-는 집 또는 거처를 의미하는 그리스어 oikos에서 유래한 접두사"다. '생태계'라는

---

16 이 역시 박이문의 논의를 참조했다.

용어는 1930년에 클래펌Arthur Roy Clapham이 처음으로 사용했지만, 1935년
이 되어서 "안정된 체계를 형성하기 위해 상호 작용하는, 살아 있거나 죽은
부분들로 구성된 분리된 단위discrete unit를 묘사하기 위해" 영국의 자연보
호론자인 탠슬리 경Sir Arthur George Tansley에 의해 본격적으로 대중화되기
시작했다. 여기서 "생태계 원칙ecosystem principles은 예컨대 보잘것없는 조
그만 연못뿐만 아니라, 나아가서는 호수, 대양 및 전 우주에 이르기까지 모
든 규모에 골고루 적용될 수 있는" 속성을 지닌 것으로 이해되었다.[17]

셋째, 환경이 "원자적·단편적 세계 인식"의 경향을 반영하는 데 반해,
생태계는 "유기적·총체적" 본성을 드러낸다. 말하자면 환경이 자연과 인
간에 관한 형이상학적인 이원론에 입각한 개념인 데 반해, 생태계는 인간
과 자연의 합일에 기초하는 형이상학적 일원론에 뿌리내리고 있다는 말이
다. 환경이 단편적인 인간중심주의적 사고를 반영할 수밖에 없는 것이라
한다면, 생태계는 모든 생명체의 상호 의존성을 불가피한 것으로 간주하
는 총체적 사고 체계의 소산이라 할 수 있는 것이다.

이런 관점에서 볼 때, 이 자연 속의 모든 생명체가 생명을 유지해 나가
는 방식 및 상태를 의미한다고 말할 수 있는 생태의 체계, 요컨대 생태계를
전제하지 않는 환경이 과연 자연의 이치에 부합하는 것이라 말할 수 있을
까? 아니, 그런 환경이란 것이 도대체 존재할 수 있는 것일까? 뿐만 아니라

---

17 Michael Allaby(ed.), *A Dictionary of Ecology*(Oxford University Press, 2010), pp. 125,
126-127.

생태계를 등한히 하거나 도외시하는 '환경 정책'이란 것이 과연 어떤 가치를 지닐 수 있겠는가? 이런 의미에서 생태 위기의 원천적인 극복을 위해서는, 인간 중심적 사고에서 탈피해 생명 중심적 가치관으로 나아가는 패러다임의 근본적 대혁신이 필수적이라 할 수 있다.

소결

학문적으로도 이제 '생태' 개념이 본격적으로 심화·정립되어 가는 추세다. 이 와중에 입장의 차이를 둘러싼 논쟁이 치열하게 전개되고 있음은 물론이다. 여기에는 특히 '심층 생태론'Deep Ecology, '사회 생태론'Social Ecology, '생태 사회주의'Eco-Socialism, '에코 페미니즘'Ecofeminism 등이 주목할 만하다.[18]

예컨대 노르웨이의 철학자 아르네 네스Arne Naess는 1970년대 초에 '심층 생태론'과 '표피 생태론'Shallow Ecology을 상호 구분하면서, "심층적 생태 운동"deep ecology movement의 시대적 의의를 역설하기 시작했다. 그는 과학자, 지식인, 활동가, 예술가 등 "반反생태적anti-ecological 정치·사회구조의 변화를 촉진하기 위해 활발히 움직이는 모든 사람들"이 국제적인 "심층적

---

18 이에 대해서는 최민자, 『생태정치학 : 근대의 초극을 위한 생태정치학적 대응』(도서출판 모시는사람들, 2007), 제6장 참조.

생태 운동"을 전개하지 않으면 안 된다고 다그치면서 바로 이런 운동의 플랫폼이 "심층 생태론"이라 강조한다.[19]

네스는 생태학이란 "생명체들organisms 상호 간 그리고 이들의 유·무기적 환경surroundings과의 상호작용에 입각해 생명체의 생활 조건을 탐구하는 학제 간 과학적 연구"이기 때문에, 생태 문제가 단순히 기술적인 임시변통책quick-fix으로는 해결될 수 없는 것이라 단언한다.

이런 관점에 입각해, 네스를 비롯한 이른바 '심층 생태론자'(근본 생태론자)들은 오늘날 우리가 앓고 있는 대기·토양 및 수질오염, 핵무기 위협, 에너지자원의 고갈, 저개발 지역의 빈곤, 다양한 문화적 질병 및 사회적 병리 현상의 창궐, 인간성 고갈 등 현존 문명의 각종 병폐 현상의 근본 원인을 특히 자연과 인간을 분리하는 기계론적 이원론 및 인간중심주의에서 찾고 있다. 이런 해석에 근거해 네스는 "모든 것이 서로 연결되어 있다"all things hang together는 교훈적 구호를 내걸며, 이 자연계의 모든 존재가 단순히 고립된 개체의 집합이 아니라, 상호 의존적인 그물망처럼 연결되어 있다고 주장한다. 그는 바로 이런 속성을 지닌 자연 속에서 효율적으로 인간의 위상을 탐구하도록 이끄는 방법론이 다름 아닌 "생태 철학"Ecophilosophy이라 강조하는 것이다.[20]

----

19 Arne Naess, *Ecology, Community and Lifestyle*(translated/edited by D. Rothenberg, Cambridge University Press, 1989), p. 4

20 같은 책, p. 36.

일반적으로 '심층 생태론자'들은 생태 위기를 극복하기 위한 방편으로서 무엇보다 전통적인 서구의 기계론적 세계관 및 근대적 과학 원리의 쇄신을 촉구한다. 이런 인식에 기초해 그들은 "생태계에 존재하는 모든 것들"이 생존을 비롯한 일체의 측면에서 모두 "평등한 권리"를 소유한다고 역설한다. 이처럼 "모든 생명체는 그것이 의식을 갖느냐, 아니면 얼마나 고등 신경 체계를 갖느냐에 관계없이 모두 본래적인 가치에서 동등하다"[21]는 그들의 주장이 지극히 설득력 있고 자연스러운 것임을 부인하기는 힘들다. 그들은 인간 중심의 평등이 아니라 '생물 중심의biocentric 평등'관에 입각해, 인간과 비인간을 포괄하는 모든 생명의 전면적 평등권을 역설하는 것이다.

이런 맥락에서 심층 생태론자들은 예컨대 기술적인 차원의 오염 완화 및 제3세계에서의 소비 감축 등 주로 기술적 권고안 같은 것에만 집착하는 환경보호 운동을 "표피 생태 운동"shallow ecological movement이라 비판한다. 그들은 '표피 생태론'이 인간을 모든 가치의 근원으로 그리고 자연을 단지 인간의 도구적 수단에 지나지 않는 것으로 파악하는 인간 중심적 가치관에 사로잡혀 있기 때문에 결코 받아들일 수 없는 것으로 배척한다. 그 대신 그들은 모든 생명체가 동일한 '내재적 가치'intrinsic value를 지닌 존재인 탓에, 인간 역시 이런 '생명의 그물'web of life의 한 가닥에 불과한 존재라 단정 짓는다. 이런 관점에 입각해 그들은 인간 생존의 차원을 넘어서서 환경 그

---

21 양근석·이을상, "동양의 자연관과 생태 철학의 이념 : 유가 사상을 중심으로"(『국민윤리연구』 39호, 1998), 242-243쪽에서 재인용.

자체, 곧 자연 전체가 보호되지 않으면 안 된다는 논리를 펼치는 것이다.[22]

그러나 이런 입장에 대한 비판 역시 만만치 않다.

주물공장 노동자 및 노동운동가로 현장 체험을 시작한 미국의 머레이 북친Murray Bookchin은 이 심층 생태론이 "논리적으로 애매모호한" 생물 중심주의 및 "귀에 거슬릴 정도로 불쾌한" 반인본주의 등에 매몰되어 있다고 비판하면서, 그에 대한 대안으로 "사회 생태론"Social Ecology을 제시했다. '에코아나키스트'(생태 무정부주의자)로 널리 알려져 있기도 한 북친은 생태 위기의 근본 원인을 특정적인 지배 구조 및 사회 문화적 특성, 구체적으로는 가부장제, 제국주의, 인종차별주의 등에서 찾고자 한다. 한마디로 그는 생태 문제를 본질적으로 사회적 지배 구조 및 위계질서에서 비롯하는 사회문제로 해석하고자 하는 것이다.

이런 입장에서 그는 "생물 중심성", "내재적 가치", "생물 중심적 민주주의" 등을 제창한다는 심층 생태론자들이 오히려 "생태 윤리를 도출해 내는 전 프로젝트를 타락"시킨다고 반박한다. 이를테면 인간중심주의로부터 생태 문제의 근본 원인을 도출해 내고자 하는 심층 생태론이 급기야는 모든 사람이 생태 문제에 동등한 책임을 지지 않으면 안 된다고 주장함으로써, 결과적으로 선진국과 후진국의 국민, 소외 계층과 지배 계층, 남성과 여성

---

22 이에 대해서는, Arne Naess, *Ecology, Community and Lifestyle*(translated/edited by D. Rothenberg, Cambridge University Press, 1989), p. 40과 정인석, 『인간중심 자연관의 극복 : 공생의 자기실현을 위하여』(나노미디어, 2005), 151쪽, 그리고 최민자, 『생태정치학 : 근대의 초극을 위한 생태정치학적 대응』(도서출판 모시는사람들, 2007), 309-310쪽 등을 참조할 것.

의 책임의 차이 등을 전면적으로 도외시해 버리는 결정적인 일반화의 오류를 범하고 말았다는 것이다. 나아가 북친은 이들을 "생태-기회주의자들"Eco-faddists이라고까지 타매하면서, "'생태적'이란 접두사가 붙은 것들의 일시적인 유행이 뿜어내는 악취"가 도처에서 진동한다고 규탄할 정도다. 이런 맥락에서 그는 전면적인 생태 혁명을 통한 자본주의적 위계질서 및 사회적 지배 관계의 근절을 촉구한다. 이와 관련해 그는 동양의 전통보다는 오히려 "서구의 유기체적 전통"을 재확립함으로써 오늘의 상황에 "보다 더 건강하게 대처할 수 있다"고 항변하기도 한다. 이어서 그는 "사회적인 것은 결코 생태적인 것으로부터 분리될 수 없고 더 나아가 인간은 자연으로부터 분리될 수 없다"고 단언한다. 그리하여 그는 자연과 인간이란 무엇인가, 그리고 양자는 어떤 상관관계에 놓여 있는가 하는 질문에 대한 해답을 추구하는 것이야말로 생태 위기 시대의 가장 중요하고 의미 있는 작업이라 선언하는 것이다.[23]

다른 한편 북친은 생태적으로 건강하고 지속 가능한 사회를 건설하기 위해 이성의 능력, 다르게 표현하면 인간의 이성적 역할 내지는 책무가 필연적으로 요구된다고 강조한다. 그러나 생태 공동체를 위한 인간의 역할을 역설함으로써, 그는 결과적으로 원초적 자연에 대한 인간화 또는 사회화된 자연의 우월성을 상정하는, 의도하지 않은 모순에 빠지게 된다. 이런

———

23 이에 대해서는 머레이 북친, 『사회 생태론의 철학』(문순홍 옮김, 솔, 1997), 특히 29, 68, 136, 160, 247-252쪽을 참조할 것.

탓에 그의 사회 생태론은 결국 "녹색으로 위장한 인간중심주의"에 지나지 않는다는 비판에 직면하기도 했다.[24]

이런 문제 제기에서도 드러나듯이, '생태 중심주의'Ecocentrism와 '인간중심주의'Anthropocentrism 사이의 내연內燃하는 갈등과 충돌은 불가피한 숙명처럼 보이기도 한다.

앞에서도 살펴보았지만, 생태 중심주의는 인간 개인과 공동체뿐만 아니라, 모든 생태계가 다 내재적 가치를 지니는 존재라는 믿음에서 출발한다. 그러므로 인간만이 고유한 내재적 가치를 소유한다는 인식에 뿌리내린 전통적인 서구의 인간중심주의를 거부하는 것이다. 그렇다고 완전히 반反인간주의를 표방하는 것도 물론 아니다.[25]

그렇다면 인간 세계와 생태계 요소 사이에 상호 충돌이 발생하는 경우 어떻게, 어디쯤 방점을 찍을 것인가, 생태 중심주의와 인간중심주의는 어떻게 만날 수 있는가, 그리고 그 접점은 과연 어디인가, 아니면 그 둘은 오로지 양자택일의 대상일 따름인가 등의 문제를 꾸준히 탐색하는 일이 우리에게 던져진 대단히 난해한 인류사적 과업이라 할 수 있다.

인간과 자연이 결코 분리될 수 없다는 것은 너무도 지당하다. 그리고 인간에게 자연은 전부지만, 자연에게 인간은 극히 미세한 일부분에 지나

---

24 최민자, 『생태정치학 : 근대의 초극을 위한 생태정치학적 대응』(도서출판 모시는사람들, 2007), 322쪽.

25 이에 대해서는, 서영표·영국 적록연구그룹, 『사회주의, 녹색을 만나다 : 생태주의, 사회주의, 민주주의』(한울아카데미, 2010), 37-40쪽을 참조할 것.

지 않는다는 것 역시 지극히 자명하다.

한마디로 '생태계' 개념은 인간이 이 거대한 자연계의 단순한 한 구성 인자에 지나지 않는다는 원리에 입각해 있다. 다시 말해 생태계를 광활한 기반이라 한다면, 환경이란 그 토대 위에 세워진 다양하고 수많은 구조물들 중의 하나와도 같은 존재라 할 수 있을 것이다. 그러므로 생태계는 결과적으로 인간의 생존을 보다 근원적으로 확고하게 보장하고 보강할 수 있는 원동력으로 작용할 수 있는 범주라 할 수 있다. 이런 의미에서 환경 논리는 생태 원리에 순응하지 않으면 안 된다. 이를테면 '생태계'는 '환경'의 상위개념이오, '환경'은 '생태계'의 종속 개념인 것이다.

따라서 이런 생태계의 근원적 본성 그리고 생태계와 환경 간의 불가분의 상호 관계를 고려할 때, '생태 환경'이란 개념이 보다 적실해 보인다. 이런 관점에서 '생태 환경'이란 모든 생명체의 상호 의존성 및 상호 보완성에 대한 믿음을 모태로 하는 인간적 삶의 조건이라 규정할 수 있을 것이다. 나아가 자연환경과 인공 환경의 변증법적 종합 개념으로 이해할 수도 있다.[26] 말하자면 지속 가능한 인간적 삶과 더불어 모든 생명체의 무한한 공존·공생을 추구하는 실천적 개념을 '생태 환경'이라 이를 수 있다는 말이다.

이처럼 '생태 환경' 원리는 이 자연계에 존재하는 모든 생명체의 평화공

---

[26] 예컨대 김종원도 대단히 호소력 있게 오늘날의 환경문제를 "자연환경과 인공 환경의 통합적 이해로 인식하는 생태계 문제"라고 역설한 바 있다. 이런 관점에서 그는 인간의 지속 가능한 삶의 환경을 가능케 하는 생태계에 대한 이해와 실천이 필연적으로 요구된다고 강조한다. 김종원, 『지구환경 위기와 생태적 기회』(계명대학교 출판부, 2000), 4쪽.

존을 지향한다. 이렇게 볼 때, '생태 환경'은 자연과 인간, 그리고 인간과 인간이 상호 불가분의 관계로 얽혀 있는 운명 공동체라 할 수 있다. 그러므로 '너'가 존재하기 때문에 '내'가 존재할 수 있고, 또 '너'가 존엄하기 때문에 '나' 역시 존엄할 수 있다는 믿음에 뿌리를 드리우고 있는 것이다. 이런 맥락에서 '환경 운동' 역시 '생태 운동' 나아가 '생태 환경 운동'이라 명명하는 것이 보다 호소력이 있을 뿐만 아니라 더욱 타당하지 않을까 한다.

2장

서양의 자연관과
동양의 자연관

서양의 인간 중심적·이원론적 자연관

1) 고대 그리스의 지성사적 전통과 자연

역사적으로 볼 때 과학·기술의 발전이 원시적인 수준을 벗어나지 못한 경우, 인간의 최초의 지적인 관심이 물이나 불 등 인간 생존에 가장 직접적인 영향을 끼치는 자연환경 및 현상에 집중될 수밖에 없음은 지극히 자연스러운 일이라 할 수 있다.

고대 그리스에서도 '자연이란 무엇인가?'라는 질문을 던진 탈레스, 아낙시만드로스, 아낙시메네스 등으로 구성된 이오니아학파 및 피타고라스 등의 자연철학자들이 가장 먼저 지성계를 석권하기 시작했다.[1] 반면에 이들에 뒤이어 등장한 소크라테스는 '너 자신을 알라'라는 언명에서도 극명히 드러나듯이, 인간 및 인간 집단의 본질, 정의正義, 인간 공동체의 원리 등에 대한 탐구를 본격화함으로써, 철학적 관심을 자연에서 인간 자신으로 되돌려 놓은 최초의 철학자로 높이 평가받게 되었던 것이다.

물론 고대 그리스인들도 처음에는 인간의 힘으로 어찌해 볼 수 없는 자연현상들이 초자연적인 권능을 가진 신들에 의해 야기되는 것으로 이해했다. 그러므로 자연재해는 신이 인간에 내리는 형벌로 인식될 수밖에 없었다. 그러다가 기원전 6세기에 접어들면서 이런 신화적 설명이 차차 철학적 해석으로 전환하기 시작한 것이다.[2]

그런데 고대 그리스의 자연철학은 신神 이외의 존재로부터 우주의 근본 원리를 찾기 시작했다는 의미에서, 제우스 등 여러 신들이 주인공 역할을 전담하는 구시대적 '신화의 세계'로부터의 탈출 시도라 할 수 있다. 그러므로 이 자연철학은 "신화와의 결별"을 예고하는 "신화 부정 운동"으로서, "새로운 정신운동"의 징표라 할 만한 현상이었던 것이다. 요컨대 이런 정신운동의 밑바탕에는, '만물은 물'이라고 외쳤던 탈레스의 경우에서도 드러나듯이, 신이 개입하지 못하는 고유하고 자율적인 자연계 자체의 원리와 구조에 대한 믿음이 짙게 깔려 있다고 말할 수 있다.[3]

———

1 이오니아학파 및 피타고라스학파의 자연관에 대해서는 R. G. 콜링우드, 『자연이라는 개념』(유원기 옮김, 이제이북스, 2004), 54-120쪽을 참조할 것.
2 유원기, 『자연은 헛된 일을 하지 않는다 : 아리스토텔레스의 자연철학』(서광사, 2009), 14쪽 참조.
3 이에 대해서는 다카기 진자부로, 『지금 자연을 어떻게 볼 것인가』(김원식 옮김, 녹색평론사,

　이처럼 자연계가 스스로 합리적인 질서를 내장하고 있다는 믿음에 입각해, 그리스인들은 인간의 이성이 얼마든지 그 오묘한 질서 체계를 발견하고 이해할 수 있다는 신념으로 나아갈 수 있었던 것이다. 예컨대 아리스토텔레스도 "자연은 헛된 일을 하지 않는다"고 역설한 바 있다. 어쨌든 신화적인 세계관을 극복해 나가면서 인간적 이성에 입각해 합리적으로 자연을 탐구하고자 노력했다는 측면이야말로 그리스인들을 "고대 세계의 다른 모든 민족들과 구별시켜 주는 최대의 특징"이라 할 수 있다.[4]

　하지만 고대 그리스인의 이런 자연철학이 '인간은 만물의 척도'라는 헬레니즘적 인간중심주의와 맞물리게 되면, 인간의 자연 지배를 당연시하는 인간적 우월성에 대한 믿음으로 귀결되기 쉽다. '신화의 시대'를 뛰어넘어 '이성의 시대'로 진입했다는 것은, 자연을 외경의 대상이 아니라 지배와 분석의 상대로 '낮춰 보기' 시작했다는 것을 의미하는 것이라 할 수 있기 때문이다.

　다른 한편 이런 헬레니즘의 본성 속에는 흥미롭게도 기독교 정신과 잘 맞아떨어질 수도 있는 적절한 공감대가 잠재해 있다. 서양인 스스로도 성서에서조차 자연에 대한 자신들의 태도가 "오만에 감염되어" 있음을 숨기

2007), 58-59쪽을 참조할 것. 이 저서는 무엇보다 서양의 자연관을 지극히 진취적인 관점에서 비판적으로 분석하고 있을 뿐만 아니라, 자연을 살려 나가기 위한 나름대로의 진지한 대안까지 성실하게 모색하고 있다는 점에서 높이 평가받아 마땅한 학술적 업적이라 할 수 있다.

4 이에 대해서는 도날드 휴즈, 『고대 문명의 환경사』(표정훈 옮김, 사이언스북스, 1998), 105쪽을 참조할 것.

지 않는다. 가증스럽게도 '창세기'Genesis이래 지금까지 자연을 "소중히 여겨야 할 상대"partner to be cherished가 아니라, "강탈해야 할 포로"captive to be raped로 취급해 왔음을 스스로 엄중히 고백하기도 하는 것이다.[5]

이런 맥락에서 즐겨 인용되는 것은 구약성서 창세기의 다음과 같은 구절이다.

> 하나님이 이르시되 우리의 형상을 따라 우리의 모양대로 우리가 사람을 만들고 그들로 바다의 물고기와 하늘의 새와 가축과 온 땅과 땅에 기는 모든 것을 다스리게 하자 하시고, 하나님이 자기 형상 곧 하나님의 형상대로 사람을 창조하시되 남자와 여자를 창조하시고, 하나님이 그들에게 복을 주시며 하나님이 그들에게 이르시되 생육하고 번성해 땅에 충만하라, 땅을 정복하라, 바다의 물고기와 하늘의 새와 땅에 움직이는 모든 생물을 다스리라 하시니라(제1장 26-28절).

이런 말씀 속에는 자연을 바라보는 기독교 정신의 진면목이 잘 드러나 있다. 무엇보다 인간중심주의적 소신에 입각한 인간과 자연의 이분법적 논리가 주저 없이 적나라하게 표출되고 있다. 이를테면 자연에 대한 '강탈'이 하느님의 이름으로 정당화 내지 조장되고 있는 것이다. 말하자면 기독

---

5 John Passmore, *Man's Responsibility for Nature : Ecological Problems and Western Traditions*(Charles Scribner's Sons, New York 1974), p. 5.

교는 인간의 초자연적 지위를 용인함으로써 인간의 자연 지배를 적극적으로 권장하고 옹호하는 교리를 서슴지 않고 선포하고 있다는 말이 된다.

정신사적으로 볼 때, 일상적인 서양인의 의식 세계가 이런 기독교적 원리에 의해 끊임없이 침식당할 수밖에 없었음은 부인할 수 없는 사실이다. 결과적으로 자연계의 모든 존재의 존재 가치를 오로지 인간에게 쓸모를 제공할 수 있는 경우에만 관용하고자 하는 이런 인간 중심적 실용주의 정신이 사실상 전통적인 서양 정신세계의 기본 축을 형성하게 된 것이다. 이런 까닭에 근대 이후 오늘날까지의 세계 문명이 그리스인의 합리주의 및 로마인의 실용주의 정신의 부활과 계승으로 점철되어 왔다는 주장에 힘이 실리게 되는 것이다.[6]

---

6 이에 대해서는 송명규, 『현대 생태 사상의 이해』(도서출판 따님, 2008), 22-23쪽을 참조할 것. 이 저서는 환경 윤리 및 생태 철학을 입체적으로 조망하는 유용한 길잡이 역할을 해줄 것이다. 시오노 나나미도 『로마인 이야기 1 : 로마는 하루아침에 이루어지지 않았다』(김석희 옮김, 한길사, 2000)에서 "이론적인" 그리스인에 비해 로마인은 "현실적 성향"이 지극히 강한 민족이었다고 증언하고 있다(197쪽).

2) 아리스토텔레스의 자연 이해 및 그 영향

아리스토텔레스는 모든 인간적 공동체를 자연의 창조물로 인식한다. 예컨대 그의『정치학』제1권 제1장은 다음과 같은 선언으로 시작한다.

> 모든 국가는 '공동체'koinōnia/association/Gemeinschaft이며, 모든 공동체는 선善을 목표로for the sake of some good/um eines Gutes Willen 성립한다 — 왜냐하면 모든 인간존재는 스스로가 좋은 것이라 생각하는 것을 얻기 위해 모든 것을 다 하기 때문이다. 그러나 모든 공동체가 어떤 선을 목적으로 삼는 존재라면, 그 중에서도 최대한도로 그리고 최고의 선을 지향하는, 모든 것을 포괄하는 가장 중요한 공동체가 있을진대, 그것이 바로 이른바as it is called/sogenannt 국가city/Staat 또는 국가 공동체political association/die staatliche Gemeinschaft라는 것이다(1252a).[7]

이처럼 아리스토텔레스는 폴리스를 여타 다른 모든 것을 지배하는, 본질적으로 독립적인 최고의 공동체로 간주하면서, 국가를 인간의 자연(본

---

[7] 여기에 나오는 아리스토텔레스 원전의 번역은 필요에 따라, 영어 및 독일어 그리고 우리말 번역본을 종합해 정리한 것이며, 본문의 괄호 안 기호는 이 원저의 인용 면을 가리킨다. Aristotle, *Politics*(Oxford University Press, 1995); Aristoteles, *Politik*(5.Aufl., dtv Klassik / Deutscher Taschenbuch Verlag, München 1984); 아리스토텔레스,『정치학』(이병길·최옥수 옮김, 박영사, 1996) 참조.

성)에서 비롯하는, 인간의 자기실현을 위한 필수적인 토대라 믿었다. 그리고 가족oikia '공동체'를 국가의 기원으로 상정했다.

아리스토텔레스는 모든 것의 출발과 기원에는 "서로 없어서는 살 수 없는 결합"이 필수적이라 강조한다. 마찬가지로 종족을 유지할 수 있도록 만드는 남자와 여자의 결합뿐만 아니라, 함께 생존하기 위해 "자연적 지배자와 피지배자의 결합" 역시 필연적으로 요구된다고 역설한다. 그런데 여기서 지배자는 앞을 내다보는 정신적 능력을 갖춘 자를 말한다. 반면에 육체의 힘을 활용해 이런 지배자의 예견을 집행하는 자가 피지배자인데, 이들은 곧 노예와 다를 바 없는 존재로 인식된다.[8]

그런데 "가족의 근원적이고 가장 단순한 요소는 주인과 노예, 남편과 처, 부모와 자식"(1253b)이다. 가족이란 이런 세 가지 유형의 결합 관계에 의해 유기적으로 구성되는 공동체인 것이다.

물론 아리스토텔레스는 노예의 존재 및 노예제도를 필수적인 것으로 간주했다. "가정에서 노예는 생명 있는 재물"이며, 한 가족의 재산을 형성하는 "모든 도구 중에서 최우선적인 도구"인 것이다. 여기에는 생활필수품을 마련한다는 차원에서, 노예와 가축의 용도가 전혀 다를 게 없다는 그의 소신의 일단이 잘 드러난다. 어쨌든 노예는 "자연에 의해"by nature 천성적

---

8 참고로 덧붙이면, 아리스토텔레스는 육체노동에 대한 모멸감 같은 것을 갖고 있었던 것처럼 보인다. 그는 이렇게 말한다. "육체를 가장 많이 손상시키는 것이 가장 천한 직업이며, 육체를 최대한으로 사역하는 것이 가장 노예적이며, 선성(goodness)을 발휘할 필요조차 없는 직업이 가장 고귀하지 못한 것이다"(1258b).

으로 만들어진 존재로 규정된다. 이처럼 지배 관계까지도 미리 설정하는 주체가 바로 자연인 것이다. "지배자와 피지배자의 관계는 필요할 뿐만 아니라 유익한 것이기도 하다. 하지만 태어나자마자부터immediately at birth 이미 어떤 자는 지배하도록, 또 어떤 다른 부류는 복종하도록" 결정되어 있다(1254a). 마찬가지 논리로 "남성은 천성적으로naturally 여성보다 우월할 수밖에 없다"(1254b). 연소자나 미숙한 자에 대한 처우 역시 다를 바 없다. 남성의 "자식에 대한 지배" 역시 "전제적"으로 이루어지지 않으면 안 된다(1259a). 줄여 말하면, 아리스토텔레스는 국가의 가장 기본적인 단위인 가정을 "노예에 대한 주인의 통제, 가장 및 남편으로서의 권위 행사"에 의해 이끌리는, 남성 주도형 기초 공동체로 이해하고 있었다고 말할 수 있다.

'자연적으로'naturally 형성되는 이런 가족은 원래 "일상적인 생활 욕구를 충족하기 위해 성립된 첫 공동체"인 탓에, 흔히 "밥상 동아리"Tischgenossen/associates of the breadchest라 불리기도 한다. 그러나 생활필수품 공급 이상의 물질적·도덕적 욕구 충족이 필요해지면서, 자신의 영역을 뛰어넘는 새로운 유형의 공동체가 요구되었는데, 그것이 바로 여러 개의 가정으로 구성된 "촌락"Dorf/village이다. 따라서 촌락 역시 자연의 산물일 수밖에 없다. 그런데 "가장 자연스러운 형태의 촌락을 동일 가족으로부터 파생되어 나온 취락colony/offshoot"이라 할 수 있는데, 그 구성원들은 "같은 젖을 먹은, 아들과 아들의 아들", 가히 "밀크 동아리"라 불릴 수 있는 무리들이다. 마침내 이런 속성의 촌락이 다수 결속해, "고도로 자급자족할 수 있는 단계에 도달했다고 말할 수 있는, 마지막 완벽한 공동체"vollkommene Gemeinschaft/final and perfect association가 출현하게 되는데, 그것이 바로 "국가"Staat/city/polis인 것이다. 이처럼 국가는 일상적인 생활 욕구를 충족한다는 단순한 목적에서 시작해, "선한 생활"good life을 추구하는 완성된 형태의 공동체로 마감하는 것이다. 이를테면 국가는 모든 공동체가 최후에 도달하는 목표이자, 완성된 형태의 공동체인 것이다(1252b).

그런데 첫 단계의 가족 공동체가 그랬던 것처럼, 국가 역시 "자연적으로" 존재한다.9 모름지기 국가는 "자연의 창조물"이며, 인간은 본래 "정치적 동물"zoōn politikon/ein staatenbildendes Lebewesen/a political animal인 것이다. 따라서 국가 없이 고립된 삶을 살아가고자 하는 자는 악인이거나 인간 이상의 존재일 수밖에 없다(1253a). 물론 인간은 의심의 여지없이 벌이나 기타 군생 동물群生動物보다도 훨씬 더 높은 수준의 정치적 동물이다(1253b). 인간은 타인과 더불어 살고자 하는 본능적 속성을 지닌 정치적 동물이기 때문에, "서로의 도움을 필요로 하지 않을 때"조차도, 요컨대 공동의 이해관계 없이도 본능적으로 어울려 살기를 꿈꾸는 존재인 것이다. 그러나 선한 삶을 영위한다는 것이 개인뿐만 아니라 전체 공동체의 핵심적인 목적이라는 것은 두말할 나위조차 없는 일이다(1278b). 어쨌든 아리스토텔레스에게는 함께 어울려 살기 위해 자연으로부터 최고의 은총을 하사 받은

---

9 그러나 아리스토텔레스는 『정치학』(1253a)에서 이렇게 말하고 있다. "최초로 국가의 초석을 놓은 자는 은인(恩人) 중에서도 가장 위대한 자이다." 하지만 그가 "최초로 국가의 초석을 놓은 자"로 과연 누구 또는 무엇을 염두에 두었을까 하는 것은 풀리지 않는 의문으로 남아 있다. 혹시 이 또한 '자연의 선물'일는지……

유일한 생명체가 바로 인간이다.

아리스토텔레스는 — 마치 몸뚱이 없는 손발이 아무 의미를 지니지 못하는 것과 마찬가지로 — 이런 국가 공동체가 "자연의 질서 속에서" 가족이나 개인에 "우선한다"는prior 것을 결코 의심하지 않는다. 말하자면 전체가 부분에 앞선다는 것이 필연적일 수밖에 없듯이, 개인이 전체의 한 부분에 지나지 않는다는 것을 확신하는 것이다(1253a). 인간은 폴리스 없이는, 마치 발육이 멈춰 버린 떡갈나무처럼, 자신의 '자연'(본성)을 결코 실현할 수 없는 존재이므로 '인간적 본성'을 실현하기 위해서는 필연적으로 자연의 창조물인 폴리스가 요구되는 것이다.

여기서도 드러나듯이, 아리스토텔레스의 자연관은 지극히 '목적론적'teleological인 속성을 지닌다. 말하자면 그는 '자연에 의해' 만들어진 모든 것은 의당 특정한 목적을 수행하기 위해 존재하는 것일 수밖에 없기 때문에, 그 목적에 대한 이해 없이는 그 존재의 '자연'(본성)에 대한 정확한 파악 역시 불가능할 수밖에 없다는 소신을 지니고 있었다. 바로 이런 관점에서 아리스토텔레스는 "자연과 조화를 이루는 것은 자연적으로by nature 가장 고귀한 것"이라는 신념을 자신 있게 피력할 수 있었던 것으로 보인다.[10] 이처럼 "자연은 헛된 일을 하지 않는다"는 목적론적 사고가 그의 자연철학적 이론의 기본 토대로 작용하는 것이다.[11]

---

10 이에 대해서는 Aristotle, *Nicomachean Ethics*(edited by Roger Crisp, Cambridge University Press, 2007)과 『니코마코스 윤리학』(최명관 옮김, 서광사, 1994), 1099b를 참조할 것.

어쨌든 아리스토텔레스는 국가의 가장 근본적인 구성 요소를 개인이 아니라 일차적으로 가족 공동체에서 찾고 있다. 그리고 인간이 '공동체적 동물'이 될 수밖에 없는 '본성'(자연)을 지닌 존재라는 확신에는 변함이 없다. 나아가서는 국가야말로 일정한 선善을 지향하는 모든 공동체 가운데서 최고의sovereign 것이며, 그것들을 총괄하는 지상至上의 존재로서 당연히 모든 선 가운데 최고의 것을 목표로 한다고 단언한다(1252a1).

이와 관련해 국가가 인위적인 조형물이 아니라 자연적 창조물이라는 아리스토텔레스의 확신 역시 요지부동이다. 무엇보다 이런 소신의 배경에 '자연은 본래 합목적적'이라는 강한 믿음이 견고히 뿌리내리고 있는 탓이다. 그리고 이런 자연의 본성에 대한 강한 믿음으로부터 자연이 필연적으로 로고스를 따를 수밖에 없으리라는 신념으로 뻗어 나갈 수 있음도 지극히 자연스러운 현상이라 할 수 있다.

한마디로 아리스토텔레스는 이성을 자연이라는 대상 속에 분석적으로 깊이 침투시키고자 시도했다. 그리하여 인간의 이성에 의해 파악되는 자연의 실체, 그것이 사실은 바로 자연 그 자체라는 방정식이 자연스레 성립하게 된 것이다.

다른 한편 자연의 질서와 운동을 로고스로 해석하고자 할 때, 이성의 최고 형태로서의 '신'神 개념 역시 자연스럽게 견인될 수밖에 없음은 자명

---

11 이에 대해서는 유원기, 『자연은 헛된 일을 하지 않는다 : 아리스토텔레스의 자연철학』(서광사, 2009), 특히 4장 참조.

한 일이다. 결과적으로 아리스토텔레스는 신을 다시금 자연론의 내부로 끌어들임으로써 신으로부터 자연의 해방을 선포했던 자연철학의 정신세계에 종지부를 찍게 한 것이다. 그리하여 신화적인 의미의 '신'이 자취를 감추면서, 오로지 이성의 최고 원리로서의 신만이 잔존할 수밖에 없게 되었다. 이로부터 결국 '자연학은 논리학'이라는 관점 역시 자연스럽게 새로이 등장하게 된다. 이윽고 초월적인 신의 힘에 의해 지배당한다고 인식된 우주는 애초부터 인간의 이성의 범주를 뛰어넘는 것으로 이해될 수밖에 없었고, 중세 유럽이 이런 아리스토텔레스의 자연관에 의해 깊이 영향 받을 수밖에 없었던 것 역시 지극히 자연스러운 귀결이었다.

결국 중세 신학자들은 하느님의 천지창조를 설명하는 유용한 도구로 이런 아리스토텔레스의 목적론적 세계관을 유효 적절히 활용할 수 있었다. 그들은 자연 세계를 "하느님의 의지"의 표현으로 간주하면서, 비록 성경과는 다른 "표식과 상징들"을 지니고 있긴 하지만 그래도 "하느님의 계시"가 수록되어 있는, 또 "하나의 하느님의 책"ein Buch Gottes으로 이해한 것이다. 말하자면 "하느님 앞에서" 자연은 이런 식으로 "생성하는 힘을 가진 자율적 존재로서의 자기의 고유성과 법칙성을 인정"받게 되었다. 특히 토마스 아퀴나스는 이런 "자연의 자율 운동"Autonomie der Natur이야말로 바로 "하느님이 부여"한 것이며, 이런 "자연의 원리"에 대한 탐구와 인식은 곧 하느님을 이해하는 것과 직결된다고 역설했다.

다른 한편 르네상스에 들어서면서 자연의 움직임에 대한 인간의 주체적 개입 가능성에 대한 믿음이 이런 자연 이해에 덧붙여지게 되었다. 요컨대 "창조주의 산물"인 자연에 "부차적인 창조 행위"를 가할 수 있는 것이 바로 인간의 주체 의식이라는 논리가 르네상스를 움직인 중심 관념으로 작용했던 것이다.[12]

하지만 고대 그리스의 자연관을 집약한 것으로 인식되는 아리스토텔레스의 자연 이해는 중세 기독교 사회뿐만 아니라 오늘날의 자연관에까지도 결정적인 영향을 끼치고 있는 것으로 평가받는다. 이런 아리스토텔레스의 관점이 사실상 시공을 초월해 전 유럽의 지성계를 휩쓸며 강력하고 지속적인 영향력을 행사해 왔다. 요컨대 자연과 인간을 명확하게 구분하는 유럽의 전통적인 이분법적 사고방식이라든가, 이성의 우월성에 기초한 유럽의 합리적 자연관, 그리고 인간과 자연 사이의 간극을 크게 벌여 놓은 근대 유럽의 인간중심주의적 세계관 역시 이런 아리스토텔레스에 그 뿌리를 두고 있다고 말할 수 있다.[13]

그러나 고대 그리스에서 처음으로 폴리스의 공적 삶을 규정하는 법, 즉 노모스nomos를 가차 없이 평가절하하면서, 그 대신 자연physis 개념을 새로이 끌어들이는 일군의 인물들이 출현하기 시작했다. 폴리스의 한계를 뛰어넘는 새로운 세계관을 제시하기 위해 팔을 걷어붙인 이들은, 대체로 외국인이었던 탓에 폴리스 안에서 동등한 대접을 제대로 받지 못하던 아테

---

12 송영배, "유기체적 자연관과 동서철학 융합의 가능성," 『인간과 자연 : 유기체적 자연관과 동서철학 융합의 가능성』(철학과현실사, 1998), 16-17쪽에서 재인용.

13 다카기 진자부로, 『지금 자연을 어떻게 볼 것인가』(김원식 옮김, 녹색평론사, 2007), 특히 65-73쪽.

네의 소피스트들이었다.

당시 그리스인들의 저항 정신의 대변자는 바로 이들 소피스트들이었다고 말할 수 있다. '소피스테스'sophistes란 지혜를 뜻하는 말인 그리스어 소피아sophia 또는 그 형용사 소포스sophos에서 유래한 어휘라 한다. 그러므로 소피스트는 문자 그대로 '지혜를 가진 사람'을 뜻한 말인 셈이다. 이들은 그리스 사회에서 처음으로 돈을 받고 학생을 가르치기 시작한, 아마도 역사상 최초의 가정교사 노릇을 한 사람들이라 할 수 있다.

이들은 전통적인 학문과 교육 방식을 비판하면서, 학생들을 훌륭한 사람으로 만들기 위해 새로운 지혜를 가르친다고 홍보하며 전 그리스를 떠돌아다녔다. 특히 부유하고 교육열이 높은 아테네는 그리스 각처에서 올라온 내로라하는 소피스트들로 들끓었는데, 이들은 마치 그리스형 실학파처럼, 구체적인 인간적 삶에 유용한 지식과 지혜를 가르친다고 역설했다. 요컨대 '잘사는 것'eu zen/to live well, 즉 '웰빙'에 대한 지혜, 바로 그것이 소피스트들이 팔고 다녔던 지혜였던 셈이다.

그런데 여기서 잘산다는 것은 행복하게 사는 것, 또는 성공하고 출세하는 것을 뜻한다. 어느 시대나 비슷하게 생각했겠지만, 소피스트들 역시 행복하게 잘산다는 것이나 삶에서 성공한다는 것을 권력을 얻는다는 것과 같은 뜻으로 해석했던 듯하다. 그리하여 그들은 자기 학생들에게 정치의 광장에서 성공할 수 있는 비결을 가르친다고 선전하며 돌아다녔던 것이다. 그 기술이 바로 변론술rhetorike 또는 웅변술이었다.

여기서 우리는 자연법적 시각의 단초를 엿볼 수 있다. 동등한 시민적 권리를 공유하지 못하던 당시의 소피스트들은 인간 스스로에 의해 만들어지고 강자의 권리에 기초하는 법nomos과 만인에게 똑같은 방식으로 적용되는 자연의 불변적 법physis을 대비시킴으로써, 과연 어느 쪽이 더 바람직한 것인가를 입증하기 위해 분투했다. 결과적으로 그들은 폴리스의 공적 삶을 규정하는 노모스를 엄중히 비판하면서, 그 대신 자연physis 개념을 새로이 도입했다. 플라톤의 입을 빌어 예컨대 히피아스Hippias는 이렇게 말하고 있다. "나는 …… 우리가 법을 통해서가 아니라 자연에 의해 친척이오, 친구며, 동료 시민이라 생각한다. 왜냐하면 평등한 것das Gleiche은 자연에 의해 평등한 것과 친화하기 때문이다. 그러나 인간의 폭군인 법은 많은 것을 자연에 거슬러 강제한다."14

여기서 자연은 서로 같은 자연적 종種에 속함으로써 얻어지는 인간적 평등의 토대로 작용한다. 이를 통해 인간은 각자의 개인적·사회적 차이에도 불구하고 모든 것을 포괄하는 자연의 관점에서 서로 평등한 존재로 나타난다. 그러나 이런 사고방식은 상당한 추상적 인식능력을 전제하는 것이었기 때문에 주로 철학자와 지식인 사이에 통용되었다. 그러다가 이는 스토아학파에 의해 계승되어 새로운 발전의 기틀이 닦이기 시작한다.

폴리스를 대변한 자유인과 평등인의 권리문제라든가 노예에 대한 주인

---

14 Platon, *Protagoras*. Otto Dann, *Gleichheit und Gleichberechtigung : Das Gleichheitspostulat in der alteuropäischen Tradition und in Deutschland bis zum ausgehenden 19. Jahrhundert*(Duncker & Humblot, Berlin 1980), p. 38에서 재인용.

의 지배권 요소 등 아리스토텔레스에 의해 '자연'의 이름으로 정당화되었던 논리에 본격적으로 이의를 제기하기 시작한 것은 스토아학파 철학자들이었다. 이들은 같은 자연의 이름으로 아리스토텔레스의 논리에 이의를 제기하며, 주인과 노예, 시민과 이방인, 그리스인과 야만인의 구별을 극복하고자 했다. 스토아학파는 인간을 개인적·사회적 연결 고리에서 풀어내, 신적인 이성이 지배하는 코스모스의 한 부분이며 덕을 추구하는 이성적 공동체의 일원으로 인식했다. 그들은 인간이 동일한 자연의 산물일 뿐만 아니라 동일한 이성의 힘을 부여받은 존재이기 때문에, 결국 동일한 법의 지배를 받는 세계국가의 동등한 시민으로 대접 받아야 마땅한 존재라 역설했던 것이다. 이런 자연법적·'세계동포주의적' 인간관은 결국 사회적·민족적 한계를 외면한, 또는 그것을 초월하는 도덕적 정신세계로의 몰입을 촉구하는 것이었다. 따라서 스토아학파의 목표는 "새로운 사회질서를 세우는 것이 아니라 개인으로서의 자연적 삶으로 되돌아가도록 그들을 설득하는 일"에 국한되었다고 말할 수 있다.[15]

---

15 Sanford A. Lakoff, *Equality in Political Philosophy*(Harvard University Press, 1964), p. 20에서 재인용.

3) 근대 이후의 자연 인식

자연과학의 급속한 발전이 이루어지는 근대에 접어들면서 아리스토텔레스의 이론은 여러 과학자들로부터 본격적으로 공격당하고 거부당하기 시작한다. 철학자들 역시 그 반론의 대열에서 멀리 떨어져 있지는 않았다.

앞에서 이미 살펴보았듯이, 아리스토텔레스는 훗날의 사회계약론자들과는 달리 '가상적인 자연 상태' 속의 개인에서 출발하지 않는다. 그에게는 오히려 개인과 개인의 '자연적인' 결합체, 즉 구체적인 정치적 공동체가 관심의 초점이었다. 아리스토텔레스는 '정치적 동물'인 인간이나 국가 공동체 모두가 '자연'의 창조물이라는 것을 믿어 의심치 않았다. 그리고 폴리스를 인간 사회 발전의 궁극적 목적Telos, 즉 규범으로 인식했다. 하지만 그는 인간의 '자연'(본성)이 이런 자연적 공동체에 대해 역사적으로 어떤 의미와 영향력을 지니고 있는지, 그리고 자연이 부여한 이런 궁극적인 목적이 실현되지 않을 때 공동체 구성원이 선택할 수 있는 대안은 과연 어떤 것인지 등에 관해서는 명확히 밝히지 않았다.

반면에 사회계약론자들은 ─ 물론 경향적으로는 서로 간에 적잖은 차이도 있지만 ─ 합리주의와 비약적으로 발전하는 자연과학의 열풍에 본격적으로 노출되기 시작했다. 교회와 신학의 위세가 수그러드는 근대로 들어섬에 따라, 마키아벨리를 필두로, 정치를 순수하게 세속적인 차원으로 끌어내려 그것을 냉정한 과학적 탐구의 대상으로 정립하기 시작한 새로운 철학적 풍조가 전열을 가다듬기 시작한 것도 이미 오래전 일이었다.

예컨대 토머스 홉스는 인간 본성의 경험적 잣대를 가지고 정치의 본질과 목표를 읽어 내고자 노력했다. 그런데 그는 이 인간의 본성을 다른 자연현상과 동일한 방식으로 이해하고 설명할 수 있다고 굳게 믿고 있었다.[16] 인간 역시 자연의 일부이기 때문에, 여러 다른 자연적 존재들과 다를 바 없이 근본적으로 자연의 법칙 아래 놓일 수밖에 없다고 본 것이다.

그리하여 홉스는 인간 행위의 자연적 두 동인으로서 '욕구appetite 또는 욕망desire'과 '혐오'aversion를 들었다.[17] 모든 인간은 대체로 "죽어서야 비로소 끝이 나는, 권력에 대한 영원하고 지칠 줄 모르는 욕망"을 소유하고 있다. 바로 그렇기 때문에 인간은 — 예컨대 본성적으로 사회적 동물인 개미나 꿀벌들과는 달리 — 이기적 욕구에서 잠시도 벗어나지 못한다. "모든 사람은 자기 자신의 이익을 좇아 모든 일을 처리한다." 그러나 이 이기주의는 경쟁과 끊임없는 불안 및 갈등, 심지어는 물리적 충돌로까지 발전한다. 게다가 인간의 자연적 재능은 서로 엇비슷하다. 왜냐하면 "자연은 육체와 심성의 능력 면에서 인간을 평등하게 만들었기" 때문이다. 따라서 평화란 존재할 수 없다. "만인의 만인에 대한 투쟁"이 바야흐로 시작되는 것이다.[18]

홉스는 무엇보다 '자기보존'self-preservation이야말로 자연으로부터 물려

---

16 특히 과학과 인간 본성의 상관관계에 관한 홉스의 입장을 보기 위해서는 Raymond Plant, *Modern Political Thought*(Basil Blackwell 1991), pp. 38-45를 참조할 것.

17 토머스 홉스, 『리바이어던 : 교회 국가 및 시민 국가의 재료와 형태 및 권력』, 1권(진석용 옮김, 나남, 2008), 77쪽.

18 같은 책, 230쪽 이하.

받은 인간의 권리에 속하는 것이라 생각했다. 그러나 자연 상태의 인간은 자신의 사사로운 판단에만 몸을 맡긴 채 자기의 직접적인 이해관계만을 맹렬히 찾아 나선다. 그리고 최선을 다해 자신의 만족만을 극대화하기 위해 몸부림친다. 바로 이런 점에서 모든 인간은 '평등'하다. 그러나 다른 한편 이런 자기보존의 자연적 평등권은 아무런 심판자가 존재하지 않는 자연 상태에서는 '만인 대 만인의 투쟁'만을 불러일으킬 따름이다. 따라서 자신의 생명을 지키기 위해서는 사회적 평화와 질서의 유지가 절실히 필요해진다. 결과적으로 사회계약이 맺어지고 지배 체제가 수립된다. 그리하여 사회 상태의 인간은 계약을 통해 이런 이기적 욕구의 전투적 충족을 포기했다는 점에서, 즉 모든 권한을 절대적 지배자에게 위탁함으로써 스스로 무력화했다는 점에서, 서로 '평등'하다. 어쨌든 홉스는 이미 자연 상태에서부터 필연적으로 상호 갈등을 유발할 수밖에 없는 인간의 숙명적인 이기적 본성과 그것이 야기하는 필연적인 자연적 해악을 믿어 의심치 않았다.[19]

존 로크 역시 홉스를 비롯한 다른 자연권 이론가들과 마찬가지로, "인간의 자연적 평등"equality of men by nature 관념에서 출발한다(5, p. 4).[20] '가장 위대한 자유주의 철학자'의 한 사람으로 추앙 받는 로크의 핵심적인 정치사상의 하나가 바로 그의 소유property 개념이다. 그는 『시민 정부 2론』*The*

---

19 같은 책, 제14장(177-193쪽)을 참조할 것.

20 John Locke, *The Second Treatise of Government*(Basil Blackwell, 1976). 이하 본문의 소절과 쪽수는 이 책을 따른 것이다.

*Second Treatise of Civil Government*에서 특별히 한 장章을 할애해 소유의 문제를 다루고 있긴 하지만 그 개념을 명확히 하지는 않았다. 그러나 논지 전개를 따라가면 소유란 대략 '자연에 인간의 노동을 투입함으로써 얻는 획득물'이라는 정도의 의미를 끌어낼 수 있다.

로크는 성서를 본떠 "신은 이 세계를 인간에게 공동으로 하사"함으로써 그것을 인간의 삶에 가장 이롭게 사용되도록 했다고 말문을 연다(26, p. 15). 이 땅과 그곳에 널려 있는 온갖 것들은 모두 인간의 공동 소유물이다. 그렇다고 해서 신은 그것들이 계속 공동의 것으로, 그리고 경작되지 않은 채 내버려지기를 바란다는 것은 결코 아니다. 신은 그것들을 "근면하고 이성적인" 사람들이 활용하도록 당부했다(34, p. 18). 그리하여 노동이 요구되는 것이다. 노동이 없으면 모든 것이 "좀처럼 값어치worth를 지니지 못하게" 된다. 그리고 노동은 "모든 것에 가치의 차이가 생기도록" 만든다(40, p. 23, pp. 22, 43). 이윽고 "순수하게 자신의 것이라 말할 수 있는 자기 몸과 손의 노동labour"을 통해 자연 상태로 놓여 있던 것들은 비로소 인간의 소유가 된다. 왜냐하면 "노동은 노동하는 사람labourer의 의심할 바 없는 소유물property"이기 때문이다. 그러므로 그는 자신의 노동의 산물에 대해 사적인 소유권을 갖는다(27, p. 15).[21]

---

21 그러나 로크는, 의도적이었는지 실수였는지는 알 수 없으나, 이어지는 글에서 "나의 하인이 자른 멧장도 …… 어느 누구의 지시나 동의 없이 나의 소유가 된다"(28, p. 16)라고 쓰고 있다. 자연 상태에서 어떻게 하인이 존재할 수 있었는가 하는 기이한 가정을 제쳐놓는다 하더라도, 하인의 노동의 산물이 왜 하인에게 돌아가지 않고 주인이 가로채는가 하는 의문은 풀리지 않는다. 바로 이

그렇다고 해서 이런 사적 소유가 무한정 받아들여지는 것은 아니다. "신은 어떤 것도 인간으로 하여금 썩히거나spoil 망가뜨리도록destroy 만들지는 않았다"(31, p. 17). 로크가 문제 삼았던 것은 소유가 얼마나 많은가 하는 것이 아니라, 어떤 것들이 쓸모없이 썩어 문드러지는가perish 하는 것이었다(46, p. 25). 그래서 사람들은 남는 것을 남에게 주어도 좋고, 서로 맞바꾸어도 좋다.

그러나 이런 골칫거리들은 화폐가 만들어지면서 아무 문제없이 풀리게 된다. "화폐의 발명"은 이제 재산의 무한한 증식에 도움을 줄 뿐만 아니라, 또한 그런 행위를 자연스러운 것으로 받아들이도록 만들었다. 로크가 애초부터 문제 삼았던 것은 소유의 양이 아니라 소유물의 훼손이었기 때문에 화폐의 도입으로 인해 재산의 격차가 크게 벌어진다 한들 그것이 특별히 문제시될 리 없었다. 자연 상태의 초기 단계에서 인간이 누렸던 자연의 평등한 공유는 — 화폐라는 것이 서로 간의 동의를 통해서만 가치를 지니게 되는 것이기 때문에 — 이윽고 사람들이 서로 인정하는 "불균형하고 불평등한 소유"로 변질되었던 것이다(50, p. 26).

이제 소유의 불평등은 사회적 필연이 되었다. 그리하여 바로 이 "재산의 보호"를 위해 사람들은 사회로 들어오기로 작정했다. 그리고 재산의 보

런 '사소한' 예들은, 아블래스터가 날카롭게 꼬집고 있듯이, 로크의 이론 체계가 철저한 일관성을 결여하고 있음을 나타내는 증거들이다. 이런 문제들과 아울러 특히 로크의 소유 개념에 대한 간결하지만 참신한 비판을 보기 위해서는 Anthony Arblaster, *The Rise and Decline of Western Liberalism*(Basil Blackwell 1987), pp. 162-167을 참조할 것.

호는 "정부의 목적" 그 자체다(138, p. 71). 이처럼 시민사회로 들어오면서 자연적 평등이 아니라 '생명·자유·재산'이 로크에 의해 인간의 기본권으로 자리매김된다. 자연적 평등은 이제 연령, 덕, 재능과 장점parts and merit, 출생 등에서의 자연스러운 불평등으로 뒤바뀌게 되었다. 그리고 평등을 단지 "사법jurisdiction의 관점에서", "자연적 자유"natural freedom에 대한 "평등한 권리"equal right라는 의미로 이해했다(54, p. 28).

간추려 말하면, 로크는 자연을 사적 소유의 근원으로, 요컨대 사회적 부의 원천으로 인식했다고 말할 수 있다. 따라서 우리는 그의 이런 이해 방식으로부터 인간적 부를 더욱더 증대해 나가기 위해서는 자연을 더욱더 많이 착취해도 좋고 또 그렇게 할 수밖에 없다는 논리를 자연스레 유추해 낼 수 있다. 말하자면 로크의 이런 관점은 사회적 부의 증식을 위한 자연에 대한 착취의 필연성을 정당화하는 논리로 기능할 수 있다는 말이다.

어쨌든 17세기 및 18세기 초의 자연권 이론가들은 기존 사회질서의 옹호자로 자임하면서 시민적 유산 계층의 물질적 이해관계를 합리화하는 사명을 떠맡고 있었으며, 그 가장 전형적인 예가 바로 로크였다.

이렇게 보면 뛰어난 정치사상은 끝 간 데 없는 정치적 압제와 인고의 산물이라 할 수 있다. 이제 18세기 정치사상의 화려한 무대는 봉건주의의 폐단이 가장 혹심했던 프랑스로 서서히 옮아가기 시작한다.

루소는, 홉스와는 전혀 다르게, 자연 상태에서 인간이 선한 본성을 가진다는 믿음에서 출발한다. 따라서 그에게 사회의 수립은 자연적 평등 및 평화 질서의 종언이자, 인간적 갈등과 분쟁의 불씨로 해석된다. 루소에 의

하면, 자연 상태의 인간은 서로 흩어져서, 아무런 상호 관계도 없이, 그리고 서로에 대한 아무런 욕구도 지니지 않은 채 자족적·독립적으로 삶을 이끌어 나간다. 이런 마당에서는 자연적 불평등이란 것이 거의 아무런 의미도 갖지 못한다. "자연 상태에서 인간은 불평등을 거의 느끼지 못하며 또 그 영향도 지극히 미미하다."[22] 그러나 점차 정착 생활에 익숙해지면서 자기 자신에 대한 자각이 생기고 서로에 대한 의존과 필요가 늘어남에 따라, 인간적 '타락'의 싹이 돋기 시작한다. 이윽고 "어느 한 사람이 두 사람 몫의 충분한 식량을 확보하는 것이 유리하다고 믿는 순간부터, 평등이 사라지고, 사유재산이 도입되었으며, 노동work이 불가피해졌다"(p. 83). 루소에게는 바야흐로 사유재산이야말로 가장 극심한 사회적 폐해의 근원으로 부각되게 되었다. 왜냐하면 그것은 "타인의 희생을 통해 자신의 이득을 획책하려는 은밀한 야욕과 더불어, 한편으로는 경쟁과 적대감을, 그리고 다른 한편으로는 이해관계의 대립을 부추기기" 때문이다(p. 87).

그런데 '나의 땅', 즉 사유재산을 소유함으로써 생겨나기 시작한 이 모순 덩어리 시민사회는[23] 보다 구체적으로 어떤 모습을 지니고 출발했던가. 루소는 분노에 찬 목소리로 다음과 같이 매섭게 비판한다.

---

22 J. J. Rousseau, *A Discourse on the Origin of Inequality*, trans., G.D.H. Cole in *The Social Contract and the Discourses*(Everyman's Library 1982), p. 74. 이어지는 본문의 인용문 쪽수는 이 책을 따름.

23 루소는 시민사회의 출발을 다음과 같이 극적인 비유로 묘사하고 있다. "한 조각의 땅에 울타리를 치고, '이것은 나의 것이다'라고 말할 궁리를 하면서 자기 말을 손쉽게 믿을 만치 단순한 사람들을 찾아내는 최초의 사람이 실은 시민사회의 진정한 건설자이다"(p. 76).

가난한 사람들에게 새로운 족쇄를 채우고, 부자들에게는 새로운 권력을 부여했으며, 자연적 자유를 회복할 수 없을 정도로 파괴하고, 사유재산과 불평등의 법을 영구히 확정했으며, 교활한 약탈을 뜯어고칠 수 없는 권리로 바꾸어 놓음으로써 몇 사람의 야심가의 이득을 위해 모든 인류를 영원한 노동, 예속, 비참함으로 몰아넣었으니, 이러한 것이 곧 사회와 법률의 기원 …… 이었다(p. 89).

그에게 사회의 출발은 곧 이런 비참한 불평등의 출발이었던 것이다. 그러나 루소는 극렬한 사회적 불평등이 지배하고 있는 역사적 현실을 '전락한' 자연 상태와 다를 바 없는 것으로 인식하고 있었다.

어쨌든 루소는 사유재산을 불평등의 기원으로 간주했고, 또한 모든 시민사회의 모순은 바로 이 사유재산에서 비롯한다고 생각했다. 그래서 그는 재산의 원천을 아직 소유되지 않은 자연에서, 재산의 소유 목적을 생존의 유지에서, 그리고 재산의 확보 수단을 스스로의 노동에서 구함으로써 나름대로 재산의 원초적 한계를 밝히고자 애썼다. 나아가 루소는 권력이 "결코 폭력이 될 정도로 커서는" 안 되며, 항상 "지위와 법에 의거해" 행사되어야 함을 역설한다. 마찬가지로 그는 "어떤 시민도 다른 사람을 충분히 살[또는 매수할] 수 있을 정도로 부유해서는 안 되고, 또 어느 누구도 자신을 팔아야만 할 정도로 그렇게 가난해서도 안 된다"고 강조한다.[24] 왜냐하

---

24 J. J. Rousseau, *The Social Contract*, trans., G.D.H. Cole in *The Social Contract and the Discourses*(Everyman's Library 1982), Book 2, chap. 11, p. 204.

면 법률은 "항상 재산을 가지고 있는 사람에게는 쓸모가 있고, 아무것도 가진 게 없는 사람에게는 해로운" 것이기에, "사회적 국가는 모든 사람이 어느 정도씩은 소유하고 있으면서 아무도 지나치게 많이 가지고 있지 않을 때만 사람들에게 이롭"기 때문이다.[25]

이와 같이 루소는, 자연 상태를 떠난 인간의 사회적 불평등을 불가피한 것으로 체념하는 듯한 홉스나 로크를 넘어서서, 바로 그런 불가피성에 과감히 도전하는 투쟁적 모습을 보여 준다. 여기서도 엿볼 수 있듯이, 우리는 서구의 근대적 자연 이해를 심화시킨 괄목할 만한 관점을 제시한 대표적인 철학자로 루소를 꼽을 수 있다. 앞에서 살펴본 로크와는 달리, 루소는 부의 증대를 목표로 한 무제한적인 자연 수탈에 대해 암시적으로나마 일정한 제재 경고를 보내고 있기 때문이다. 또 홉스와는 달리 루소는 무엇보다 자연을 인간성의 규범적 토대로 인식한다.

루소는 자연에 대한 예찬을 숨기지 않으면서, 자연이 이성적이며 선하다고 주장한다. 그러므로 인간이 본질적으로 선한 존재라는 그의 인식은 인간성이 본래 자연의 기본적 규범과 조화를 이루고 있다는 판단에 의거하는 것이라 할 수 있다.[26] 이런 의미에서 루소는 "인간의 자연적 감정"sentiment naturel으로 "자애심"自愛心, Amour de soi-même을 꼽으며, 이는 "이성에 의해 인도되고, 연민의 정pitié에 의해 중화되어 인류애 및 덕을 생기게

---

25 같은 책, Book 1, chap. 9, p. 181, 주 1.
26 임효선, 『삶의 정치사상 : 동서 정치사상 비교』(한길사, 1996), 75쪽.

하는” 인간의 본성이라 규정했다. 따라서 ‘이기심’Amour propre과 구분되는 이런 ‘자애심’이야말로 루소가 발견한 ‘인간의 자연’이라 할 수 있는 것이다. 그가 이 ‘자애심’ 외에 또 하나의 다른 자연적 감정으로 제시한 ‘연민의 정’pitié[27]은 스스로를 고통을 당하는 자의 위치에 놓아 봄으로써 남이 고통을 겪지 않고 행복할 것을 바라는 감정을 말한다. 이는 각 개인에게서 이기심의 활동을 중화하고 종種 전체의 상호 보존에 협력하는 자연적 감정으로서, 자연 상태에서 법률, 규율, 습관, 도덕 등을 대신하는 역할을 담당한다.

루소에 의하면, 인간은 ‘자기보존의 욕구 및 연민의 정’의 제반 충동에 의해 스스로를 규제할 때 도덕적으로 올바르게 행위하며, 반면에 그것들을 거역할 때 부당하게 행위하게 된다. 그런데 자연 상태 속에서는 이 두 원칙이 예외 없이 적용되지만 자연 상태로부터 이탈함으로써 인간은 결과적으로 이 원칙에 위배되는 행위를 일삼게 된다. 이를테면 자연 상태의 종말이 법과 도덕의 시작인 셈이다. 이런 취지에서 레오 스트라우스는 “자연 상태로부터 시민사회로의 전환”, 즉 인간이 자연 상태를 벗어나 시민사회를 형성하게 된 것을 루소가 “자연에 대한 인간의 반항”으로 규정했다고 역설할 정도다.[28]

그런데 이런 ‘자연에 대한 반항’을 지나칠 정도로 과격하게 수행한 탓이

---

27 이에 대해서는, 박호성, “루소의 자연 개념 : ‘비판적’ 자연과 ‘창조적’ 자연”(『한국정치학회보』, Vol. 27, No. 2, 1994), 43쪽을 참조할 것.

28 Leo Strauss, *Natural Right and History*(University of Chicago Press, 1974), p. 272

었는지, 무엇보다 근대적 과학기술 문명을 주도해 온 '서양의 자연관'은 지극히 편협한 속성을 지닌다. 하지만 이에 의거해 서양은 결국 이 세계를 지배하게 되었다.

이런 서양의 자연관은 다음과 같은 부정적 특성을 지니고 있다.[29]

첫째, 그것은 자연을 인간이 극복해야 할 제약이라고 본다. 이런 제약을 극복하기 위해 노력해 온 것이 바로 과학기술의 역사이다. 둘째, 그것은 자연을 인간의 유용성 측면에서 바라보게 함으로써, 가능한 한 많은 부와 이윤을 탐욕스럽게 추구하는 행위를 정당화하는 데 활용되었다. 셋째로, 이런 행위 양식은 "기본적으로 자연의 사유私有를 전제로 한다." 그리하여 사유는 자연을 필연적으로 "상품 가치"를 갖는 "매매의 대상"으로 전락시키고 말았다. 결과적으로 막대한 자연 훼손과 무자비한 인간성 파탄까지 자초하게 된 것이다. 그리고 마지막으로, 이런 자연관은 인간으로 하여금 "자연에 대한 인간 중심적인 행동을 인간 주체성의 발현이자 자유의 확대"로 간주하도록 만들었을 뿐만 아니라, 이를 "진보와 자유라는 명분으로 정당화"하도록 부추기기도 했다. 이런 의미에서 "합리주의" 정신은 "인간중심주의의 자연관을 배양하는 온상"이나 다를 바 없었다.[30]

---

29 다카기 진자부로, 『지금 자연을 어떻게 볼 것인가』(김원식 옮김, 녹색평론사, 2007), 특히 19-20쪽 참조.
30 '인간중심주의'의 유형 및 속성에 대한 비판적 분석을 참고하기 위해서는, 루크 마텔, 『녹색사회론 : 현대 환경의 사회이론적 이해』(대구사회연구소 환경연구부 옮김, 한울아카데미, 1999), 115-159쪽을 참조할 것.

결국 이런 근대 과학적·합리주의적 자연관에 기대어, 상공업의 발달 및 기계·기술의 진보를 석권한 서구의 자본가계급이 역사적인 승리를 쟁취하게 된 것이다.

이윽고 생산수단의 사유가 지배하는 사회, 가장 극명하게는 자본주의 사회에서 인간은 강제 노동을 영위하는 단순한 노예에 지나지 않으며, 그로 인해 인간성을 철저하게 박탈당하는 동물적 존재로 전락할 수밖에 없다고 개탄한 마르크스가 출현하게 된다.

앞에서 살펴본 바대로, 노동이 '가치의 창출자'인 탓에 '모든 것에 가치의 차이가 생기도록 만드는' 주체가 바로 노동이라 설파한 로크와 유사하게, 마르크스 역시 노동이 가치의 창조자라는 확신에서 출발한다. 그러나 마르크스는 자본주의적 생산관계의 특성이 생산자가 생산수단을 소유하지 않는다는 점, 요컨대 생산자의 생산수단으로부터의 분리에 있다고 역설했다. 물론 노동력을 창조하고 제공하는 존재는 인간임에 틀림없다.

그런데 마르크스는 인간이 단순히 자연Natur의 산물일 뿐만 아니라 동시에 사회적·인간적 노동Arbeit의 산물이기도 하다고 주장한다. 그러므로 자연의 존재 이유 또한 인간과의 직접적인 상호 관련성 속에서만 의미를 지닐 수밖에 없는 것으로 해석되는 것이다.

이런 맥락에서 그는 '인간의 자연화'Vernatürlichung des Menschen와 '자연의 인간화'Vermenschlichung der Natur를 강조한다. 마르크스에게 자연이란 곧 인간화·사회화한 자연, 그 자체였던 것이다. 그러므로 변화시킬 수 없는 자연은 존재하지 않는다. 자연은 인간에 의해 변화하고, 인간은 또 그를 통해 자신의 '자연', 곧 '본성'을 변화시킨다. 인간은 자연의 일부일 뿐만 아니라, 동시에 자연을 변형시키는 힘으로 작용하기도 하는 것이다. 마르크스는 『자본론』에서 다음과 같이 인간과 자연의 불가분의 상관관계를 파헤치고 있다.

> 노동은 우선 인간과 자연 사이의 과정Prozeß이다. 즉, 인간이 그 속에서 자신의 행위를 통해 자연과 자신과의 신진대사Stoffwechsel를 중개하고 규제하고 통제하는 과정이다. 인간은 자연적 소재 자체에 하나의 자연적 힘으로 맞선다. 그는 자연적 소재를 자신의 삶에 유용한 형태로 획득하기 위해 자신의 육신에 속하는 자연력, 즉 팔과 다리, 머리와 손을 활용한다. 인간은 이런 활용을 통해 자신의 밖에 있는 자연에 작용을 가하고 그것을 변화시킴으로써 동시에 자신의 본성Natur을 변화시킨다.[31]

인간은 자연에 노동을 투여한다. 그리고 노동을 통해 자연을 변형시키면서, 동시에 자신의 본성도 변화시켜 나가는 것이다. 이처럼 인간의 삶 그 자체는 노동, 즉 생산 활동을 매개로 하는 인간과 자연 간의 "신진대사"로 해석된다. 여기서 인간과 자연의 변증법적 통일, 즉 '자연의 인간화'와 '인간의 자연화'가 동시에 이루어지고 있음을 확인할 수 있다. 그러나 인간이 사회적 존재로 인식되므로 '자연의 인간화'란 곧 '자연의 사회화'Vergesellschaftung der Natur를 의미하며, 그것은 말하자면 인간적 노동의 지속적인 투여 과정을

---

31 Marx, *Das Kapital, MEW* 23, p. 192(198 이하도 참조).

일컫는다. 노동은 곧 사회를 위해 자연을 변형시킬 수 있는 실질적인 힘으로 인식되는 것이다.

마르크스에 의하면 동물과 비교할 때 인간에게 특징적인 것은, 인간이 자신에게 필요한 생존 및 노동 수단을 스스로 생산한다는 점이다. "개인의 본질이란 곧 그의 생산에 조응한다. 즉, 그것은 그들이 '무엇을' 생산하며 '어떻게' 생산하느냐에 달려 있다는 말이다. 따라서 개별적 인간의 본질은 곧 그들의 생산을 제약하는 물질적 조건에 의존한다."[32] 요컨대 인간의 본질은 생산 및 물질적 조건에 따라 가변적이라는 말이다. 그러나 '자연의 사회화' 과정, 다시 말해 인간적 노동의 지속적인 투여를 통한 자연의 개조 과정은 필연적으로 물질적 조건, 즉 개조된 자연에 대한 인간의 종속을 야기한다. 말하자면 인간은 스스로 노동하지만, 동시에 자신의 노동의 결과에 스스로 종속당하는 존재이기도 한 것이다.

그러나 인간은 필연적으로 이런 종속으로부터의 해방을 도모한다. 그리하여 사회화한 자연의 인간화를 지향하게 된다. 말하자면 물질적 조건에 예속될 수밖에 없게 된 인간은 이윽고 사회를 개조하는 일, 곧 '사회의 인간화'Vermenschlichung der Gesellschaft를 추구하는 일에 매달리게 된다는 말이다. 마르크스에 의하면 인간의 역사 과정이란 바로 이런 '자연의 사회화'와 '사회의 인간화'의 종합, 즉 노동과 해방의 총화이며, 이는 인간적 삶, 물질적 생활의 총체로 나타나는 것이다.

––––––

32 Marx·Engels, *Die deutsche Ideologie*, *MEW* 3, p 21.

마르크스는 이런 인간의 물질적 역사 과정의 총체를 바로 '사회적 존재'로 이해한다. 그리고 "의식"Bewußtsein을 "의식된 존재"bewußtes Sein, 곧 "사회적 산물"로 파악하는 것이다.[33] '의식'은 인간의 물질적 생활 과정인 '사회적 존재'의 표현이며 반영이다. 곧 '의식된 존재'인 것이다.

'의식'은 이데올로기적 상부구조, 인간적 관념과 합치된다. 그러나 '사회적 존재'는 경제적 토대에만 국한되는 것이 아니라, 전체적인 상부구조까지 포괄하는 것이다. 즉, 사회적 존재는 의식을 자신의 한 부분으로, 말하자면 '의식된 존재'로 끌어안는다. 의식은 존재와 대립하는 것이 아니라, 그것과 통일체를 형성하는 것이다. 마르크스에 의하면, "사유와 존재는 구별된다. 그러나 동시에 서로 통일을 이루고 있다."[34]

그러므로 의식은 존재의 변화에 의해 규정당하지만, 동시에 행위하는 인간의 의식으로서 이 존재를 스스로 변화시킨다. 예를 들어 계급의식은 본질적으로 계급의 물질적 조건(존재)에 의해 규정되지만, 그러나 동시에 그 조건을 변화시키는 힘으로 작용하기도 하는 것이다. 이처럼 사회적 존재는 총체적으로 파악되지 않으면 안 된다. '의식'이 없는 '사회적 존재'는 존재하지 않는다. 그리고 거꾸로 '의식'은 '의식하는 존재', 그 이상도 이하도 아니다. 바로 이것이 마르크스의 기본 관점이었던 것이다.

---

33 같은 책, p. 31.

34 Marx, "Ökonomisch-philosophische Manuskripte aus dem Jahre 1844" in MEW, Egb. 1, p. 539.

마르크스에 따르면, 본질적으로 노동하고 생산하는 존재인 인간은, 그가 자유롭게 노동하고 또 자기 노동의 산물을 자유롭게 획득할 수 있는 곳에서만 자유로울 수 있다. 따라서 '주인'의 특권 및 법률적 종속 상태의 단순한 폐기는—그것이 생산수단의 소유자에 대한 무산자의 종속을 계속 유지시켜 주기 때문에—결코 근본적인 치유책이 될 수 없다. 요컨대 '정치적으로' 해방된 '노예'는 부르주아 사회의 인간으로서는 끝없이 부자유스러울 수밖에 없다는 말이다. 왜냐하면 부르주아 사회에서는 자신의 불가결한 노동 수단으로서의 생산 도구를 자유롭게 처리할 수도 없고, 또한 노동의 생산물을 마음대로 획득할 수도 없기 때문이다. 그러므로 자유롭지 못한 것이다.

마르크스는 이런 종속관계의 결과를 헤겔식 표현을 빌어 "소외" Entfremdung라 부른다. 인간은 본질적으로 노동하는 존재지만, 노동자는 자신의 생산물을 자기 소유로 확보하거나 자기화할 수 없다. 그것은 다른 사람에게 속할 뿐, 자신에게는 적대적으로 대치할 따름이다. 따라서 그는 자신의 노동을 자신의 인간적 본질의 자유로운 표현으로 이해하지 않는다.

마르크스는 "노동자가 노동할 때는 집 밖에 있다"는 지나칠 정도로 당연하고 진부한 주장을 태연히 늘어놓는다. 그러나 그는 그런 평범하기 짝이 없는 언급을 통해, 그런 노동이—마치 친숙한 가정 밖에 내던져진 것처럼—노동자 자신에게 얼마나 낯설고 고통스러운 유형의 것인가를 역설적으로 날카롭게 설파한다. 이런 관점에서 노동은—비록 노동자가 법률적으로 완벽히 '자유롭다' 하더라도—그에게 물질적 필요로 인해 강요

되는 "노예노동"으로 비칠 수밖에 없다. 그리하여 노동은 그에게 자신의 육체적 생존을 연장시켜 주는 단순한 동물적 수단에 지나지 않기 때문에, 인간은 결국 자신의 '인간성'Menschlichkeit으로부터도 소외될 수밖에 없다는 것이다.[35]

그리하여 마르크스는 진정한 의미의 공산주의란 "인간의 자기소외를 뜻하는 사적 소유의 적극적 지양, 곧 인간을 위한 그리고 인간을 통한 인간적 본질의 참다운 쟁취"를 지향하는 것으로서, "완결된 자연주의vollendeter Naturalismus, 즉 휴머니즘Humanismus", 그 자체라 역설한다.[36] 여기에서도 드러나듯이, 마르크스는 자연과 인간의 필연적인 원천적 상호 관계로부터 인간 해방의 가능성을 도출하고 있는 것이다.

그러나 자연을 변형시키면서 동시에 자신의 본성도 변화시켜 나가는 존재가 인간이라는 마르크스의 논법을 발전시키게 되면, 역으로 자연을 파괴함으로써 인간 스스로도 자신을 파괴할 수밖에 없는 존재로 전락할 수밖에 없다는 논리 역시 성립한다고 할 수 있다. 이런 측면이 환경 파괴와 인간성 위기로 점철된 오늘을 사는 우리에게 마르크스가 던지는 외면하기 힘든 교훈적인 암시인 것이다.

그러나 마르크스와 엥겔스는 "자연적 조건과 한계에 대해 이론적으로 온전하게 인식하는 것"을 소홀히 한 측면이 있다. 이를테면 "기술적 낙관

---

35 같은 글, p. 514.
36 같은 글, pp. 534-536.

주의"에 지나치게 의존한 것이다. 따라서 그들은 역사에 대한 "프로메테우스적 견해", 곧 '생산력주의'Productivism에 일관되게 집착했다는 점에서 "생태적 비판"을 면하기는 힘들다.[37] 예컨대 『자본론』 3권에 등장하는 다음과 같은 유명한 구절은 "자연의 힘을 통제하고 정복하는 역사적 투쟁의 프로메테우스적 관점"을 여실히 확인시켜 준다.

> 물질적 영역은 인간의 발전과 그 요구의 결과로 확장되어 왔다. 그러나 동시에, 이런 요구를 충족시키는 생산력 또한 함께 증대했다. 그리하여 자유는 합리적으로 자연과의 상호작용을 조절하고, 자연의 맹목적인 힘에 의해 지배되는 대신 자연을 자신들의 공동 통제하에 두는 사회화된 인간들과 연합된 생산자들에게만 존재한다.[38]

지금까지 살펴본 홉스, 로크, 루소, 마르크스 등은 비약적으로 발전하는 자연과학과 합리주의의 세례를 본격적으로 받기 시작한 인물들이다. 이미 자연과학의 발달이 획기적인 전환점을 이루는 17세기 계몽주의 시대에 이르면, 목적론적이고 유기체적인 아리스토텔레스의 자연관을 거부하는 새로운 철학적 풍조가 전열을 가다듬기 시작한다. 그리하여 자연에 부

---

37 Ted Benton, "Marxism and Natural Limits : An Ecological Critique and Reconstruction," *New Left Review*(No. 178, 1989)[테드 벤튼, "맑스주의와 자연의 한계 : 생태주의적 비판과 재구성," 『읽을꺼리』 6호(2000년 7월), 70쪽].
38 『자본론』 인용은 테드 벤튼, 74-75쪽에서 재인용.

여되었던 생명적 자율성이 부정되면서, 자연은 마치 시계처럼, 오직 자연법칙에 따라 어김없이 움직이는 "한낱 물질적인 기계로 전락"하는 운명에 처할 수밖에 없었다. 이윽고 자연은 인간의 목적 실현을 위해 얼마든지 마음대로 조작해도 좋은, 한갓 "수동적인 물질"에 지나지 않는 것으로 낙인찍히게 되었다. 베이컨에 의해서는 인간의 "지식"이 급기야 "자연을 지배하는 힘"으로까지 등식화되는 지경에까지 이르렀다.[39]

드디어 '근대 기계론적 자연관'이 새로운 군왕으로 군림하게 되면서, 궁극적으로는 자연과 인간의 상호 관계가 상호 투쟁의 관계로 내려앉게 되고 만 것이다. 결국 자연은 단순히 인과법칙에 따라 움직이는 물질적인 기계로 전락할 수밖에 없었다. 이윽고 자연의 인과법칙에 대한 올바른 이해에 기초한 자연 정복의 무한한 가능성이 만개하게 되었다. 바야흐로 인간은 "자연을 정복하는 전사"가 되었다. 그런데 자연을 정복한다는 말은 자연을 하나의 "자원 창고"로 간주한다는 말이 된다. 그러나 창고란 운동하지 않는 고정되고 정지된 세계를 의미한다. 하지만 자연은 근본적으로 막힘이 없이 끊임없이 흐르고 또 흘러야 하는 존재이건만, 운동하는 자연이란 정복하기 어려운 존재로 인식될 수밖에 없는 탓에, 결과적으로 자연을 정지된 고정틀로 간주하는 철학적 풍조가 풍미하게 된다. 마침내 인간의 이성이 각광을 받으며 눈부신 과학기술의 발달과 산업혁명을 성공적으로

---

39 송영배, "유기체적 자연관과 동서철학 융합의 가능성," 『인간과 자연 : 유기체적 자연관과 동서철학 융합의 가능성』(철학과현실사, 1998), 17쪽 참조.

이끌어 내면서 인간의 가슴에 물질적 풍요로움을 안겨 주었다. 하지만 인간소외 및 인간성 상실이라는, 거대한 문명 위기의 독소 조항까지 동시에 선사하고 만 것이다.[40]

이처럼 기계론적 자연관이 득세함으로써, 인간은 이성적인 존재로 높이 기림 받게 되었다. 반면에 자연은 급기야 '몰가치하고 기계적인 질서 체계'로 인식되면서, 정복당하고 이용당할 가치만을 지닌, 요컨대 오로지 인간만을 위해 존재할 따름인 순수히 피동적인 존재로 내몰리게 되었다.

종합적으로 볼 때, 서양철학에서 자연은 크게 두 가지 유형의 개념을 포괄한다고 말할 수 있다.[41]

하나는, 자연을 살아 있는 모든 것의 기원이요 근원으로 해석하는 입장이다. 이 경우 자연은 인간을 포함한 모든 존재자를 창조하고 성장하게 하며 지배하는 근원적인 현실로 이해된다. 그러므로 자연이 보다 생동적이고 시적인 의미를 지니게 된다. 자연이 인간의 배후에, 그리고 인간을 넘어서서 인간과 만물을 포괄하는 일종의 주체 또는 근원으로 이해되기 때문에, 이런 "근원으로서의 자연"은 스스로를 자기 원인성과 합목적성을 지닌 주체로 간주한다. 이런 의미에서 이 첫 번째 유형은 주로 고대 그리스 사상을 지배한 "유기론적·목적론적 자연관"의 기본 토대로 작용한다고 말할 수 있다.

---

40 이에 대해서는 최종덕, "자연주의 세계관과 동양의학의 자연관 : 한의학의 철학에서 본 한국인의 자연관"(『한방성인병 학회지』 vol. 3, 1997), 28-29쪽을 참조할 것.
41 이에 대해서는 강영안, "셸링의 자연 개념," 계명대학교 철학연구소 편, 『인간과 자연』(서광사, 1995), 126쪽을 참조할 것.

그리고 다른 하나는, 자연을 인간에 의해 규정되고, 인간을 통해 일정한 구조와 특성을 갖게 되는 존재로 파악하는 입장이다. 여기서 자연은 인간의 노동과 활동의 질료이며, 인간을 통해 형식이 부여되는 존재로 이해된다. 이 경우 자연은 보다 기술적이고 실제적인 속성을 지니는 존재로 읽힌다. 이처럼 눈앞에 현존하는, 인식과 노동의 대상으로서의 자연은 그 자체가 생명 없는 '거친 질료'요, 인과성의 법칙과 목적 합리성에 종속되어 있는 존재 이상의 것이 될 수 없다. 이런 의미에서 이 관점은 "기계론적·인과적 자연관"의 바탕이 된다고 말할 수 있다.

동양의 유기체적·일원론적 자연관

이런 서양에서와는 전혀 다르게, 동양에서는 자연을 유기체적인 생명의 창조 및 완성 과정으로 파악하면서, 자연 속에서 생명의 가치와 생명의 조화로운 질서의 원칙을 적극적으로 찾아내고자 노력해 왔다. 그리하여 예컨대 '천인합일'天人合一 사상에서도 엿볼 수 있듯이, 실질적으로 '자연의 원리'天道와 '인간의 원리'人道를 동일시하는 성찰에 이르기도 했다.[42]

———

42 이에 대해서는, 김기주, "동양 自然觀의 비교철학적 연구 : 동서자연관의 거시적 비교와 전망" (『동양철학』 vol. 16, 2002), 103-105쪽을 참조할 것.

　　그렇다면 전통적으로 동양은 자연을 어떻게 바라보았던가. 여기서 동양이라 함은 주로 중국을 중심으로 하는 한자 문화권을 일컬으며, 대체로 『주역』周易, 유가儒家 및 도가道家 사상이 바라보는 자연에 대한 시각이 논의의 주축을 이루게 될 것이다.

1) 고대 중국의 자연 이해와 '천'(天) 관념

한마디로 동양철학의 핵심적인 화두는 '자연과 인간의 조화'라 할 수 있다.[43]

　　그런데 고대 중국의 문헌에서는 '자연'自然이란 용어가 '물'物이나 '만물'萬物의 존재 양식과 운동 형태 등을 꾸며 주는 부사나 형용사로 쓰였을 뿐이지, 실재하는 대상을 가리키는 명사로 사용되지는 않았던 것으로 알려져 있다. 그러다가 후대에 들어와서 '저절로 그러함'이란 의미가 덧붙여졌다. 그리하여 '자연'이란 곧 "사물이나 만물이 본래 그 자신이 갖추고 있는 힘에 의해 자율적으로 혹은 자발적으로 존재하고 운동하며, 그런 존재와 운동은 모두 그 '자신'에 기초하고 있음"을 뜻하게 되었다.

　　그 밖에도 "인위가 가해지지 않은 경우, 도를 가리키는 경우, 사리의 당연함을 나타내는 경우 등"이 점차 자연의 개념에 덧붙여졌다. 그러나 '우주'라는 의미로 쓰인 자연은 '천지'天地를 뜻하거나 또는 '만물'을 의미하는

---

43 외암사상연구소 편, 『서양이 동양으로 걸어오다』(철학과현실사, 2009), 19쪽.

경우로 나뉠 수 있는데, 이때 천지 안에 존재하는 모든 것을 통틀어 '만물'이라 하고, 만물을 총괄해 '천지'라 불렀다. 그런데 자연이 천지를 가리키는 상황에서는, "궁극적인 원인 혹은 법칙과 조물주의 의미를 함께" 지니게 된다. 말하자면 만물을 산출하는 천지가 그 존재 원인을 자기 안에 가질 수밖에 없고 그리고 만물이 천지에서 비롯한다면, 천지는 자연스레 조물주가 될 수밖에 없다는 말인 것이다. 이때 조물주가 반드시 인격체일 필요는 없다. 이런 의미에서 천지는 동양철학의 오래된 관념인 '천명'天命, '천도'天道, '천리'天理로도 불릴 수 있는 것이다.[44]

그런데 중국철학은 천天의 의미를 대체로 다섯 가지로 나누어 설명하는 경향이 있다.[45] 첫째는 물질적인 천으로서, 우리가 일상적으로 하늘과 땅이라고 말할 때의 하늘을 가리킨다. 둘째는 주재主宰로서의 천인데, 인격적인 존재인 상제上帝나 천제天帝를 의미한다. 셋째는 운명으로서의 천이다. 이것은 우리의 인간적 삶 속에서 우리 자신이 스스로 어떻게 할 수 없는 대상을 뜻한다. 넷째는 자연으로서의 천인데, 자연의 운행을 가리킨다. 다섯째는 의리義理의 천으로서, 우주의 최고 원리를 의미한다.

그러나 개략적으로 살펴보았을 때, 물질적인 의미의 천을 제외한다면 대부분은 주재主宰의 의미를 지닌 천, 요컨대 인격적 초월자를 의미한다고

---

44 같은 책, 85-86쪽, 특히 각주 2를 참조할 것.
45 안종수에 의하면, 풍우란이 자신의 저술인 『중국철학사』에서 이런 입장을 대변한 것으로 나타난다. 이에 대해서는 안종수, 『동양의 자연관』(한국학술정보, 2006), 15쪽을 참조할 것.

할 수 있다. 사실상 이런 전통은 지금까지도 우리의 일상적인 생활 습속에 유사한 형태로 잔존한다고 말할 수 있는데, 예컨대 우리말의 '하느님'에 그 정황이 잘 드러나는 편이다. 하늘을 단순한 자연의 일부가 아니라 인격적인 초월자로 인지함으로써, 믿음의 대상으로 상정해 온 것이다. 이런 관행은 모든 자연 대상에 신성이 깃들어 있다고 믿어 온 우리의 오래된 습성에 기인하는 것이라 할 수 있다. 우리 선조들의 일상이 모진 풍파로 점철된 탓이기도 하겠지만, 예를 들어 산에는 산신령, 바다에는 용왕, 큰 강이나 바위에도 그에 걸맞은 각각의 신, 심지어는 조왕신이라는 부엌의 신까지 상정해 모시며 살지 않으면 안 되었던 우리의 전통적인 습벽이 하늘에도 신이 있다는 믿음으로 자연스레 발전할 수 있지 않았을까 한다.

물론 원시인들에게 자연은 두려움의 대상일 수밖에 없었다. 자연에 대한 공포가 자연 및 자연현상에 대한 철저한 무지몽매함에 기인하는 것이었음은 두말할 나위도 없다. 예컨대 거대한 바위나 큰 강, 홍수나 벼락과 번개, 큰바람 등 자연의 엄청난 위력에 두려움과 외경심을 동시에 지닐 수밖에 없었을 것이다. 따라서 다양한 자연현상을 단순히 인간에 대한 하늘의 의사표시로 손쉽게 인식하면서 자연물들을 인격화하거나 그것들에 어떤 정령이 깃들여 있다고 믿었을 가능성이 높다. 일상생활 속에 각종 신이 출현하게 된 것도 이런 까닭에서다. 그리고 이런 신들이 인격적인 존재로 이해되었기 때문에, 인간의 행위에 지극히 민감할 수밖에 없다고 믿게 되었다. 결과적으로 이런 신들의 비위를 거스르게 되면 인간에게 불리한 자연현상이 발생할 것이고, 반대로 이 신들이 기분이 좋으면 인간에게 유리

한 상황이 일어나리라 예상하기에 이르렀을 것이다. 결국 '자연숭배'[46]가
그 자연스러운 귀결일 수밖에 없었다.

그리하여 백성들을 돌볼 의무가 있는 고대의 최고 통치자는 이들에게
당연히 좋은 일들이 일어날 수 있도록 하늘의 상제를 비롯해 백 가지 신들
에게 온갖 정성을 다해 제사를 지낼 수밖에 없는 지엄한 의무를 지니게 되
었던 것이다. 뒤에서도 다시 언급하겠지만, 여기에는 최고 통치자의 행위
가 자연현상과 서로 깊은 관련이 있다고 생각하는 '천인상응'天人相應의 사
상도 곁들여 있다. 요컨대 최고 통치자가 정치를 잘하면 하늘이 유익한 자
연 상태를 불러일으키겠지만, 정치를 잘하지 못한다면 유해한 자연현상이
발생하리라는 믿음 같은 것이다.[47]

하지만 중국인들은 하늘에 있다고 믿은 신을 최고의 신으로 여겼던 탓
에, 이를 다른 모든 잡다한 신들보다도 훨씬 더 뛰어난 힘과 능력을 소유한
탁월한 존재로 생각했으리라 짐작된다.[48] 예컨대 『시경』에는 사람들을 생

---

46 소광희는 종교적인 입장에서 생명현상에 접근하는 태도의 하나로 '자연숭배'를 꼽는다. 요컨
대 자연 및 생명현상에 대한 "최초의 종교적 심성"이 바로 "경외"(敬畏)인데, 이것이 바로 자연숭
배로 나타난다는 것이다. 이 자연숭배는 "범신론"(汎神論)에 뿌리를 두고 있지만, 철학적으로는
"물활론"(物活論)이라 부른다. 그는 이런 현상이 원시시대에 존재하던 사상이긴 하지만, 무엇보
다 "현대인의 의식 속에 생생하게 살아 있는 원초적 의식"이기도 하다는 점을 강조한다. 예컨대
"성황당 숭배"나 "마을의 수호목(守護木)을 향해 주민의 안녕을 기원하는 동제(洞祭), 샤머니즘
등"이 그 사례들이다. 이에 대해서는, 소광희, "생명론 : 생명론의 단초를 어느 차원에 둘 것인가?,"
서강대 생명문화연구원, 『생명의 길을 찾아서』(민지사, 2001), 13쪽을 참조할 것.

47 안종수, 『동양의 자연관』(한국학술정보, 2006), 63-67쪽 참조.

48 이하의 논의는 같은 책, 15, 16, 18, 39, 40, 43, 51, 52쪽 등을 참조.

산했을 뿐만 아니라 모든 사물들에 법칙이 있도록 만든 천天의 능력에 대한 언급이 나온다. 이처럼 고대 중국인들은 하늘을 단순한 물질이나 공간으로서가 아니라, 인간을 낳아 주고 다스리는 인격적인 존재로 이해했던 것이다. 또한 위정자가 행하는 그릇된 정치를 자연재해와 연결시켜 바라봄으로써, 재해를 하늘의 벌이라 여기기도 했다. 요컨대 비정상적인 자연현상을 위정자들의 잘못으로 인해 발생하는 것으로 인식했던 것이다.

이처럼 고대인들은 하늘을 인격적인 존재로 여겼기 때문에, 자연재해를 자연스레 그 인격적인 존재가 인간에게 가하는 벌로 간주하게 되었다. 말하자면 자연현상을 자연계에서 우연히 일어나는 단순한 상태 정도가 아니라, 하늘의 의지가 의식적으로 반영되어 나타나는 불가피한 현상으로 인식했다는 말이다. 이를테면 자연현상에서 하늘의 뜻을 읽으려 애썼기 때문에, 고대인들이 체험한 자연의 현상은 물질들의 단순한 움직임이 아니라, 마치 하늘의 기분과 의지가 그대로 드러나는 얼굴 표정과도 흡사한 것이었다. 따라서 이런 하늘을 절대적인 존재로 받든 것은 당연한 일이었다.

하지만 하늘을 인간이 무조건 복종하기만 해야 하는 그런 대상으로 여긴 것 같지는 않다. 하늘을 부모와도 같은 존재로 떠받들었기 때문에, 오히려 사람들이 고통을 당할 때에는 원망하기도 하고 하소연하기도 하는 인격적 존재로 하늘을 받아들인 것이다. 앞에서도 지적했듯이, 사람들은 자연현상을 통해 하늘의 기분을 읽어 내고자 했고, 동시에 그런 '하늘의 표정'에 걸맞은 행동을 보이려고 솔선해서 노력하기도 했다. 하지만 그런 하늘의 뜻이 정당하지 못하다고 판단될 때는 또 서슴없이 그에 반발하기도 한

것이다. 이를테면 고대 중국인들은 자연을 약탈과 정복의 대상으로서가
아니라, 사람들의 행복한 삶의 토대를 튼튼히 구축하기 위해 적절히 가꾸
어 나가야 할 개조의 대상으로 인식하기도 했다. 요컨대 '천인합일', 즉 인
간과 자연의 조화를 추구한다든가 또는 자연에 순종하고 순응하고자 하는
노력에 몰입한 것은 사실이지만, 자연에 대해 언제나 소극적이고 순종적
인 태도로만 일관하지는 않았던 것이다.

자연현상을 인격적으로 이해하는 사유 방식은 어쩌면 매우 자연스러운
것인지도 모른다. 예컨대 사람도 기분이 좋을 때가 있는가 하면, 기분이 나
쁠 때도 있다. 이것은 날씨가 좋을 때도 있고 나쁠 때도 있는 것과 비슷하
다. 사람 역시 자비로울 때가 있는가 하면 아주 잔인할 때도 있다. 이와 비
슷하게 아주 온화한 날씨가 있는가 하면 몹시 춥거나 더운 날씨도 있다. 이
런 식으로 비교하다 보면, 인간의 감정과 행동이 자연의 모습과 많이 닮았
다는 상상에 이르게도 된다. 이런 관행이 곧 인간이 자연의 일부라는 관념
으로 발전할 근본 바탕으로 작용하기도 했을 것이다.

그러나 자연이 인간보다 더 막강한 힘을 소유하고 있는 탓에, 인간의
운명을 결정지을 수 있는 존재로 여겨지기도 했다. 그러므로 고대인들은
도대체 이 자연에 어떤 자세로 임해야 할지, 고뇌가 클 수밖에 없었을 것이
다. 자연숭배 정신은 바로 이런 노심초사의 산물이라 할 수 있다. 인간의
노력과 정성을 자연이 다 헤아리고 있으리라 믿는 '천인상응' 사상 역시 이
자연숭배와 밀접하게 관련되어 있다. 이런 가치관에는 사람과 사람 사이
와 마찬가지로, 인간과 자연 사이에도 의사소통이 가능하다는 의식이 당

연히 전제되어 있을 수밖에 없다.[49]

다른 한편, 중국철학에서 말하는 자연 개념은 문자 그대로 '스스로 그런'이라는 의미를 지니는 것으로서, 어떤 다른 존재나 원인이 바깥에 있어 자신을 주재하거나 지배하는 것이 아니라, 바로 자기 자신이 스스로 자신의 존재 근거와 원인을 자체 안에 가지고 있음을 그 본질로 한다. 이런 의미에서 '근원으로서의 자연' 또는 '대상으로서의 자연' 둘 중 하나를 가리키는 일반적인 자연의 개념 틀에서 볼 때, 중국 철학에서는 자연을 본질적으로 '근원으로서의 자연', 요컨대 "인간을 포함한 만물로서, 존재하는 모든 것을 생성시키고 변화시키는 근원"으로 인식하는 경향이 지배적이라 할 수 있다. 그러므로 자연을 주로 우주, 천지, 만물의 개념으로 설명하고자 하는 것이다.[50]

그리하여 중국철학에서는 '자연계'가 대부분 천天 또는 천지天地로 표현된다. 여기서 천天 또는 천지天地라는 것은 단순히 '하늘 또는 하늘과 땅'이라는 '형상적 존재'만을 가리키는 것이 아니라, 그 아래 또는 그 사이에 존재하는 인간을 비롯한 모든 만물의 '유기적 연속체'를 총칭한다. 따라서 자연계를 피동적인 대상이 아니라, 스스로 움직이면서 만물의 생성과 변화를 주도적으로 이끌어 가는 근원적 존재로 이해했다고 할 수 있다.[51]

---

49 같은 책, 65-66쪽.

50 정병석, "『주역』의 자연관에 나타난 생성과 가치내함의 의미," 계명대학교 철학연구소 편, 『인간과 자연』(서광사, 1995), 63쪽.

51 같은 글, 55쪽.

2) 유가 및 『주역』의 자연 인식

이런 시각과 깊은 관련이 있는 것이 바로 유가다. 천지관天地觀이 곧 유가의 자연관이라 할 수 있는 것이다.

『주역』에 등장하는 다음 인용문은 이런 유가의 자연관을 이해하는 매우 적절한 길잡이 역할을 하리라 짐작된다.

천존지비天尊地卑하니 건곤乾坤이 정의定矣이고 비고이진卑高以陳하니 귀천貴賤이 위의位矣이며 동정유상動靜有常하니 강유剛柔가 단의斷矣이다. 방이류취方以類聚하고 물이군분物以羣分하니 길흉생의吉凶生矣이다. 재천성상在天成象하고 재지성형在地成形하니 변화현의變化見矣한다.

하늘天은 높고尊 땅地은 낮아卑, 하늘이란 것과乾 땅이란 것이坤 정해지고定 낮고卑 높음高으로써以 귀함과貴과 천함이賤 자리를 잡고位 움직임과動 고요함에靜 한결같음이常 있어有 강함과剛 부드러움이柔 결정된다斷. [생겨나는] 방향方으로써以 끼리끼리는類 모이고聚 온갖 것物으로써以 무리가羣 나누어지니分 좋은 것과吉 나쁜 것이凶 생긴다生. 짓을象 이룸은成 하늘에天 있고在 꼴을形 이룸은成 땅에地 있어서在 변화가變化 드러난다見.[52]

---

[52] 『주역』, 「계사전」(繫辭傳), 上[윤재근, "동양적 자연관"(『본질과 현상』, vol. 3, 2006), 104쪽에서 재인용]. 이어지는 이 인용문에 대한 해석은 이 글을 따른다(특히, 104-107쪽).

여기서도 드러나듯이, 모든 것을 고하高下의 범주로 사고하도록 이끄는 '천존지비'天尊地卑, 즉 '하늘은 높고 땅은 낮다'는 언명은 "유가의 사상적 시원始原"이라 할 수 있다. 나아가 '방이류취'方以類聚와 '물이군분'物以羣分을 묶어서, 즉 '끼리끼리類 모이고聚 무리羣가 나누어진다分'는 것을 한데 묶어 "성"性으로 풀이할 수 있다. 이를테면 '성'性이란 사람은 사람대로, 나비는 나비대로, 또 붕어는 붕어대로 살아가는 것이 마땅하다는 말인 것이다. 그리고 유가는 이런 '성'性을 '천명'天命이라 한다. 공자孔子도 이런 천명을 어기면 몸 둘 곳이 없다고 이르기까지 했다. 나아가 이 인용문을 따를 것 같으면, 마음心은 하늘로부터 그리고 몸身은 땅으로부터 점지 받는다 하여, 이를 '변화현'變化見이라 말하고 있다. 말하자면 천심天心이 인심人心으로 드러났으니 변화요, 오행五行, 金水木火土이 인신人身으로 나타났으니 이 또한 변화 아닌가 하는 말이다. 그런데 이 '변화현'을 『주역』은 천지가 행하는 조화라 일렀고, 나아가 이 '천지의 조화'를 '음양'陰陽이라 일컬었다.

'오행'의 기원이나 그 의미에 대해서는 의견이 분분하지만, 중요한 사실은 고대인들이 자연현상과 사회현상을 각각 다섯 가지 범주, 즉 화火, 수水, 목木, 금金, 토土로 나누어서 관찰했다는 점이다. 이를 우리는 다섯 가지 성질 혹은 작용이라고 볼 수 있다. 무엇보다 오행 사상의 근저에는 오행의 성질을 잘 알아서 그것을 적절히 활용해야만 자연을 잘 이용할 수 있을 뿐만 아니라, 자연재해 역시 제대로 방지할 수 있다는 고대인들의 믿음이 깔려 있기 때문이다. 예컨대 물은 우리에게 없어서는 안 될 물질이지만, 그것의 성질이나 위험성을 잘 알지 못하면 오히려 큰 피해를 입을 수 있다. 마찬가지로 물은 농사에 꼭 필요한 것이지만, 그것을 제대로 관리하지 못하게 되면 농사를 망칠 수도 있다. 이것은 불이나 흙의 경우도 마찬가지다. 그러므로 오행은 고대인들이 살아가는 데 없어서는 안 되는 중요한 요소들을 가려 뽑아서 그것들의 본질을 이루는 성질이 무엇인가를 가장 간략하게 사람들에게 전달하기 위해 창안한 것이라 할 수 있다. 이런 오행은 이후에 '음양오행설'로 발전해 일련의 자연현상과 사회현상, 그리고 정신 현상에 대한 분류와 설명을 통해 세계의 질서를 해명하고 예측하는 법칙이나 이론으로 점차 널리 쓰이게 되었다.[53]

그러나 도가의 자연철학과 유가의 도덕철학이 만남으로써 비로소 완성된 형태를 취하게 된 『주역』이[54] 표방하는 핵심 개념의 하나는 바로 '물'物이다. 본래 이것은 '인간의 외부에 존재하는, 인류와 구별되는 자연물을 지칭하는 용어'로 이해되었다.[55]

이 '물'物은 인간과 자연, 정신과 물질식의 이분법적 분류틀을 넘어서서, '성질과 형상이 어떤지를 막론하고 인간의 의식에 떠오르는 모든 존재'를 가리키는 개념으로 이해된다. 그런데 '물'物은 정기精氣로 구성되는데, 정精은 '생명력의 원천'을 뜻하며, 기氣는 특히 농작물을 생장시켜 주는 바람에

---

53 이 부분에 대해서는 안종수, 『동양의 자연관』(한국학술정보, 2006), 53-58쪽을 참조할 것.

54 양근석·이을상, "동양의 자연관과 생태 철학의 이념 : 유가 사상을 중심으로"(『국민윤리연구』 39호, 1998), 222쪽.

55 이어지는 후속 논의에 대해서는 최영진, "『주역』에서 보는 인간과 자연의 관계 : 他者觀을 중심으로"(『동양철학』 vol. 13, 2000), 특히 10-15쪽을 참조할 것.

서 연유한 것으로서 '생명현상'과 깊은 관계를 지니는 것이다. 따라서 '물' 은 단순히 물질로 구성된 물체가 아니라, '정신적 요소'까지 포괄하는, '생 명성을 강하게 지닌 존재'라 할 수 있다. 또한 이는 도덕적인 측면까지 아 우르면서 전 존재를 포괄하는 개념이다. 이 '물'은 자연을 구성하는 기본 요소인, 하늘, 땅, 산, 연못, 우레, 바람, 물, 불의 여덟 가지 자연물로 대표 된다. 이 8괘는 고대인들의 생활과 밀접하게 연관되어 있는 존재들로, 그 들이 일상생활에서 가장 중요하게 생각했던 자연적 대상이라 할 수 있다. 그러므로 그들이 이 여덟 가지 자연의 요소들에 대해서 어떤 입장을 견지 했는가가 실은 그들 자연관의 핵심이라 할 수 있을 정도다.

결국 그들은 이 여덟 가지 자연물이 각각 자기의 역할을 독자적으로 수 행하면서도 유기적으로 상호 작용하고, 또 그를 통해 생명을 생성시키며 자연계를 구성하게 된다고 보았다. 이처럼 『주역』은 "천지의 본질적 공덕 을 생명의 생성"으로 간주한다. 하지만 하나의 사물만으로는 이 '공덕'이 이루어질 수 없기 때문에, 무엇보다 "상반적인 타자를 자신의 존재성을 확 보하기 위한 필수적인 전제 조건으로 요구"하게 된다. 예컨대 '음양'이라는 문자의 뜻 그대로, 그림자가 있는 반대편에는 반드시 빛이 있고 빛이 있으 면 반드시 그림자가 있는 것처럼, 음(--)이라는 개념에는 양(—)이 전제되 며 양이라는 개념은 음이 없이는 성립할 수 없다는 이치와 마찬가지인 것 이다. 음은 소극적 측면이고, 논리적으로 본다면 부정적 판단에 치우쳐 있 다. 반면에 양은 적극적 측면이며 긍정적 판단에 주력한다. 『주역』이 비록 모든 현상을 이처럼 음과 양이라는 두 가지 상반된 원리를 통해 설명은 하고 있지만, 음과 양을 결코 실체라든가 사물에 고유하게 내재해 있는 본질로는 보지 않는다. 그것이 우선적으로 표현하고 있는 것은 '사물 간의 모종의 관계'일 뿐이다. 이처럼 『주역』은 음양의 원리를 모든 존재와 변화 현상에 공통되는 보편적 법칙으로 간주한다. 그리고 음양과 8괘라는 상징적인 기본 원칙을 통해 자연 세계와 인간의 도덕 세계를 연결하기도 한다.

사실 『주역』에 드러나는 만물의 교감에 대한 고대인들의 입장은 실제로 이런 음양 사상과 밀접하게 연관되어 있다. 음양 사상으로 설명할 수 있는 이론들 가운데 가장 기본적인 것이 바로 만물의 교감이라 할 수 있다. 예컨대 하늘을 양으로 땅을 음으로 보아, 하늘과 땅의 기운이 서로 교감함으로써 만물이 생성한다는 견해가 기본적이다. 그리하여 만물의 아버지는 하늘이요, 그 어머니는 땅이라는 세계관으로 발전해 나가는 것이다. 이를테면 하늘을 남자로, 그리고 땅을 여자로 간주하면서, 그 사이에 존재하는 모든 생물들을 이 둘의 자식으로 이해한다. 이처럼 고대 중국인들은 세계를 하나의 살아 있는 생명체로 인식하는 기초 위에서 그 움직임을 고찰하는 태도를 견지했다. 이와 같이 고대 동양은 — 예컨대 모든 것을 원자의 이합집산으로 설명하고자 했던 고대 그리스의 데모크리토스식 기계적 세계관과는 전혀 다르게 — 자연을 하나의 살아 있는 생명체로 간주하는 유기체적 자연관에 경도되었던 것이다.[56]

본질적으로 『주역』이 상정하는 세계는 64괘로 상징되는 '물'物들의 유

______

56 안종수, 『동양의 자연관』(한국학술정보, 2006), 70-71쪽과 88쪽 참조.

기적 관계망이다. 그런데 이 관계망에는 '기'氣라는 '생명 에너지'가 흐르고 있는 것으로 인식된다. 하지만 『주역』의 '물'은 도덕적 요소까지 고려해야 할, "생명성과 정신성을 지닌 존재"다. 이 경우 흥미로운 측면은 『주역』이 기본적으로 이 '물'을 인간과 동일한 '기'氣로 구성된 것으로 파악함으로써, 인간과 '물'物을 "동기간"同氣間으로 간주한다는 점이다. 이처럼 세계가 '하나의 가족'이며, 인간을 포함한 모든 만물이 서로 '동기간' 사이라는 인식으로부터, "자연과 인간이 서로 같은 혈통을 가지고 있는 우주 대가정大家庭"이라는 명제가 자연스레 도출되는 것이다. 따라서 이 세계는 서로 요구하고 서로 감응하고 서로 밀착해 있는 상호 관계로 이루어지는 것으로 인식된다. 이런 논리에 상응해, 예컨대 한 곳을 터놓아 사냥감이 도망갈 길을 열어 준다거나, 달아나는 짐승은 잡지 않으며, 자는 새는 쏘지 않는다는 생활 윤리 같은 것이 자연스레 만들어지기도 한다. 그리하여 '인간에 대한 사랑'으로부터 '만물에 대한 사랑'으로 자연스럽게 나아가게 되는 것이다.[57]

이처럼 '기'氣에 바탕을 둔 사유 속에서는 타자로부터 완전히 독립한 '절대' 혹은 '절대 실체'라는 관념이 자리 잡을 여지가 없다. 그러므로 절대적인 일자一者나 절대적인 다자多者 등은 존재할 수 없다. 아울러 절대적인 초월자나 창조자 혹은 피조물, 아니면 절대적 주체나 객체 같은 것도 있을 리 없다. 그 대신 오로지 상대적 두 극極만이 서로 의존하는 상호 연관성 속에서 존재할 따름이다. 이처럼 동양은 언제나 운동과 생성의 측면에 입각해,

───────

57 같은 책, 23쪽.

자연적 운행에 동참하는 사물들 상호 간의 상대적인 상관관계에 주목했던 것이다. 말하자면 자연의 운동과 변화, 그리고 그 상호 관련성에 관심을 집중했다는 말이다.[58]

특히 『주역』은 무엇보다 자연의 운행 방식에 전념한다. 따라서 서양과 달리, '자연의 설계자'라든가 '세계의 창조자'에 대한 개념 같은 것은 아예 존재하지 않는다. 초자연적인 창조신이나 조물주 등을 인정하지 않기 때문에, 동양에는 "상上으로부터 하下로 전개하는 종교적 우주론이나, 하에서 상으로 발전하는 생물학적 진화론이 없다." 그러므로 이 자연 속의 모든 것은 오로지 자기 자신만이 자신에 대해 절대적인 원인이나 주재로 작용할 수밖에 없다는 논리만 있을 따름이다. 그렇기 때문에 만물이 서로 "횡적인 평등 관계"로 얽혀 있을 수밖에 없다는 결론에 이르게 된다. 요컨대 일체가 '자재'自在요 '자성'自性이기 때문에, 이 세상에는 동일한 것이 존재할 수 없고, 일체가 언제나 상반적이고 이질적일 수밖에 없는 것이다. 그러므로 모든 개체가 혼자의 힘만으로는 독자적으로 생성을 가능케 할 수 없다. 따라서 항상 상반된 존재와의 교섭이 필연적으로 요구될 수밖에 없다. 일체가 상호작용 없이는 생존을 영위할 수 없는 탓에, 모든 것이 철저한 상호 관련성을 지닐 수밖에 없게 된다. 바로 이런 "자연적인 상반성相反性과 필연적인 호존성互存性으로 말미암아 동양에는 우주의 생성을 상반상성相反相成,

---

58 김기주, "동양 自然觀의 비교철학적 연구 : 동서자연관의 거시적 비교와 전망"(『동양철학』 vol. 16, 2002), 100-101쪽.

교감화합交感和合의 이치로 설명"하고자 하는 경향이 대세를 이룰 수밖에 없는 것이다.

동양에서는 자연을 만들어진 것이 아니라고 보기 때문에, 이 우주가 어디에서, 무엇에 의해, 어떻게 온 것인가 하는 것은 문제 삼지 않는다. 오직 자연이 '어떻게 있느냐' 하는 문제에만 관심을 집중한다. 무엇보다 인간의 대응 자세를 예비하기 위해, 사전에 인간의 삶과 직접 관계되는 자연의 역할과 법칙을 파악할 필요가 있다고 믿기 때문이다. 이런 맥락에서 대자연이야말로 인간이 설정하는 모든 원리와 규범의 기본 근거와 원천이라는 믿음이 자연스레 일반화되는 것이다. 그러므로 대자연이 변하지 않으면, 그로부터 비롯하는 모든 원리, 원칙이 변할 수 없게 됨은 자명한 일이다. 따라서 동양에는 자연을 개조·극복하고자 하는 의지보다는, 오히려 자연과 어떻게 조화를 이루고 그에 어떻게 순응해 나갈 것인가 하는 노력이 지배적일 수밖에 없게 되는 것이다. 이런 경향은 자연 그 자체가 "능산적能産的이며 동시에 소산적所産的"이라는 믿음에 기인한다고 말할 수 있다. 말하자면 자연은 스스로 창조하는 존재인 동시에 창조되기도 하는 그런 존재라는 말이다.[59]

줄여 말하면, 동양에서는 자연 운행의 원동력이 서양에서처럼 신과 같은 외부적인 존재가 아니라 바로 자기 내부의 '운동성'에서 비롯한다는 믿

---

59 이 부분에 대해서는, 오세창, "東洋의 自然觀에 關한 研究"(『사회문화연구』 vol. 12, 1993), 26쪽을 참조할 것.

음이 지배적이다. 그렇기 때문에 자연과 인간의 합일 가능성에 대한 믿음이 자연스레 부상할 수 있는 것이다. 아울러 자연을 완전무결한 존재로 간주하는 탓에, 인위人爲를 오히려 자연과의 완벽한 균형과 조화를 깨뜨리는 부정적인 요인으로 간주하는 풍조도 만연할 수 있었다.

중국인들의 자연관을 논의할 때 자주 등장하는 개념들 중에는 '천인합일', 인간과 자연의 조화, 자연에 대한 순종 또는 순응, 유기체적 자연관 등이 상대적으로 중요한 위치를 차지한다.

천인합일이란 원래 자연과 인간이 분리될 수 없는 탓에 하나로 합칠 수밖에 없음을 의미한다. 이는 인간이 자연의 일부이므로 인간이 자연에 순종해야 함을 설파하면서, 결국 자연과 인간은 운명 공동체일 수밖에 없다는 점을 강조하는 말이라 할 수 있다. 인간과 자연의 조화, 자연에 대한 순종 또는 순응이라는 관념도 역시 천인합일이라는 개념과 유사한 의미를 갖는다. 이를테면 인간과 자연을 대립적이거나 적대적인 상호 관계에 놓여 있는 존재가 아니라 결코 둘로 나눌 수 없는 하나로 보았기 때문에, 대체로 중국인들은 자연에 순응해야 한다는 믿음을 가질 수 있었던 것이다.[60] 물론 고대 중국인들도 자연과 인간의 관계에서 인간이 "특수한 지위"를 부여받은 것으로 이해했다. 하지만 이 경우 "자연에 대한 지배자"가 아니라 "자연의 대표자"로서 누리는 지위를 일컫는 말이었다.[61]

---

60 안종수, 『동양의 자연관』(한국학술정보, 2006), 144쪽.
61 양근석·이을상, "동양의 자연관과 생태 철학의 이념 : 유가 사상을 중심으로"(『국민윤리연구』

다른 한편 하늘과 사람이 서로 영향을 주고받는다는 의미를 지니는 '천인상응'이란 개념 역시 지금까지 살펴본 바와 같은 맥락에 있다. 이때 '천'天은 인격적인 초월자나 일반적인 자연을 뜻하기도 한다. 이런 차원에서 인격적인 주재자와 인간 사이, 또는 자연과 인간 상호 간에 일어나는 감응이 거론되고 있는 것이다.[62] 다른 한편 흥미롭게도 치세와 연관지어 다음과 같이 천인상응이 언급되는 경우도 주목할 만하다.

> 좋은 징조를 말씀드린다면, 천자가 엄숙하면 때에 맞추어 비가 오고, 잘 다스리면 때에 맞추어 날이 개고, 명철하면 때에 맞추어 따뜻해지고, 계획을 잘 세우면 때에 맞추어 추위가 오고, 이치에 통달하면 때에 맞추어 바람이 부는 것입니다. 나쁜 징조를 말씀드린다면, 천자가 오만하면 오래 비가 그치지 않고, 분수에 어긋나면 오래 가뭄이 들고, 편안한 것만 누리면 더위가 계속되고, 조급하면 춥기만 하고, 우매하면 바람만 부는 것입니다.

크게 보면, 이 글의 내용은 좋은 징조와 나쁜 징조에 관한 설명 둘로 나뉜다. 그리고 그 둘 다가 최고 지도자인 천자의 정치 행위와 밀접하게 연관되어 있는 것이다. 고대인들이 현실적으로 견제하기가 매우 어려웠던 최고 통치자를 통제할 수 있는 유용한 방안의 하나로 자연현상을 이런 방식

39호, 1998), 231쪽.
62 안종수, 『동양의 자연관』(한국학술정보, 2006), 58-59쪽 참조.

으로 해석하는 법을 고안해 내지는 않았을까 하고 유추해 볼 수 있을 정도다. 그렇지 않으면 자연현상을 인간의 도덕 생활과 밀접하게 연결시킴으로써 일반인들에 대한 권선징악의 쓸모 있는 도구로 활용하고자 했던 의도는 없었을까 하고 추측해 볼 수도 있겠다. 그러나 다른 한편으로는 유해한 자연현상을 극복하고자 능동적으로 분투·노력하는 대신, 오히려 도덕적인 자기반성이나 하늘을 향한 기도에만 전념함으로써 결과적으로 자연재해에 보다 적극적으로 대처하지 못한 실책의 원인으로 작용할 수도 있었으리라 추정되기도 한다.

3) 도가의 자연주의

다른 한편 자연계 안에서 인간의 초월적 지위를 전혀 인정하지 않는 철학적 관점이 제시되기도 했다. 이것이 바로 '노자老子의 자연주의'다.

대체로 자연주의naturalism란 인간과 자연 사이의 관계에서 "인간을 자연에서 떼어놓고 자연적인 사물들과는 다른 특수한 지위를 가진 것으로 이해하는 초월주의transcendentalism"에 대립하는 개념으로서, "인간을 전적으로 자연의 한 부분 이상으로 보지 않으려는 시각"을 일컫는다. 그러나 노자의 자연주의는 인간의 지위나 도덕과 같은 제반 가치들의 기준 및 존재 근거를 '인간'이 아니라 '자연'의 존재 형식에 두었다는 점에서, 철저히 인문주의적이라 할 수 있다.[63]

중국 철학에서 이처럼 노자를 중심으로 인간과 자연의 문제를 가장 본질적인 철학적 주제로 부각시킨 일군의 학자들을 '도가'라 부른다.

노자는 동물들에게서 보이듯이, 자연에 순응하는 자세로 살아가며 자연의 순환을 거스르지 않는 가장 자연스러운 인간의 삶을 이상적이라 여겼다. 하지만 그는 인간이 지나치게 자연의 흐름에 역행하며 살고 있다고 판단했다. 노자는 예컨대 인간이 만들어 놓은 다양한 제도와 가치 체계를 예시하면서, 본래 자연에는 인위적인 가치가 없었는데, 인간이 임의로 그런 것을 만들어서 모든 판단의 기준으로 고착시키는 바람에 결국 자연적 상태가 깨져 버렸다고 개탄한 것이다. 노자는 자연을 '의지가 없는 비인격적인 존재'로 파악했기 때문에, 자연은 무엇을 좋아하거나 싫어하는 것과 같은 일체의 가치와 무관하다고 인식한 것이다. 그에게 자연은 오로지 일정한 법칙에 따라 한결같이 움직일 따름이다. 그러므로 자연의 일부를 이루고 있는 인간 역시 '자연의 법칙에 따라' 살아가지 않으면 안 된다는 것이 노자의 지론이었던 것이다.

노자의 학설 가운데 가장 중요한 개념이 바로 '도'道이다. 그는 도를 "무無라 했고, 만물의 근원"이라 불렀다. 그런데 노자는 도를 무無·허虛라 표현하면서, 만물의 근원은 아무것도 없다는 것을 강조했다. 그러나 그는 이때

---

63 최진석, "도가의 자연관과 생태 문제 : 老子를 중심으로"(『동양철학』 vol. 13, 2000), 80-81쪽. 여기서 필자는 노자가 특히 천명(天命)에 복종하는 자세를 벗어나, 인간의 힘으로 인간과 자연 그리고 그 상호 관계를 탐구했다는 측면에서 '인문주의적'이라 강조한다.

'무'를 완전히 존재하지 않는 무를 뜻하는 것으로 여기지는 않았다. 오히려 인간의 인식을 초월하는 존재로서의 도를 드러내기 위해 의도적으로 무로 규정한 것처럼 보인다.[64] 그런데 우리가 체험하는 현실 세계는 변화무쌍하고 허무한 것이지만, 노자가 말하는 '도의 세계'는 참되고 영원한 것이다.

그가 도를 비록 만물의 근원으로 인식했지만, 그것이 의지를 지닌 존재라고는 생각하지 않았다. 말하자면 이 세계란 저절로 운동하고 변화하는 것이기 때문에, 그 배후에 "의지를 가진 초월자"가 존재할 수는 없다는 말인 것이다. 이런 의미에서 노자의 사유는 앞에서 살펴본 유가의 가르침과도 다르며, 창조주로서의 신에 대한 믿음을 기본으로 하는 기독교의 교리와도 이질적인 것이라 할 수 있다.

노자는 특히 하늘을 의지의 존재로 간주하는 시각에서 완전히 탈피하지 못한 유가의 입장을 수긍할 수 없었다. 만약 하늘이 인간을 좋아하거나 싫어할 수 있는 의지를 지니고 있다고 믿게 되면, 인간은 자연스레 하늘의 사랑을 받기 위해 몸부림칠 수박에 없게 될 것이다. 그렇게 되면 결국 하늘의 벌을 받지 않기 위해 인간은 선하게 살지 않으면 안 되리라는 가르침이 필연적으로 뒤따를 수밖에 없게 된다.

노자는 바로 이런 유가의 숙명론적 속성을 공박한 것이다. 무엇보다 인격적인 하늘이 존재하지 않는다고 믿게 되면, 자연스레 하늘의 눈치를 볼 필요가 없어진다. 그러므로 노자에게는 인仁, 의義, 예禮, 지智, 신信 등을 강

---

64 안종수, 『동양의 자연관』(한국학술정보, 2006), 195-197쪽.

조하는 유가의 현세적 도덕 지상주의가 인간의 순수성에 대한 불신에서 비롯하는 것으로 비칠 수밖에 없었다.

이런 의미에서 노자가 역설하는 도道는 의도적인 본성을 지니지 않은 것이기 때문에 윤리적인 덕목들을 초월하는 것이라 말할 수 있다. 따라서 도는 특정적인 의지에 기초해 만물이 지배당한다는 식이 아니라, 모든 것이 저절로 생성되고 변화한다는 원리에 입각하는 것이다. 노자는 이처럼 외적인 강제 없이 행해지는 모든 자유로운 행위, 요컨대 '자연'이라는 방식으로 이루어지는 일체의 행위를 '무위'無爲라 일컫는데, '외부에서 주입된 목적의식에 의해 수행되지 않는 행위'라는 뜻을 지니고 있다. 이런 의미에서 '무위'는 '자연'과 동의어라 할 수 있다.[65] 요컨대 노자는 '무위'를 통해 자연스럽게 행동할 것을 촉구하며, 인위적으로 무언가를 지나치게 꾀하지 말라고 가르치는 것이다.

이런 맥락에서 노자는 "도道는 언제나 아무 일도 함이 없으면서 하지 못하는 일이 없다"고 설파했다. 요컨대 도道란 누가 시킬 수도, 도와줄 수도, 영향을 끼칠 수도 없는, 따라서 스스로 판단하고 행동할 수밖에 없는 궁극자라고 이해했던 것이다. 마찬가지로 『도덕경』에 처음으로 출현하는 '자연'自然 개념 역시 '원래 그런 것, 스스로 그런 것, 저절로 그런 것' 정도의 의미를 지니는 것으로서, "다른 존재의 도움이나 힘을 빌리지 않고서도 저절로 그렇게 되는 상태"를 가리키는 것으로 이해했다. 어쨌든 노자는 의지를

---

65 외암사상연구소 편, 『서양이 동양으로 걸어오다』(철학과현실사, 2009), 40쪽.

가진 존재가 존재하지 않아도 이 세계는 절로 잘 굴러갈 수 있다는 낙관론을 지니고 있었던 것으로 보인다.[66]

반면에 공자가 추구하는 '도'는 자연의 운행 원리라기보다는 인간으로서 마땅히 걸어야 할 당위로서의 길, 요컨대 '인도'人道로서의 특성을 더 강하게 드러낸다.[67] 다른 한편 공자는 이런 '도'와 대비될 수 있는 개념으로서 '천'天을 제시하는데, 이는 '도'와 달리 일반적으로 인간의 능동성을 넘어선 필연성의 영역을 가리키기 위해 만들어진 개념이다. 말하자면 '도'가 인간이 마땅히 추구해 나가야 할 가치의 범주와 직결된다면, '천'은 그런 당위적인 인간의 노력을 가능하거나 불가능하게 만들 수 있는, 이를테면 인간의 의지로 어떻게 할 수 없는 필연의 영역을 가리킨다는 말이다. 이처럼 공자에게서는 '도'로 표현되는 능동성의 영역과 '천'이나 '명'命으로 나타나는 필연성의 영역이 긴장을 유지하며 공존한다. 반면에 노자는 "자연을 시종일관 객관적 법칙성에 의해 운행되는 물리적 존재"로 간주한다.[68] 따라서 자연이 인간주의적 요소를 찾아볼 수 없는 가치 중립적인 질서 체계로, 다시 말해 인간과 무관하게 자신의 방식대로만 전개되는 법칙의 세계로 인식되는 것이다. 그러므로 노자의 '도'는 인간 사회를 포괄하는 전체 자연의 근본적인 운행 원리에 해당하는 것이다.

---

66 안종수, 『동양의 자연관』(한국학술정보, 2006), 207쪽.
67 이하에 기술되는 공자와 노자의 차이점에 대해서는, 외암사상연구소 편, 『서양이 동양으로 걸어오다』(철학과현실사, 2009), 19-51쪽을 참조할 것.
68 같은 책, 38쪽.

노자는 '원래, 스스로, 저절로 그러하다'는 뜻의 술어인 자연을 만물의 운동 변화가 지니고 있는 자발적이며 자족적인 성격을 나타내는 용어로 이해하는데, 그것은 묵시적으로 완벽한 선으로 상정된다. 이런 면에서 노자는 자연의 운행 형식을 따르지 않고 오로지 주례周禮의 형식으로 수행되기만 하는 문화를 기꺼이 용인할 수 없었다. 그러므로 그런 그에게 문화란 단지 균형 잡힌 자연의 완벽한 질서 체계를 뒤흔드는 불순 요인이나 군더더기로 이해될 수밖에 없었던 것이다. 따라서 공자가 건설적으로 계승하고자 한 문화의 상징인 주례는 예컨대 노자 실천론의 핵심인 '무위' 관념을 혼란에 빠뜨릴 위험성이 지극히 농후한 것으로 인식되었다.

어쨌든 도덕적 가능성을 본질로 하는 존재로서 인간을 최고의 존재로 간주하는 유가 철학과는 달리, 도가는 인간을 다른 존재에 비해 존재론적으로 우월한 가치를 지니는 존재로 여기지는 않는다. 도가 철학은 오히려 인간의 본질이나 가치가 영속적이지 못함을 명백히 하면서, 인간이 천지·자연과 유기적으로 공존할 수밖에 없는 존재라 역설한다.

특히 장자는 이런 측면을 보다 분명히 강조한다. 장자는 "오상아"吾喪我 개념을 내세워 인간으로서의 본질적 자아를 부정한다. 이런 관점에 입각해 장자는 인간을 아무런 본질적 내용도 없이 전체 우주의 "관계망" 속에 집어던지고, 그 관계망 속에서 스스로를 파악하지 않으면 안 된다고 다그치는 것이다. 심지어는 인간의 가치를 독자적인 차원이 아니라, 미꾸라지나 물고기, 원숭이 등과 같은 다른 동물들과 한 테두리 속에 묶어 논의함으로써, 만물들 사이의 질적 차이를 존재론적으로 해소시키고자 애쓰기도 한다. 그리하여 노자와 장자에게서 인간은 '본질'을 근거로 특정적인 개체성을 확보하고 있는 초월적인 존재로 특별 대우받는 게 아니라, 오히려 전체 자연 안에서 다른 존재들과의 '관계' 속에 해체되어 버리는 신세를 면치 못한다. 요컨대 도가 철학에 의해 인간중심주의가 이런 식으로 모멸당하는 것이다. 무엇보다 인간의 행위 및 도덕적 가치 기준과 존재근거를 '인간'이 아니라 바로 '자연'에서 찾기 때문이다.[69] 또한 유가와는 달리 도가에는 귀천貴賤의 관념 역시 존재하지 않는다. 말하자면 사람이 귀하다면 버러지도 귀하고, 버러지가 천하다면 사람 역시 천하다는 발상법이 도가를 지배한다는 말이다. 이와 같은 도가의 자연관은 가히 존재론적 "절대 평등"관이라 부를 만하다.[70]

아울러 동양은 전통적으로 인간과 자연이 하나라는 시각과 밀접한 관련이 있는 '유기체적 자연관'에 지극히 익숙해 있다. 이것은 자연이 생명 없는 물질로 이루어져 있다고 보는 견해와는 전혀 다르게, 자연을 살아 있는 존재로 파악하는 입장이다. 인간이 살아 있는 존재인 탓에, 인간과 일체를 이루고 있는 모든 존재 역시 살아 있는 존재일 수밖에 없지 않은가 하는 관점에 입각해 있는 것이다. 또한 세계를 이처럼 유기체로 이해함으로써, 자연스럽게 인간이 자연에 순응하고 복종해야 한다는 결론에 이르기도 한다. 왜냐하면 유기체의 일부가 유기체 전체에 대립하거나 적대적인

---

69 최진석, "도가의 자연관과 생태 문제 : 老子를 중심으로"(『동양철학』 vol. 13, 2000), 87-88쪽.
70 윤재근, "동양적 자연관"(『본질과 현상』, vol. 3, 2006), 109-110쪽.

자세를 취할 수는 없기 때문이다.

그러나 지금까지 살펴본 이런 동양의 자연관들이 자연에 대해 소극적이거나 순종적인 태도로만 일관해 온 것은 아닌지 논박 받을 여지가 없지는 않다. 그러나 자연을 찬미하고, 인위적인 것을 비난하며, 원시적이고 순박한 생활에 쉽게 만족하는 농부의 일상적 태도가 이런 자연관에 짙게 배어 있음도 무시할 수는 없을 것이다. 동양인들이 전통적으로 자연에 순응하고자 노력했을 뿐만 아니라, 자연과의 조화로운 삶을 추구하는 생활 자세에 탐닉해 온 것은 물론 부인할 수 없는 사실이다. 그러나 성급한 일반화는 잘못이다. 자연의 본성을 수용하는 입장과 자연에 순종하는 자세가 전적으로 다른 것임에 유념할 필요가 있다. 동양인들이 궁극적으로 발전을 거부하고, 있는 그대로의 자연적 상태만을 선호했던 것은 결코 아니다. 마찬가지로 중국의 철학자 일반도 자연과의 조화 및 자연에 순응하는 삶의 일면만을 일방적으로 높이 평가한 것도 아니었다.

예컨대 홍수를 막기 위해 강둑을 쌓거나, 인위적으로 새로운 물길을 만드는 자연 개조 사업 같은 것은 어느 나라에서나 거의 예외 없이 수행해 온 일이었다. 불을 사용해 울창한 숲을 태워 농지를 개간한다든가, 인간에게 해로운 동식물을 제거하는 일, 그리고 일상생활의 편의를 도모하기 위해 새로이 길을 만드는 작업 등도 자연을 변화시킴으로써 인간의 의지를 구현코자 몸부림쳐 온, 동서양을 막론한 보편적인 인간적 노력의 인위적 결실에 속하는 것들이다. 요컨대 인간의 인위적인 개입을 통한 능동적인 자연 제압 및 개조 행위는 시공간을 초월해 보편적으로 행해졌던 인류사적 과업이었던 것이다.

예컨대 맹자孟子는 이러한 과업에 적극적으로 매달리기 시작한 다음부터 비로소 인류의 역사다운 역사가 본격화하기 시작했다고 역설할 정도였다. 이런 관점에서 맹자는 자연 자원을 효율적으로 잘 보호하는 것이 백성들의 삶을 풍족하게 만들고 나라를 부강하게 이끄는 유용한 길이라는 사실을 믿어 의심치 않았다. 뿐만 아니라 그는 자연 자원이란 것이 사람들이 얼마든지 마음대로 한껏 이용할 수 있을 정도로 무한정 널려 있지는 않다는 사실 역시 날카롭게 간취하는 진취성도 보여 준다. 이런 인식에 입각해 맹자는 적절한 자연보호 및 이용을 강조해 마지않았다. 그가 자연의 본성을 잘 헤아리고 그것을 거스르지 않으면서 자연의 본성에 적절히 순응할 것을 지극히 자연스럽게 권유한 것도, 그것이 바로 자연을 잘 이용하는 효율적인 방법의 하나라는 통찰의 산물이었던 것이다.[71]

또한 맹자는 '천지만물이 나와 더불어 한 몸이 되고 혼연일체가 되는' 이상을 가장 적나라하게 표현하기도 했다. 요컨대 맹자는 「진심장」盡心章, 상上편에서 한편으로 "만물은 모두 내 안에 있다. 몸을 돌이켜 보아 참되면 이보다 더 큰 기쁨은 없다"萬物皆備於我 反身而誠 樂莫大焉라고 하고, 다른 한편으로 나의 존재는 "위아래 천지와 더불어 함께 흐른다"上下與天地同流고 설파하고 있는 것이다. 나아가 그는 내 마음의 기쁨과 자연의 혼연일체를 직결시키며, "(호연지기浩然之氣는) 잘 기르면 천지에 가득 찬다"고 역설한다. 이를테

---

71 이에 대해서는 안종수, 『동양의 자연관』(한국학술정보, 2006), 143-165쪽 참조.

면 맹자는 자연계에 충만한 기운이 바로 자기 자신의 올곧은 마음과 행실에서 비롯한다고 갈파함으로써, 자신의 '호연지기' 관념을 통해 도덕론의 자연적 근거를 명백히 하는 것이다. 또한 맹자는 인간 사회의 착취 구조가 자연의 황폐화를 초래하고, 그리고 바로 이 자연의 황폐화로 말미암아 아름다운 인간의 본성이 훼손될 수밖에 없다고 준엄히 경고하기도 한다. 이런 맥락에서 그는 "친족을 사랑하고 이를 미루어 백성을 사랑하며, 백성을 사랑하는 마음을 미루어 만물을 사랑하라"라고 가르친다. 요컨대 진정한 인간 사랑이 바로 자연에 대한 사랑의 근본 토대임을 역설한 것이다.[72]

---

72 양근석·이을상, "동양의 자연관과 생태 철학의 이념 : 유가 사상을 중심으로"(『국민윤리연구』 39호, 1998), 232-233쪽.

서양의 개인주의와 동양의 집단주의, 그리고 자연

근대의 기계론적·합리주의적 자연관은 결국 기계·기술의 진보를 제패한 자본가계급의 역사적인 승리의 밑거름으로 작용했다. 자연 정복의 무한한 가능성이 만개하게 되었음은 물론이고, 부르주아지는 바야흐로 '자연 정복 전투부대'의 야전군 사령관으로 군림하게 되었다. 그러나 그들은 물질적 풍요와 더불어 인간소외 및 인간성 상실이라는 참담한 '문명의 산재'까지 동시에 선사하고 말았다.

이런 자본주의적 부르주아계급의 신념 체계요 행동강령이 바로 자유주의다. 그리고 이 자유주의의 철학적 기초는 개인주의다.[73] 바로 개인주의로부터 자유주의의 기본 가치인 자유, 관용, 기타 개인적 권리들의 내용이 규정되는 것이다.

일반적으로 자유주의적 개인주의는 인간 사회 및 그 제도와 조직들보다 개인을 더욱 근본적이고 더욱 실질적인 존재로 여긴다. 비록 이런 개인주의는 개인적 평등과 개체의 존엄성을 강조하기는 하지만, 실질적으로는 개인과 개인 간의 이기주의적 갈등과 충돌이 그 숙명적 동반자임을 자인할 수밖에 없는 근본적 한계를 지닌다.

하지만 예컨대 애덤 스미스Adam Smith는 '보이지 않는 손'invisible hand 개

---

73 이에 대해서는, 박호성, 『평등론 : 자유민주주의·사회민주주의·맑스주의의 이론과 현실』(창작과비평, 2009), 특히 78-82쪽을 참조할 것.

넘까지 동원해 가며, 각 개인이 자신의 이기적인 이해관계만을 충실히 뒤쫓게 되면 결국에는 서로의 이해가 자연스럽게 조화를 이루게 되고, 이윽고는 전체 사회의 공공복리를 증진시키는 결과를 낳게 된다는 믿음을 설파하기도 했다.[74] 이 테제는 개인적 이기주의의 빼어난 기능과 그것이 거두게 될 빛나는 성과를 동시에 높이 기림으로써, 결과적으로 개인과 개인, 개인과 사회 가 멋진 조화를 이룰 수 있을 것이라는 낙관을 열성적으로 전파하고 있다. 그러나 자유주의가 닻을 올릴 무렵부터 이미 개인주의의 예상 가능한 모순을 극복하는 장치로서 '보이지 않는 손'과 같은 추상적 매개물에 호소할 수밖에 없었다는 것은, 암시하는 바가 적지 않다. '손이 보이지 않는다'는 것은 결국 '손이 없다'는 말 아니겠는가.

이런 맥락에서 우리가 꼭 명심하지 않으면 안 될 것이 있다.

요컨대 자유민주주의 사회에서 개인주의는 한마디로 '거인주의'巨人主義[75]라는 사실이다. 오늘날 한국 같은 자본주의국가들은 '호랑이의 자유'만을 구가하고 있다. 요컨대 개인의 자유를 철저히 보장한다는 명분을 내세우며, 결과적으로 힘센 자들만이 활개 치도록 만든 사회적 불평등을 튼튼히 구축하고 있다는 말이다. 따라서 그런 개인주의는 추악한 이기주의로

---

74 이에 관해서는, A. Smith, *The Wealth of Nations*(Dent/Everyman 1910), Book IV, chap. 2 를 참조할 것.

75 나는 『평등론』에서 자본주의적 '개인주의'를 결국 "강자의 논리에 영합"할 수밖에 없는 "거인주의"라 규정한 바 있다. 박호성, 『평등론 : 자유민주주의·사회민주주의·맑스주의의 이론과 현실』 (창작과비평사, 2006), 11, 82쪽.

전락할 수 있는 소지가 다분하다. 그러므로 '거인'의 지위를 쟁취하기 위한 경쟁과 대결이 필사적으로 요구될 수밖에 없다. 물론 그것이 대체로 성공적인 자연 정복 능력에 달려 있음은 두말할 나위도 없다. 거인주의는 곧 약육강식의 이데올로기인 것이다.

특히 중세적 보편주의와 신분 질서가 막을 내려가면서 '인간의 재발견'이 이루어졌고, 그에 따라 사회 및 자연, 그리고 초자연적인 질서 체계로부터 개인의 탈출이 시작되었다. 교회나 기타 사회로부터 외부적으로 강제되던 진리의 보증이 바야흐로 거부되었던 것이다. 그리하여 개인의 직접적인 체험이 진리의 심판대가 되었다. 이런 현상은 합리주의와 자연과학의 발달로 인해 더욱 활기를 띠었다. 자연과학의 발달과 자유주의의 성장은 그 궤를 나란히 했던 것이다. 급기야 절대적인 목적이나 규범의 존재가 거부됨으로써, 예컨대 "생명체의 정교함도 경외의 대상에서 단순한 경이의 대상으로 전락"할 수밖에 없게 되었다. 유기체적 '목적론'의 몰락인 동시에 '기계론적' 자연관의 제패였던 것이다.[76] 그에 발맞춰 자연의 정복과 파괴가 자유주의적 개인주의에 의해 촉진되고 강화되었음은 물론이다.

반면에 특히 중국, 일본, 한국을 포괄하는 동아시아 문화는 "전형적인 집단주의"의 문화적 특성을 지니고 있다.[77] 동아시아 '집단주의 사회'에서

---

76 정연교·한형조, "동서양의 자연과 정치 : 서구 자유주의와 그에 대한 동양의 응답," 송영배 외, 『인간과 자연 : 유기체적 자연관과 동서철학 융합의 가능성』(철학과현실사 1998), 42쪽.
77 이에 관해서는 조긍호, 『동아시아 '집단주의'의 '유학사상'적 배경 : 심리학적 접근』(지식산업사, 2007), 특히 419-439쪽을 참조할 것.

는 구성원 상호 간의 인간관계 혹은 이런 인간관계의 원형으로 기능하는 가족과 같은 일차집단이 사회 구성의 기본단위로 인식된다. 따라서 "상황 의존적이고 관계 중심적인 인간관과 상호 의존적 자기관"이 지배하게 된다. 그러므로 자기 외부의 집단 및 제3자가 관심의 초점으로 떠올라, 타인 과의 사이에서 이루어지는 관계 속의 "상호 연계성 및 조화성"이 중시될 수밖에 없다. 이처럼 집단주의 사회에서는 인간을 시공의 변화에 맞춰 스스로를 변화시켜 나가는 존재로 파악하기 때문에, 인간의 "가변성" 및 "자기 개선" 노력을 높이 평가하는 관행이 지배적이다.[78]

그러므로 동양 사회에서는 자신과 타자 사이에 이루어지는 인간관계의 토대 위에서 공동체적 상호 연계성과 조화성을 추구하는 집단주의가 지배하는 풍토가 만들어질 수 있었다. 결과적으로 집단적 공동체에 우선권을 부여함으로써, 자기 자신을 이에 순응시키는 자기통제 및 자기 억제의 자세를 개인적 덕성으로 간주하는 전통이 지배적인 경향으로 면면히 이어져 내려오게 된 것이다.

자연과의 관계 역시 예외가 아니어서, 자연과의 공동체적 상호 연계성과 조화성 또한 자연스레 추구될 수밖에 없었다. 결국 자연과 인간이 운명 공동체라는 인식이 일상생활을 지배하게 된 것이다. 그러므로 인간과 자연의 조화, 자연에 대한 순종 또는 순응을 지향하는 생활 태도가 일반화된다. 그리하여 중국인들은 인간과 자연을 대립적이거나 적대적인 관계로 파악

---

78 같은 책, 423-424쪽.

하는 대신, 오히려 나눌 수 없는 하나로 인식하는 성향을 강하게 견지한다. 그에 따라 동양에서는 자연을 살아 있는 존재로 파악하는 유기체적 자연관이 발전하게 된 것이다. 이 자연계를 유기체로 인식하게 되면, 인간이 자연에 순응하고 순종해야 한다는 믿음 또한 자연스레 그 뒤를 잇게 된다.

특히 인간과의 직접적인 관련성 속에서 총체적으로 고찰할 때, 자연을 바라보는 시각은 크게 셋으로 분류할 수 있다.[79]

첫째, 자연과 인간을 본성적으로나 이해관계의 측면에서 상호 대립적인 존재로 파악하는 경우다. 이런 입장에서는 필연적으로 자연이 인간에게 위협을 가하는 불안한 존재로 인식됨으로써, 자연은 인간에 의한 정복과 약탈의 대상으로만 간주될 따름이다. 그리하여 형이상학적 이원론 및 인간중심주의적 세계관과 직결된다. 대체로 전통적인 서양의 자연관과 일맥상통한다고 말할 수 있다.

둘째는 자연과 인간 사이의 상호 공존성을 역설하는 입장이 있다. 자연의 품속에서 뭇 생명체가 서로 공존 관계를 이루며 존재하는 것과 마찬가지로, 인간 역시 자연을 파괴와 정복의 대상이 아니라 공존의 대상으로 인식하는 태도다. 그러나 그럼에도 불구하고 이런 시각 역시 자연 및 인간의 형이상학적 이원론에 입각함으로써, 인간을 여전히 자연과 동떨어진, 그리하여 결과적으로 자연과 양립하는 존재로 이해한다.

셋째로, 인간을 포함한 모든 존재를 총괄적으로 지칭하는, "가장 포괄적

---

79 이에 대해서는 박이문, 『문명의 미래와 생태학적 세계관』(당대, 1997), 73-77쪽을 참조할 것.

인" 자연에 대한 시각이 있다. 이런 총체적인 자연관은 자연과 인간을 서로 구별하지도 않거니와, 나아가서는 인간과 자연을 상호 대립적이라거나 공존하는 속성을 지닌 존재 등으로 인식하지도 않는다. 이 관점은 요컨대 하늘과 땅, 바다와 육지, 인간과 동식물 등 이 우주 속의 모든 것들을 서로 구별하거나 분리할 수도 없는, 서로 긴밀하게 얽혀 있는 "하나의 전체"로 간주한다. 이런 관점에서 자연은 존재 전체를 단 하나로 통합하는 개념으로 이해된다. 이런 자연관은 불교와 도교 등 동양 사상의 근저에서 꾸준히 그 맥을 이어 온 일원론적인 자연 중심적 세계관과 상통한다 할 수 있다.

그러나 동·서양의 자연관에서 가장 극명한 차이를 드러내는 것은 두 문화의 '사유 방식'이라 할 수 있다. 서양철학이 논리적·분석적·형이상학적 경향에 치중한다면, 동양철학은 변증법적 사유 방식을 그 주된 특징으로 한다.[80] 특히 도가 사상을 잠시 논외로 한다면, 일반적인 중국철학의 변증법적 사유는 총체성의 범주에서 시작함으로써, 정신과 물질, 육체와 영혼 등과 같은 모든 형태의 이원론과 이분법을 거부한다. 따라서 대립물 및 대비 개념에 입각하면서도 하나의 전체를 형성하는 상호 관련성 속에서 대립의 통일, 그중에서도 특히 통일 혹은 조화에 관심을 집중해 왔다고 말할 수 있다. 반면에 서양철학에서는 대립되는 측면들 상호 간의 투쟁이 강조된다. 그러므로 동양의 변증법적 사유 속에서 자연은 대립물 간의 상

---

80 김기주, "동양 自然觀의 비교철학적 연구 : 동서자연관의 거시적 비교와 전망"(『동양철학』 vol. 16, 2002), 91-95쪽.

호작용으로 인해 끊임없는 운동에 휩싸여 있으며 변화하고 변화시키며 지양하고 지양되는 하나의 '과정'으로 인식된다. 요컨대 세계와 자연이 운동, 진화, 변화의 과정으로 파악되는 것이다.

결과적으로 자연과 사회, 그리고 인간의 정신을 고정적이고 불변적인 것으로 간주하는 서양의 형식 논리적 사유는 자연을 정적이고 공간적인 것으로 인식함으로써 결국 인간 중심적인 자연관을 낳았다고 말할 수 있다. 반면에 동양적 사유는 자연을 동적이고 시간적인 것으로 파악할 뿐만 아니라, 사물들 간의 상호 관련성이 강조되는 유기체적 자연관을 배태한 것으로 이해할 수 있다. 이처럼 동양에서는 변화와 운동을 생명 혹은 가치의 창조 과정으로 파악할 뿐만 아니라, 자연을 구체적인 삶의 내용으로 채워져 있으며 생명 활동과 불가분의 관계를 맺고 있는 시간적인 것으로 인식한다. 자연은 곧 분할할 수 없는 생명현상으로 표현되며, 이 생명현상은 시간의 무한성 속에서 무한히 순환하는 것으로 간주되었던 것이다.

대체로 동양에서는 자연을 특히 자기 목적을 가지고 움직이는, 늘 변화하는 생명적 유기체로 인식해 왔다. 따라서 "인간의 미시적 호흡에서 천체의 거시적 운행에 이르기까지 변화와 생성이 원초적 사유를 결정지었고, 그것이 기氣의 사유로 결정結晶되었다"고 말할 수 있다. 요컨대 동양의 일반적 사유는 존재하는 사물과 사건 모두를 기의 작용과 변화, 즉 기의 모임과 흩어짐으로 인식해 왔다. 이런 기에 입각한 사고 속에는 완전히 독립적인 '절대' 혹은 '절대적 실체'라는 관념은 성립할 수 없다. 물론 노자의 도道 개념은 이런 범주에서 벗어나긴 하지만, 일반적으로 절대적 창조자나 피조물, 그리고 절대적 주체나 객체도 존재할 수 없는 것으로 본다. 이를테면 모든 상대적 두 극이 서로 의존하며 상관적으로 존재할 뿐인 것이다. 이처럼 자연을 동태적이고 유기적인 상호 관련성 속에서 고찰하는 경우, 인간이 결코 자연의 지배자나 정복자로 인식될 수는 없다. 그 대신 인간과 자연이 유기적인 상호 관계 속에서 필연적으로 더불어 공존·공생해 나가야 할 존재로 이해될 따름이다.

반면에 서양은 "실체"에 집착하면서, 만물의 궁극적 요소를 파악하는 데 주력해 왔다.[81] 이 실체는 서양철학의 가장 핵심적인 범주로서, 본질상 독립·자존하는 것이며 다른 사물과 아무런 내적 연관성을 지니지 않은 채 자기 동일성을 유지하는 불변적인 것으로 이해된다. 따라서 인간과 자연, 하느님 등이 모두 절대적으로 독립적이고 자존적인 것으로 상정될 수밖에 없다. 그러므로 '실체론적 사유'는 필연적으로 자연의 운동을 부정하거나 변화 그 자체를 무상한 것으로 규정하고 배척해 버린다. 이처럼 자연을 정태적인 존재로, 그리하여 인간과 자연을 상호 독립적이고 차별적인 존재로 파악하는 경우에는, 인간이 쌓아올린 문명은 자연에 대한 도전과 정복의 성공적 산물로 이해될 수밖에 없다. 따라서 인간의 자연 지배가 정당화되고 인간 중심적인 세계관이 압도하는 환경이 자연스레 조성된다. 나아

---

81 이에 대해서는, 정연교·한형조, "동서양의 자연과 정치 : 서구 자유주의와 그에 대한 동양의 응답," 송영배 외, 『인간과 자연 : 유기체적 자연관과 동서철학 융합의 가능성』(철학과현실사 1998), 48-49쪽을 참조할 것.

가 사물들 간의 관계 역시 아무런 내적 관련성 없이 오직 외적인 관계로만 일관하는 것으로 이해됨으로써, 자연스럽게 대립적인 관계로 파악될 따름이다. 이렇게 볼 때 주체와 객체, 물질과 정신, 현상과 '물자체'Ding an Sich, 문명과 자연, 인간과 신 사이에 전개되는 이원론적 대립은 이런 서양식 실체론적 사유의 필연적 산물이라 할 수 있다. 예를 들어, 근대 물질문명을 지배한 기계론적 자연관은 존재 영역을 객관적인 것과 주관적인 것, 실재적인 것과 이념적인 것, 물질적인 것과 정신적인 것으로 이원화함으로써, 결과적으로 정신에 대한 물질의 우월성을 주장하는 유물론(실재론)과 물질에 대한 정신의 우위성을 고수하는 유심론(관념론)이라는 두 개의 대립적인 철학 체계를 형성하게 되는 계기로 작용하기도 한 것이다.

이처럼 서양철학이 실체론적 사유에 입각해 절대와 보편을 추구하며 각 사물의 개체성과 독립성을 강조했다면, 동양철학은 대체로 비실체적 사유를 통해 사물의 상호 관련성과 상대성 파악에 주력한 것으로 볼 수 있다.[82]

---

82 김기주, "동양 自然觀의 비교철학적 연구 : 동서자연관의 거시적 비교와 전망"(『동양철학』 vol. 16, 2002), 97-98쪽.

3장

자연의 본성

지구, 하나의 거대한 생명체

인간이 존재하기 이전에도 자연은 존재했다.

"우리 지구의 생명현상은 수십 억 년 동안 지속하고 있다. 하지만 지금과 같은 모습의 인류가 존재한 것은 수만 년에 불과"할 따름이다. 따라서 "자연은 자신의 역사 대부분의 기간 동안 인류 없이 생존해" 왔다고 말할 수 있다. 다른 한편 스티븐 호킹은 보다 구체적으로 "최근에 출현한" 인류에 비해, 이 우주는 그보다 훨씬 더 이른 시기인 "약 137억 년 전에 존재하기 시작했다"고 밝히기도 했다.[1] 그리고 인간이 죽는다고 자연이 따라 죽지

---

1 스티븐 호킹·레오나르드 플로디노프, 『위대한 설계』(전대호 옮김, 까치, 2010), 156쪽. 다른 한

는 않지만, 자연이 죽으면 인간은 반드시 따라 죽을 수밖에 없다. "자연이 인간을 필요로 하는 것보다, 인간이 자연을 필요로 하는 바가 더 절대적"이기 때문이다.[2] 한마디로 자연은 '생명의 근원'이자 '생명체의 본질'이다.

그렇다면 '생명'生命이란 무엇인가? 진교훈은 '생명이 무엇인가' 라는 지극히 까다로운 문제에 대해 적잖이 진솔하고 설득력 있는 논거를 제시하고 있다. 그는 이 문제에 대해 우선 "일의적"—義的으로 대답할 수 없다고 솔직히 밝히면서, 그 이유는 생명이 "일회적"이고, "내면적"이고, "영혼이 깃들어 있는 것"이며, "역동적인 것"das Dynamische이고, "체험에 의해서만 이해될 수 있는 것"인 고로, "초합리적인" 것일 수밖에 없는 데 있다고 해명한다. 이런 관점에 입각해 그는 '생명이 무엇인가?'라고 물을 것이 아니라, 오히려 '우리는 어떻게 생명의 존귀함을 이해하고, 어떻게 생명을 고양시킬 수 있는가?'를 물어야 한다고 대단히 호소력 있게 제안하기도 한다.[3]

이 논지에 의거해 나 역시 여기서 생명에 대한 철학적 정의를 시도하는 대신에, 생명의 존귀함을 역설함과 아울러, 생명을 어떻게 고양시켜 나가는 것이 바람직한가 하는 물음에 초점을 맞춰 이 문제를 풀어 나가는 것이

편, 인간은 지상의 모든 생명체 중에서 가장 최근에 생겨난 존재, "가장 어린 종(種)"에 지나지 않지만, 우주에서 자신이 차지하는 위치를 알고 다가올 세계를 꿈꿀 줄 아는 능력을 가진 "조숙아"라는 시각도 있다. 이에 대해서는, 데이비드 스즈키, 『마지막 강의 : 지속 가능한 미래를 상상하라』(오강남 옮김, 서해문집, 2012), 143-144쪽을 참조할 것.
2 앤드루 비티·폴 에얼릭, 『자연은 알고 있다』(크리스틴 턴불 그림·이주영 옮김, 궁리, 2005), 83쪽.
3 이에 대해서는, 진교훈, "생명과 철학 : 철학에서 본 생명," 서강대 생명문화연구원, 『생명의 길을 찾아서』(민지사, 2001), 24쪽, 25쪽을 참조할 것.

보다 뜻깊은 작업이 되리라 생각한다.

'생명', 그것은 '살라는 명령'이다. 그런데 도대체 누가 '살라고'生 '명'命했는가. 그것은 바로 자연이다.

자연을 가리키는 영어는 '네이처'nature인데, 이 말은 라틴어 '나투라'natura에서 유래했고, 본래 '태어남'born이나 '생겨남'produced을 뜻하는 것이라 일컬어진다.4 이런 맥락에서 볼 때, 생명의 원천인 자연을 가장 많이 빼닮은 생명체는 바로 인간이라 할 수 있다. 자연과 인체는 대단히 유사한 구조로 짜여 있다. 가령 바위는 사람의 뼈, 흙은 사람의 살, 물은 피, 강줄기는 혈맥, 풀뿌리와 나무뿌리는 모세혈관과 각각 걸맞다.

하지만 자연은 인간에게 삶을 준 것과 마찬가지로, 동시에 죽음도 부여했다. 이런 의미에서 자연이 인간의 소유가 아니라 인간이 바로 자연의 소유임은 두말할 나위도 없는 일이다.

그러므로 모든 인간은 자신의 삶을 마감한 후에 다시 자연으로 되돌아갈 수밖에 없는 숙명적 존재인 것이다. 예컨대 '돌아가다'라는 단어를 국어사전에 찾아보면, "본디 있던 자리로, 또는 오던 길을 되돌아 다시 가다"로 풀이되어 있다. 그러나 흥미롭게도 그 말이 가령 '할아버지가 돌아가셨다'하는 식으로, '죽다'는 말의 변형어로 사용되기도 한다. 인간이 죽으면 도

---

4 김명호, 『생각으로 낫는다 : 생각을 치료하는 한의사 김명호의 생명 이야기』(역사비평사, 2002), 62쪽.

대체 어디로 '돌아가는' 것일까? 바로 자연 아닌가. 이런 탓에 '흙에서 나서 흙으로 돌아간다'는 타령조의 민간 운명론이 등장하기도 하는 것이다. 이처럼 "모든 생명체는 자연으로부터 나왔으며, 자연으로 돌아간다."[5]

하기야 이 생명의 세계는 끝없는 변화와 변화하는 끝을 끝없이 되풀이하는 곳이다. 이 광대한 자연의 틀 속에서 볼 때, 우리는 그저 눈 깜빡할 동안만 이곳에 잠시 머물다 유성처럼 스러질 뿐이다. 하지만 '영원'이 '순간'의 쌓임이듯이, 한 '순간' 역시 '영원'의 집적일 수 있다. 잘 익은 한 알의 사과를 따내는 순간이 있기 위해서는 끝 모를 비바람과 혹한을 대동한 긴 세월이 흘러야 한다. 마치 단풍의 붉은 물이 하루아침에 드는 것이 아닌 것처럼, 순간이 영원으로 뻗어 나갈 수밖에 없음은 지당한 일이다. 그러므로 낙엽 지는 바로 그 순간은 봄, 여름, 가을, 겨울의 종합에 다름 아니다. 나뭇잎이 떨어지는 눈 깜짝할 바로 그 순간을 위해, 사시사철이 흐르고 쌓여야 했다. 이처럼 영원에 순간이 녹아들어 있고, 순간에 영원이 담겨 있는 법이다. 이런 나뭇잎이 떨어져 썩어 거름이 되고, 또 그것이 언젠가 떨어져 다시 새로운 거름이 될 새 나뭇잎을 키우는 든든한 생명의 힘으로 작용한다. 이와 마찬가지로, 개체와 인류 사이에도 이런 끌힘이 서로 서로를 당기고 있다. 인류는 개체의 집적이며, 개체는 인류의 새로운 거름이 되기 위해 떨어져 썩는 낙엽과도 같은 존재라 할 수 있을 것이다.

---

5 진교훈, "생명과 철학 : 철학에서 본 생명," 서강대 생명문화연구원, 『생명의 길을 찾아서』(민지사, 2001), 20쪽.

이처럼 이 대자연의 품속에 어찌 서로 무관한 존재가 존재할 수 있겠는가. 온갖 생명의 원천이 바로 자연인 탓이다. 마치 떨어져 썩기 전에 나뭇가지에 튼튼히 매달려 있던 싱싱한 나뭇잎처럼, 인간의 몸을 구성하는 물질 역시 내 몸의 일부가 되기 전에 이미 자연 속에서 함께 생생히 살아 꿈틀거리던 것들이다. 하기야 온갖 생명의 원천이 바로 자연인 탓에, 이 자연의 품속에 어찌 서로 무관한 생명체가 존재할 수 있겠는가. 인간의 몸을 구성하는 물질 역시 자기 몸의 일부가 되기 전에 이미 자연 속에 존재하던 것들이다.[6]

나는 예컨대 소, 돼지, 닭 등을 먹으며 산다. 이처럼 수많은 동물들의 몸 일부가 일생 동안 내 몸의 일부가 된다. 나는 또한 쌀, 콩, 보리 등도 먹는다. 이 모든 곡식들 역시 내 몸의 일부가 된다. 내가 마신 물과 물 안에 있는 미생물도 마찬가지로 내 몸의 일부가 되는 것이다. 내가 들이마신 공기와 나를 비추는 햇빛도 내 몸의 일부가 된다. 이렇게 살펴보면, 내 몸이 빛, 공기, 물, 사과, 무, 배추, 보리, 콩, 쌀, 소, 닭, 돼지 등이 뒤섞여 이루어진 것임이 분명해진다. 그런데 일생을 이런 몸으로 살다가 죽게 되면, 내 몸은 과연 어찌 되겠는가. 본래 자연에 의해 생명을 부여받았다가, 또 바로 이 자연에서 섭취한 것들로 만들어지고 지탱해 오던 내 몸이 생명 활동을 끝내게 되면, 산산이 흩어져 본래의 자연으로 자연스럽게 되돌아간다. 즉, 자

---

6 이하의 논지는 김명호, 『생각으로 낫는다 : 생각을 치료하는 한의사 김명호의 생명 이야기』(역사비평사, 2002), 특히 50-101쪽 참조.

연과 다시 합쳐지는 것이다.

말하자면 내 몸을 이루고 있던 물질적 요소들은 내가 죽은 후에는 다시 흙으로 '되돌아간다'는 말이다. 하지만 흙으로 되돌아간다는 것이 대체 무슨 말인가, 한마디로 썩는다는 것을 의미한다. 이렇게 생명이 끝난 몸이 썩는다는 것은 곧 미생물에 의해 분해된다는 것을 말하는 것이다. 그리고 미생물에 의해 분해된다는 것은 미생물이 먹는다는 것이며, 결과적으로 내 몸을 이루었던 물질이 이제는 미생물의 몸이 된다는 것을 뜻하는 것이다. 그런데 이 미생물을 벌레가 먹으면 이제는 벌레의 몸이 되고, 이 벌레를 새가 먹으면 그때는 새의 몸이 되며, 이 새를 짐승이 잡아먹으면 이젠 짐승의 몸이 된다. 이처럼 동물의 몸이 분해되어 식물의 몸이 되고, 식물은 또 다른 동물의 몸으로 바뀌게 되는 것이다.

이런 과정을 되돌아보면, 내 몸을 이루었던 물질이 결코 자연으로부터 사라지는 것은 아니다. 다만 다른 형태로 바뀌면서, 지구가 존속하는 한 더불어 이 지구에 영원히 함께 공존하게 될 따름이다. 따라서 현재 나의 몸을 이루는 물질의 일부는 수천, 수만 년 전 어떤 야생동물의 몸이었을 수도 있고, 또 그것이 그 후 여러 가지 식물과 동물의 몸으로 바뀌어 오다가, 이제 나의 몸에 비로소 정착한 것이라 할 수도 있는 것이다.

이렇게 생각해 보면, 이 자연 속의 모든 생명체가 ― 물론 이들의 모태가 자연이긴 하지만 ― 결코 서로 무관한 존재일 수는 없다. 이런 의미에서 지구상의 모든 존재는 하나의 거대한 몸이라 할 수밖에 없다. 지금 나의 이 몸은 얼마 후에 낱낱이 흩어져서 자연과 합쳐질 것이다. 내 몸의 일부는 어쩌면 1백 년 후에는 풀이 되고, 3백 년 후에는 사과가 되고, 5백 년 후에는 독사가 되고, 1천 년 후에는 어떤 다른 사람의 몸이 될지도 모른다.

이런 의미에서 지구는 하나의 생명체라 할 수 있다.

하지만 하나의 거대한 생명체인 지구 전체의 입장에서 볼 때, 개개의 작은 생명체들이 생겼다가 반짝하고 사라지는 것은 별 문젯거리가 되지 않는다. 사실은 없어지는 게 아니라, 이 지구 위에서 형태가 바뀐 채 계속 존속해 나갈 뿐이지, 결코 지구를 벗어나지는 않기 때문이다. 우리 인간의 몸을 이루는 물질 역시 처음부터 자연의 일부였고, 현재도 자연의 일부이고, 앞으로도 자연의 일부로 영원히 존재할 것이다. 결국 지구 위에서 한정된 시간 동안만 생명 활동을 할 '나'는, 그 시간 동안만 다른 존재와 구별되는 개체로서 존재할 따름이다. 그러므로 '나'는 태어나기 전이나 죽은 후에는, 결코 '나'라는 개체로서 존재할 수가 없다. '나'는 살아 있는 동안만 존재한다. 따라서 '나'에게 결정적으로 가장 중대한 과업은 지구의 일부, 즉 자연의 일부로 계속 살아남아 존재해 나가는 것, 즉 생존해 나가는 것 그 자체일 수밖에 없음은 너무나 자명한 이치다.

하지만 인간의 자연적 생존 역량은 날이 갈수록 급속도로 퇴화하고 있다. 예컨대 2004년 12월 26일, 남아시아를 강타해 폐허로 만든 지진해일 쓰나미로 30만 명에 가까운 사람들이 순식간에 목숨을 잃었다. 이 지진해일의 거대한 에너지 파동은 최고 시속 500킬로미터에 달할 만큼 무섭게 빠른 속도로 밀어닥쳤다고 한다. 동남아시아 인근 해안을 휩쓴 해일의 높이가 무려 60미터에 이르러, 인간은 자연의 위력 앞에서 나무 이파리 같이 너무나 무력한 존재로 내팽개쳐질 수밖에 없었다. 대재앙이었다.

　이처럼 엄청난 파괴력을 지닌 지진해일로 인해 수많은 인명 피해가 뒤따랐지만, 놀랍게도 동물의 피해는 거의 없었다. 스리랑카 최대의 야생동물 보호구역인 '얄라Yala 국립공원'에서는 동물의 사체가 하나도 발견되지 않았다. 이 공원을 덮친 해일로 외국인 관광객 40명이 숨졌으나, 동물들은 해일이 닥칠 것을 미리 알아차리고 높은 지대로 미리 피해 버린 것이다. 이 공원에는 아시아 코끼리, 악어, 멧돼지, 물소, 회색 랑구르 원숭이 등이 살고 있었다. 국립야생동물국 관계자는 "토끼 한 마리도 죽지 않았다"면서, "동물들은 제6감을 갖고 있으며, 일이 언제 터질지 미리 안다"고 동물의 지진 예지력을 강조하기도 했다. 지층이 끊어지거나 부딪치면 지구의 전 자기磁氣양에 변화가 일어나는데, 이 과정에서 대기 중의 모기들까지 전기를 띠게 되어 야생동물들을 자극한다는 것이다. 그렇다면 야생동물들까지도 본능처럼 지닌 이 지진 예지력이 왜 만물의 영장이라는 인간에게는 없는 것일까.

　흥미로운 것은 지진해일로 큰 피해를 입은 수마트라 북부 인도령 안다만-니코바르 제도Andaman and Nicobar Islands의 다섯 원시 부족도 거의 피해를 입지 않았다는 사실이다. 8,300제곱킬로미터에 걸쳐 약 5백여 개의 섬들이 산재한 벵골 만 해역에는 대大안다만 족the great Andamanese, 옹게 족the Onge, 자라와 족the Jawara, 센티넬 족the Sentinelese, 솜펜 족the Shompen 등 멸종 위기에 처한 다섯 원시 부족 4백~1천여 명이 살고 있었으나, 이들은 해일이 몰려오기 전에 높은 곳으로 일찌감치 몸을 피해 버렸다는 것이다.7 그런 까닭에 이들이 현대인이 잃어버린 태곳적의 자연적 육감을 아직도 간직하고 있는 게 아니냐는 궁금증이 일어 한때 식자들의 관심을 끌기도 했다.

이들 부족들을 지원하는 어느 환경 운동가는 이들이 "바람의 움직임과 새들의 날갯짓을 통해 자연현상을 파악하는 오랜 옛날의 지혜 덕분에 목숨을 건진 것"이라고 분석했다. 인도의 인류학자들도 "이들은 바람의 냄새를 맡고, 노 젓는 소리로 바다의 깊이를 헤아리는 놀라운 능력을 가지고 있다"고 말한다. 이들 원시 부족은 외부와 철저히 접촉을 끊은 채, 여태 활로 사냥을 하고 돌을 부딪쳐 불을 피우는 석기시대 생활을 영위하고 있다고 한다. 그런데 석기시대식 원시생활을 하는 원시 부족들과 심지어는 하찮은 미물들까지도 소지하고 있는 재앙 예지력을 첨단의 과학 문명을 자랑하는 현대인이 갖고 있지 못하다는 이 역설적인 현상을 어떻게 설명할 수 있을까.

인간이 자신의 자연적 능력보다는 스스로 만들어 낸 인위적인 문명 수단에 오랜 세월 길들여진 나머지, 본래 가지고 있던 자연력이 퇴화를 거듭한 결과일지도 모른다. 그런 자연 재앙을 겪으며 도처에서 자성의 외침이 줄을 잇기도 했다. 문명의 이기는 곧잘 자연의 흉기로 돌변할 수도 있다. 그럼에도 우리 인간들은 너무나 태연하게 그런 무서운 전락 과정을 모르쇠로 일관해 온 것이 아닌가. 아니면, 마치 무모한 욕망에 눈이 멀면 제대

---

7 『한국일보』(2005/01/06).

로 보지 못하면서 인식능력을 잃어버리듯이, 편견과 아집, 독선 따위에 사로잡힌 결과 자신에게 들이닥칠 재난을 미처 깨닫지 못한 것은 아닐까?

이런 대재앙은 도대체 인류가 지금껏 어떤 자세로 자연에 임해 왔는가 하는 물음을 자연스레 제기한다. 사실 인류의 역사는 생명을 보존하는 방식의 진화 과정이라 할 수 있다. 그러므로 생명의 원천인 자연에 대한 관심의 폭과 깊이가 인류사의 발전 과정에 따라 다양한 변화를 거듭할 수밖에 없으리라는 것은 대단히 자연스러운 현상이라 할 수 있을 것이다. 말하자면, 자신의 생명을 보존하기 위해 자연의 섭리에 어떻게 대응해 왔는가 하는 자세의 차이에 따라 인류의 역사가 변화와 굴절을 거듭해 왔다는 말이다.

하지만 생명을 향한 자연의 섭리는 공평하다. 예컨대 사자와 호랑이는 항상 많은 양의 고기를 필요로 하기 때문에, 그에 걸맞게 자연으로부터 날카로운 이빨과 발톱을 부여받았다. 반면에 이빨이 시원찮은 소나 사슴 같은 초식동물들은 대신 뿔로 보완 받았다. 이는 날카로운 발톱과 억센 완력을 갖춘 사자나 호랑이 등에겐 시시한 뿔 같은 게 전혀 주어지지 않은 것과 흥미롭게 대비되는 현상이다.

더구나 지구에 사는 생명체들의 번식력은 실로 가공할 만한 수준이다. 하지만 태어나는 많은 개체들 중 대부분은 성장하는 과정에 죽기 때문에 그중 일부만이 번식할 수 있게 되고, 그런 탓에 이 지구 생태계가 균형 있게 유지될 수 있는 것이다. 이처럼 죽음이 생명의 원천이기 때문에, 죽음이 없으면 생명도 없게 되는 것이다. 예컨대 만약 1분에 한 번씩 분열하며 성장하는 박테리아가 태어나 한 마리도 죽지 않는다고 가정하면, 그 박테리

아는 불과 36시간 만에 우리 종아리 높이만큼 온 지구의 표면을 덮을 것이고, 그로부터 한 시간 후면 우리 키를 훨씬 넘길 것이라는 연구 결과까지 제시된 적이 있을 정도다.[8]

뿐만 아니라 날개가 있으면 다리가 두 개뿐이며, 못생겼다고 손가락질 받는 호박꽃은 당당히 열매를 맺지만, 장미처럼 이름난 꽃은 고작 가시밖에 없다. 고운 빛깔의 구름은 또 쉬이 흩어지지 않는가. 인간 역시 크게 다를 바 없다. 미인박명美人薄命이니 재승박덕才勝薄德이라고도 하지 않던가.

유한한 존재인 인간은 바로 그 유한성으로 말미암아 본성적으로 고독할 수밖에 없다. 뿐만 아니라 바로 그런 고독한 존재이기 때문에 동시에 인간은 필연적으로 욕망을 추구할 수밖에 없다. 말하자면 인간은 자신의 본성적인 고독으로 말미암아 끝없이 욕망을 부추기고, 거꾸로 이 욕망으로 인해 다시금 끝없는 고독의 나락으로 떨어질 수밖에 없는 숙명적인 존재라는 말이다. 고독은 욕망을 낳고, 욕망은 다시 고독을 불러오는 것이다. 고독과 욕망이 인간적 유한성의 필연적 산물이기 때문이다.

다른 한편 인간은 고독한 존재이기 때문에 천성적으로 '공포심'을 지닐 수밖에 없고, 동시에 욕망으로 가득 찬 존재인 탓에 본능적으로 '이해관계'를 추구할 수밖에 없다. 그런데 바로 이 '공포심'과 '이해관계'가 인간을 결속시켜 서로 뭉치도록 만들기도 하지만, 반대로 이간질해서 서로를 흩어지게 만들기도 한다. 그리고 바로 이런 인간적 단합과 분열의 한가운데 자

---

8 최재천, 『생명이 있는 것은 다 아름답다』(효형, 2005), 68-69쪽.

연이 엄숙하게 자리 잡고 있는 것이다.

그런데 지금껏 이러한 인간은 이 자연 속에서 어떻게 살아왔을까.

'자연살이'[9]의 역사

아마도 원시시대의 인간들은 동물들과 크게 다를 바 없었을 것이다.[10] 도처에 먹을 것과 숨을 곳을 제공해 주는 풍요로운 대 삼림 속에서 다른 동물들과 뒤섞여, 일정한 주거도 없고 서로를 필요로 하는 일도 없이, 아마도 평생 서로 부딪칠 일 없이, 모두가 뿔뿔이 흩어져 고립적으로 원시생활을 영위했을 것이다. 수렵과 어로라든지, 아니면 맹수가 먹다 버린 찌꺼기들을 가까스로 주어 삼키며 구차하게 목숨을 부지하기도 했을 터이다. 애초에 우리의 조상들은 참으로 가련하고 기구한 신세였을 것이다.

———

9 원래 '살이'는 "어떤 일에 종사하거나 어디에 기거해 사는 생활"의 뜻을 더하는 접미사다. 예컨대 감옥살이, 셋방살이, 시집살이, 타향살이 등이 그 대표적인 용례들이다. 이런 취지를 살려, 이 글에서는 자연 속에서 자연과 더불어 살아가는 인간 생활의 다양한 형태와 속성을 아우르는 개념으로 '자연살이'란 용어를 도입해 활용하고자 한다.

10 이 부분은 루소의 『인간 불평등 기원론』에서 암시 받은 바가 적지 않다. 이에 대해서는, J. J. Rousseau, *A Discourse on the Origin of Inequality*, translated by G. D. H. Cole, *The Social Contract and the Discourses*(Everyman's Library 1982) 또는 국역본인 『인간 불평등 기원론』 (주경복 옮김, 책세상, 2003)을 참조할 것.

이런 원시 상태에서는 사람들 사이에 갈등이나 차별을 만들어 내는 조건도 거의 없었다. 인위적으로 설정된 불평등이 존재하지도 않았기 때문에, 연령이나 건강, 체력 등의 차이에서 생기는 자연적 불평등은 지극히 근소한 것에 지나지 않았을 것이다. 산업도, 언어도, 가옥도 존재하지 않았다. 인간은 다른 인간 또는 인간 집단을 필요로 하지도 않았고, 싸움을 좋아하거나 상대방을 지배하려는 욕망 같은 것도 지니지 않았다. 그들은 고독했었고, 쉽게 만족할 뿐만 아니라 허영심도 갖고 있지 않았다. 따라서 질투라든가 선망, 복수욕, 좋은 평판을 받으려는 욕망 등은 아주 원시적이고 비사회적인 인간들에게는 지극히 생소한 감정들이었다.

이처럼 수렵과 어로로 힘들고 단조로운 삶을 꾸려 가던 시절, 한마디로 우리 인간은 예측할 길 없는 자연의 어마어마한 위력에 극단적인 공포를 느낄 수밖에 없었을 것이다. 홍수, 가뭄, 혹한 등 천재지변 같은 것이야말로, 인간의 힘으로는 어쩔 수 없는 대재앙이었다. 그러하니 자연에 대한 외경심이 어찌 자연스레 솟아나지 않을 수 있었겠는가. 태양과 달을 향해 빌기도 했을 것이고, 또 거대한 바위나 가공할 맹수 역시 신령스러운 존재로 비칠 수밖에 없었을 터이다. 이처럼 자연이 주는 공포를 바로 자연 그 자체의 위력으로 극복하고자 했던 원시적 순박함이 우리 인류를 사로잡고 있었다. 이런 상황에서는 천재지변 같은 자연의 대재앙에 맞서 최대한의 본능적 '생명 활동'과 최소한의 의식적 '생존 활동'만이라도 추구해 나가고자 하는 의지 그 자체가, 인간적 '욕망'의 전부였을 것이다. 이 단계에서는 자연에 대한 맹종盲從이 인간적 삶의 주류였다.

　자연은 인간보다 훨씬 막강한 힘을 지니고 있고, 그리하여 인간의 운명을 근본적으로 좌지우지할 수밖에 없는 존재로 인식되었다. 이런 자연에 대해 도대체 무엇을 어떻게 해야 할지, 고대인들도 고심을 거듭할 수밖에 없었을 것이다. 여기서 자연스레 출현한 활로 중 하나가 자연숭배 정신이라 할 수 있다.

　그러나 오랜 세월에 걸친 완만한 진보의 결과 차차 지혜가 발달하게 되면서, 인간은 이제 모든 것을 자연과 우연에만 내맡기는 떠돌이생활을 청산하고 서서히 집단적 정착 생활을 꾸려 나가기 시작한다. 서로 뿔뿔이 흩어져 고립된 생활을 영위하던 동료 인간들이 힘을 합치면, 자연의 재앙에 함께 맞서 싸우기도 더욱 쉽고 편했을 것이다. 또한 자연의 혜택을 공유할 수 있는 기회도 더욱 효율적으로 증대시켜 나갈 수 있었을 것이다. 이렇게 해서 인간은 이 지상의 모든 것을 지배하는, 이른바 '만물의 영장'의 지위에까지 등극할 수 있는 발판을 서서히 마련해 나가기 시작했다.

　그리하여 정착형 농경 사회가 성립하기에 이르렀다. 가옥의 축조와 더불어 최초의 사유재산이 발생하게 되었고, 성적性的인 분업이 뒤따르게 되었다. 또한 이들은 언어를 개발함으로써 지식을 축적하게 되고, 그것을 후대에 전수할 수 있는 능력도 보유하게 되었다. 이윽고 이들은 관습을 세워 나가고, 상벌에 대한 보편적인 기준을 마련하기도 했다.

　농업 경제가 도입되고 금속을 사용할 수 있게 됨으로써, 점차 인간 서로 간에는 일시적인 의존 상태를 벗어나, 보다 영구적인 상호 의존관계를 형성할 필요성이 증가했다. 그러나 불을 사용하고 토기를 굽기 시작하면서, 자연 생태계에 대한 본격적인 첫 개입 및 훼손 행위라 할 수 있는, 연료 획득을 위한 삼림 벌채가 자행되었다. 특히 철기시대에 이르면 철을 생산하기 위해 대량의 목탄이 필요하게 되면서, 그리고 철로 만들어진 도끼의 위력이 그 위용을 널리 과시함에 따라 삼림의 파괴는 더욱더 가속화될 수밖에 없었다.[11] 자연경제가 주축을 이루긴 했으나, 동시에 자연 정복의 물꼬가 트이기 시작한 것이다.

또한 토지가 경작됨에 따라 토지 분할도 이루어졌다. 수렵·어로에서 획득된 수렵물들과는 달리 농작물은 쉽게 부패하지 않는 탓에, 계속적인 점유와 부의 축적도 가능하게 되었다. 그에 따라 소유의 불평등이 점증하고, 자신의 부를 자식에게 유산으로 물려주는 것 역시 가능하게 되었다. 결국 이런 사유의 증대는 자연에 대한 침탈 위협의 증대로 연결될 수밖에 없었다. 이 시기 인류는 자연에 순종하면서도, '생존 활동'의 영역을 확대하고 심화시키는 일을 게을리하지 않았다. 다른 한편 예컨대 고대 중국 같은 곳에서는, 사람과 사람 사이에서와 마찬가지로, 의당 인간과 자연 사이에도 의사소통이 가능하다는 생각이 사람들을 사로잡은 적도 있었다. 인간의 노력과 정성을 자연이 잘 알아주리라는 '천인상응' 사상 역시 자연숭배 정신과 밀접하게 연관되어 있었다.

이런 정착 생활의 연륜이 깊어 가면서, 인간의 자연에 대한 일차적 관심은 토지에 대한 애착과 탐욕으로 점철되었다. 왜냐하면 불변적인 토지야말

---

11 김종원, 『지구환경 위기와 생태적 기회』(계명대학교 출판부, 2000), 16쪽 참조.

로 사회적 부와 권력의 원천이 되기에 손색이 없었기 때문이다. 그에 따라 토지 소유의 정도에 따라 사회적 권력의 강약이 판가름 나는, 토지 중심 사회가 생성되었다. 군주와 토지 귀족 그리고 승려가 중심이 되는 신분적 특권과 그로 인한 사회적 불평등의 심화가 그 필연적 결과일 수밖에 없었다.

그러나 서양의 경우, 르네상스와 휴머니즘의 시대를 체험하면서 토지에 기초한 사회체제 역시 심각하게 동요하기 시작한다. 인간 자신과 자신을 둘러싼 자연 세계에 대한 관심이 폭넓게 증대하게 된 것이다. 결국 이미 알고 있던 기지旣知의 인간은 새로이 점검되고, 미지未知의 대륙은 새로이 점거되는 과정을 겪게 된다. 르네상스는 요컨대 '인간의 발견'과 더불어 '세계의 발견'을 가져온 것이다. 아울러 휴머니즘에 내포된 현세주의는 현실 세계와 자연으로 눈을 돌리게 만들었다.

자연에 대한 관심은 한편으로는 자연의 아름다움을 있는 그대로 표현하려는 문학 및 예술 활동을 자극했고, 다른 한편으로는 자연을 관찰하고 탐구하려는 정신을 일깨움으로써 근대과학과 기술 발달의 동력으로 작용했다. 코페르니쿠스의 지동설과 이를 지지한 케플러와 갈릴레이의 학설에 의해 우주의 신비가 하나씩 밝혀지면서, 마침내 중세의 우주관을 뒤엎는 과학혁명이 일어나게 되었다. 이윽고 1455년 구텐베르크가 발명한 활판 인쇄술은 새로운 지식과 사상의 전파에 획기적으로 공헌함으로써, 17세기의 지적 혁명을 가능케 하는 토대로 작용하기도 했다.

그러나 과학기술의 발달은 마침내 산업혁명으로 발화했고, 그에 힘입은 사회적 생산력의 폭발적인 증대는 결국 토지 중심의 전통적 지배 질서를 용인할 수 없는 차원으로 발전하게 된다. 그리하여 그에 걸맞은 새로운 사회체제를 구축하고자 하는 강렬한 욕구가 맹렬히 불타오르기 시작했다. 사회혁명이 뒤따랐다. 급기야 봉건적 지배 질서가 몰락하고, 자본주의 체제가 관철되었다. 결국 자본주의적 상품 생산 체제가 석권함으로써, 자급자족적인 생산방식의 지양, 영토적 한계 및 신분적 구속의 철폐 등이 촉진될 수밖에 없었다. 이 봉건적 생산양식에 대한 초기 부르주아계급의 저항은, 엥겔스의 지적처럼, "농촌에 대한 도시의, 토지 소유에 대한 산업의, 자연경제에 대한 화폐경제의 투쟁"을 의미했던 것이다.[12] 그러나 경제적 실력을 확보한 부르주아계급은 당연히 정치권력까지도 손에 넣지 않으면 안 된다는 것을 절감하게 되었다. 무엇보다 막스 베버의 지적처럼, "경제적으로 몰락해 가는 계급이 정치권력을 손에 쥐고 있다면 그것은 위험한 것이며, 결국은 민족의 이익과 배치될 수밖에" 없으리라 확신했기 때문이다.[13]

특히 영국과 프랑스에서 여러 차례 되풀이되었던 시민혁명은 바로 이 충돌의 가장 집약적인 표현이었다. 그리고 바로 이 시민혁명을 통해 각종 봉건적 특권과 질곡이 제거되는 획기적인 계기가 만들어지게 된다. 하지만 이렇게 출범한 국민국가 상호 간의 관계는 자본주의의 발달과 더불어 점차 극심한 갈등과 경쟁으로 점철되었다. 물론 이런 경쟁으로 말미암아

---

12 Engels, "Herrn Eugen Dührings Umwälzung der Wissenschaft(Anti-Dühring)," *MEW* 20, p. 152

13 Max Weber, "Der Nationalstaat und die Volkswirtschaftspolitik," *Gesammelte politische Schriften* 제2판(Tübingen 1958), p. 19.

과학과 예술이 꽃피고 생산력의 엄청난 증대가 이루어지긴 했지만, 그것은 한마디로 막대한 자연 파괴 및 정복의 필연적 대가일 수밖에 없었다. 어쨌든 대대적인 기계 공업화와 생산력 증대를 야기한 산업혁명으로 인해 인류는 자연의 지배자로 등극하는 결정적 계기를 만나게 되었다. 결국 산업사회로 진입한 이후 폭발적인 인구 증가, 대대적인 과학기술 발달 및 도시 발전, 기하급수적인 경제성장 등으로 인해 자연 생태계에 자체의 수용 범위를 훨씬 초과하는 극심한 과부하가 걸리기 시작했다. 급기야 전 인류를 말살할 수도 있는 세계대전이 연속적으로 터져 나오기까지 했다. 그 와중에 자연은 무분별한 정복의 대상으로 전락해, 마구잡이로 노략질당하는 뼈아픈 세월을 겪지 않으면 안 되었다.

결국 "자연이 낳은 이자만으로도 모자라서 자연이 축적해 놓은 자본까지 갉아먹는," 대량생산과 대량 소비를 촉진하는 이른바 문명사회가 만개한 것이다.[14] 땅에서 나온 게 죄다 다시 땅으로 되돌아가는 농경 사회에서는 쓰레기 같은 게 배출되기 힘들었다. 반면에 땅에 들어가도 삭질 않는 화학제품과 공업 제품만을 양산하는 산업사회에 와서는 땅과 지하수가 당연히 더렵혀질 수밖에 없게 된다. 이윽고 "상공업의 발달과 기계·기술의 진보에 뿌리를 둔 부르주아지"가 결정적으로 "기계로서의 자연"으로 축약할 수 있는 "합리주의적인, 또는 근대 과학적인 자연관"에 기대어 역사적 승리를 쟁취하게 되었던 것이다.[15]

---

14 법정, 『산에는 꽃이 피네』(류시화 엮음, 동쪽나라, 1998), 81쪽.

그리하여 그야말로 자연에 대한 방종放縱으로 일관하는 향락적·물신주의적 인간중심주의가 제왕처럼 군림하게 되었다. 마침내 무한정한 자연개발과 무분별한 생태계 파괴가 비극적인 자연재해를 결정적으로 불러들일 수밖에 없음은 자명한 이치다.

하지만 인간의 이성은 자연계의 악순환에 더욱 박차를 가할 뿐이다. 바야흐로 자본주의의 국제적 팽창과 더불어 세계화 광풍이 전 지구를 휩쓸고 있다. 현재 이런 역사적인 세계화 추세에 발맞추어, 첨단 기술의 범람과 사이버 돌풍, 환경오염 및 자연 파멸에 대한 공포까지 세계화하고 있는 실정이다. 물론 그를 극복하기 위한 투쟁 역시 더불어 세계화하고 있음은 주지의 사실이다.

한때 알프스를 찾은 적이 있었다. 우리의 땅 백두산에는 편안히 오르지도 못하면서, 그보다도 훨씬 높은 남의 산에까지 다 오를 수 있다는 것에 대해 도대체 어떤 자긍심을 느껴야 할지 머리를 갸우뚱거리며, 케이블카로 4천 미터 정도 되는 고지를 정복한 것이다.

그러나 태고의 자연을 간직하고 있어 마치 빙하시대를 연상시키는 듯한 이 알프스 산골짜기에도 자본주의적 인간이 홍수처럼 범람하고 있었다. 스위스는 이제 고산을 오르내리는 케이블카와 호텔과 관광객들로 넘쳐 나는 나라, 주민이 사는 주택보다 호텔이 더 많아 매일매일이 주말이나 휴가철과 다를 바 없는 나라가 되어 버린 것이다. 하지만 호텔들은 정겨운 이름들을

---

15 다카기 진자부로, 『지금 자연을 어떻게 볼 것인가』(김원식 옮김, 녹색평론사, 2007), 93쪽.

한껏 뽐내고 있었다. '눈 쌓인 들판', '알프스의 행복', '새들이 깃든 숲', '저녁 노을', '숲 속의 고요', '알프스의 장미', 심지어 '콜로라도'까지 눈에 띄었다.

그런데 놀랍게도 이 알프스 산자락 마을에는 폭이 1미터가량, 길이가 고작 2미터 정도 될까 말까 한 장난감 같이 생긴 차들만 쏘다니고 있었다. 전기 자동차였다. 대량생산이 불가능한 탓에, 이 꼬마 자동차 한 대 값이 우리 돈으로 무려 5천만 원을 호가하는 게 아닌가. 이런 애틋한 모습에 걸맞게, 인형 같이 생긴 쪼끄만 '쓰레기 집'Kehrichthaus이 만들어져 있어 덩치 큰 쓰레기들을 담아내고 있었다. 그리고 길가 곳곳에 쓰레기용 플라스틱 봉투가 두 귀처럼 양쪽에 쫑긋 달라붙어 있는 쓰레기통이 놓여 있어, 언제나 자유롭게 봉투를 끄집어내 쓰레기를 처리하게 되어 있기도 했다.

그러나 서구 사회는 지나치게 합리적이고 타산적인 계산에 의해 이끌리는 탓에, 모든 게 기계적으로 작동하는 것처럼 비쳤다. 공동체적 유대 의식이 졸아들고 인간미가 메마를 수밖에 없는 것이 그 자연스러운 귀결이 아닐까 싶었다. 예전에 이런 일도 있었다. 불이 난 동양인 친구 집에 헐레벌떡 뛰어들어 온 어느 유럽 학생이 만사 제쳐 두고, "내게서 빌려 간 책도 탔니?" 하는 물음부터 숨넘어가듯 던지더라는 것이다. 알프스도 정결하나 정겹지 못하고, 산뜻하나 산生 듯하지는 않고, 투명하나 신명은 없는 것처럼 보였다.

하지만 알프스는 '원시'에의 노스텔지어를 끊임없이 일깨움으로써 우리에게 버리고 떠나온 자연으로 되돌아가라고 끈기 있게 타이르고 있는 것처럼 비쳤다. 자연의 소리에는 원시인다운 순수한 영혼의 손짓이 있다. 그것은 우리를 하나로 껴안고 얼싸안게 만드는 순박한 힘을 지니고 있는 것이다. 이 알프스는 우리에게 원시를 향한 애틋한 망향가를 가슴 메이듯 절창하라고 촉구하는 듯이 보였다. 오늘도 알프스의 거리와 호텔에서는 서로 피 흘리며 붙들고 싸우는, 자유경쟁 정신으로 중무장한 이 자본주의 시대의 야만인들이 우아하게 칼춤을 추고 있을지 모르지만 알프스의 빙벽과 계곡들에서 인간에 대한 사랑과 믿음을 일깨우는 북소리와도 같은 원시인의 함성 역시 끊임없이 들려오고 있음을 명심해야 할 것이다.

어쨌든 스위스는 자본주의의 요정이었다. 그러하니 스위스에도 어쩔 수 없이 자본주의적 낭비의 물살이 흥건할 수밖에 없었다. 가령 한 줄에 띄엄띄엄 연결되어 수천 미터 산꼭대기까지 왔다 갔다 하는 케이블카는 미리 공표된 운행 시간 내에는 단 한 명의 손님밖에 없더라도 연이어 오르락내리락 거려야 한다. 물론 계약을 엄격히 준수해야 한다는 것이 자본주의의 뛰어난 장기임에는 틀림없는 일이다. 하지만 보통 때는 거의 텅 빈 케이블카들만 왔다 갔다 하며, 엄청난 양의 전력을 헛되이 탕진할 뿐만 아니라 동시에 자연의 이름으로 자연 생태계까지 훼손하고 있으니, 이런 비생산적인 현상을 도대체 어떻게 받아들여야 할까.

이 알프스 여행길에 한 식당에서 취리히 전문대학 교수 한 분과 우연히 자리를 같이하게 되었다. 대단히 부럽게 스위스의 자연환경의 탁월성을 칭송하는 내게 그는 체르노빌을 대표적인 사례로 꼽으며, 외부에서 잠입해 들어오는 환경오염 때문에 스위스도 그리 편안하지만은 않다고 투덜거렸다. 그는 사실상 부지불식간에 국제정치 이론에서도 지금 심각하게 대두하고 있는 쟁점을 건드린 것이다.

국제정치에서는 현재 국가 이기주의를 추구하는 현실주의와 공동선을 지향하는 이상주의가 서로 갈등을 일으키고 있다. 요컨대 어떻게 하면 국가 간의 공통된 이해를 침해하지 않으면서 자국의 이해관계를 한껏 충족시킬 수 있을 것인가 하는 문제를 둘러싸고 논쟁을 벌이고 있는 것이다. 무엇보다 환경 위기는 이런 쟁점을 적나라하게 드러내는 대표적 사례로 꼽힌다. 예컨대 다른 나라에서 무작정 불어닥치는 오염된 공기를 어떻게 막아낼 것인가.

이런 인식 구조는 정치사상의 본질에까지 유감없이 육박하고 있다. 이를테면 개체적 이기심을 구현하고자 하는 개인주의와 공동체적 화해와 단합을 지향하는 집단주의 간의 긴장을 과연 어떻게 조화시킬 수 있을 것인가, 다른 말로 하면 도대체 어떻게 자유와 평등을 동시에 그리고 서로를 생채기 내지 않고 온전히 확보할 수 있을 것인가 하는, 인류의 영원한 꿈이기도 한 사상적 명제를 새롭게 건드리고 있는 것이기도 하다.

이처럼 공기 오염과 기후 온난화 등 자연적 이상 증후 현상은 전 지구적 차원에서 발생하고 확산되는 것이기 때문에, 결과적으로 현재 전 인류로 하여금 자국의 민족적 사리사욕에만 집착할 수 없도록 만드는 역설적 상황을 강요하게 되었다. 이윽고 전 지구의 생존 및 인류적 공생을 위한 범세계적 단합과 결속이 결정적으로 요청되는 시대가 도래할 수밖에 없게 된 것이다.[16]

오늘날 결국 민족국가적 이기주의와 전 지구적 이타주의의 공존이라는 극한적이고 모순적인 현실이 지배하게 되었다.[17] 다시 말하면, 오늘날 인간 스스로가 자초한 한계상황을 또 인간 스스로가 극복하도록 이끄는 역사적 '시혜' 같은 것이 베풀어지는 현실이 도래한 것처럼 보인다는 말이다. '이성의 간지'일까, 인간의 이기적 본성이 극한 상황에 처하게 되자, 마치 인간적 공생주의를 강압하는 인류사의 변증법적 제재가 팔을 걷어붙이기 시작한 것처럼 보일 정도다. 가히 정보화 시대의 '시지프스 신화'라 이를 만하다. 이윽고 자연과 인간의 합일을 지향하는 '생명 공동체' 시대가 본격적으로 열리기 시작한 것이다.

되돌아보면, 인류는 지금껏 '자연'에서 출발해 또다시 '자연'으로 회귀하는 삶의 양식을 발전시켜 온 듯하다. 이를테면 우리 인류는 자연에 '맹종'盲從해 온 무기력한 고대사회에서 출발해, 자연에 대한 '순종'順從으로 일관한

---

16 이기상은 한 논문에서 첨단 기술 과학의 시대, 정보화 시대, 사이버 시대 등 수많은 얼굴을 하고 나타나는 현대사회는 "새로운 패러다임의 전환"을 촉구한다고 주장하면서, 우리가 "지구 위 모든 생명체와 더불어 살 수밖에 없는 공동 운명체"임을 깨닫고, "생명문화 공동체" 건설에 발 벗고 나서야 한다고 역설하고 있다. 이기상, "생명의 진리와 생명학 : 지구 생명 시대에 요구되는 생명문화 공동체,"『생명사상과 전 지구적 살림운동』(세계생명문화포럼-경기2006 자료집), 104-105쪽.

17 예컨대 에치오니 역시 ─ 물론 이 글에 등장하는 것과는 이질적인 요인들을 제시하긴 하지만 ─ 핵무기, 대량 살상 무기, 사스(SARS), 에이즈, 자연 발생적 전염병 또는 테러 분자들에 의한 유행병 등, "범지구적 공동체의 발전을 위한 전조(前兆)들"이 존재하고 있음을 역설한다. 그는 현재 "전 세계 인류가 명백하고도 시급한 위험에 직면"해 있는 탓에, 이에 대한 "신속한 대처"가 필요하다고 경고하며, 이런 위기는 "구체제와 과거 방식으로는 효과적으로 해결할 수 없다"고 힘주어 강조하고 있다. 이런 관점에 입각해 에치오니는 "이런 심각한 상황은 범지구적 행동을 정당화"한다고 단언한다. 이에 대해서는, 아미타이 에치오니,『제국에서 공동체로 : 국제관계의 새로운 접근』(조한승·서헌주·오영달 옮김, 매봉, 2007), 298-299쪽을 참조할 것.

정적인 중세 봉건사회를 거쳐, 이윽고 자연의 정복과 파괴에만 몰두하며 자연에 대한 '방종'放縱을 일삼는 완력적인 근대 자본주의사회에 다다른 것처럼 보인다는 말이다. 급기야는 환경오염, 생태계 파괴, 자본주의적 물신숭배와 황금만능주의를 무절제하게 부추기는 혼란스러운 세계화 시대로 접어들며, 이윽고 자연을 '추종'追從해야 할 단계로 진입한 것처럼 보인다.

위에서 살펴본 바와 같이, 이 지상의 모든 생명체는 의당 — 생生과 사死를 초월해 — 이 자연의 일부로서 그리고 이 자연 속에서 영원히 더불어 존재할 수밖에 없는 존재다. 인간이야말로 자연을 가장 많이 빼닮은 피조물 아닌가. 그러므로 가장 성실하게 자신의 섭리에 충실하도록 창조했을 뿐만 아니라 그런 자신의 뜻을 가장 뛰어나게 잘 인지하고 있는 그런 인간에 대해 자연이 특히 유별난 관심을 기울일 수밖에 없음 또한 지극히 자연스러운 일이라 할 수 있을 것이다.

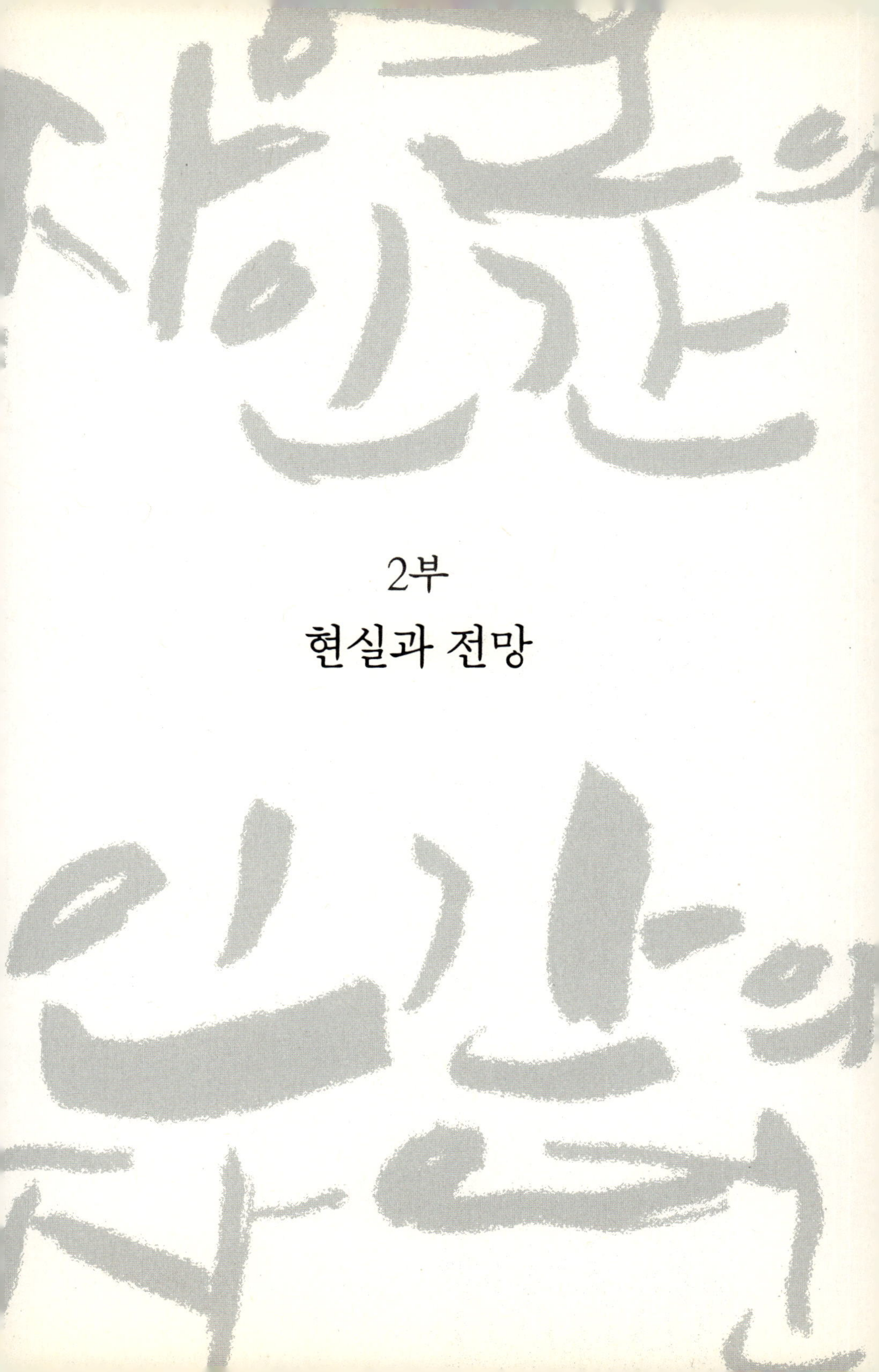

2부

현실과 전망

4장

인간의 자연

인간이 아직 날 수 없다는 점은 천만다행이다.

덕분에 하늘은 땅처럼 황폐화되지 않았으니!

당분간 하늘만큼은 무사히 남아 있을 테니.

_헨리 데이비드 소로우, 『소로우의 일기』 중에서

자본주의적 생태 환경

2010년 7월 13일, 참담한 '생태 사변'이 발생했다.[1] 모두가 잠들어 있는 경기도 고양시 사리현동 한 구릉지에서 난데없이 고요한 여름 새벽을 깨뜨리는 전기톱 소리가 들려왔다. 이 소리는 "우리 인간으로서는 차마 할 수

---

[1] 한 독지가가 정성을 다해 한국 사회 생태계 잔혹사에서 결코 잊어서는 안 될 충격적인 인간적 소행의 한 단면을 탁월한 필체로 역사적인 기록으로 남겨 주었다. 권오준의 탐조 이야기(6), "참혹하게 죽어 간 고양시 백로 집단 : 살육 1년, 백로는 돌아오지 않았다"(『프레시안』, 2011/08/09). 본문의 글은 대부분 권오준의 이 기록을 각색한 것임을 밝혀 둔다.

없는 죄악의 서곡"이었다.

여기저기 전기톱 소리가 울려 퍼지면서 숲 속의 아름드리나무들이 쓰러져 넘어가기 시작했고, 그와 동시에 이들 나무에서는 '꽈과 꽈과~' 하는 새들의 비명 소리가 터져 나왔다. 바로 나무 위에 수백 개가 넘는 엄청난 수의 백로 둥지가 있었기 때문이다. 나무가 쓰러지자 얼기설기 나뭇가지로 엮어진 백로들의 둥지가 한데 쏟아져 내릴 수밖에 없었다. 둥지는 물론 힘없이 뭉개져 내렸지만, 이 속에는 알뿐만 아니라 알에서 갓 깨어난 새끼들까지 함께 있었다. 어떻게 되었을까. 알이든 새끼든, 모조리 둥지와 함께 나가떨어지면서, 그야말로 권위주의 정권에서 그렇게도 선호하던 '초전박살'이 나고 말았다.

평화롭게 알을 품고 새끼들을 키우던 백로들의 숲은 순식간에 "차마 눈 뜨고는 볼 수 없는 지옥의 현장"으로 뒤바뀌고 말았다. 하지만 인간들의 톱질은 그칠 줄 몰랐다. 나무들이 계속 쓰러지면서 둥지도 덩달아 계속 우르르 쏟아져 내릴 수밖에 없었다. 어린 새끼들은 미처 비명을 지를 겨를도 없이 나무와 나뭇가지에 깔려 버렸고, 하얀 알들은 으깨어져 사방에 나뒹굴었다.

그런데 상상도 못할 큰 골칫거리가 생겨났다. 수십 그루의 나무가 우르르 넘어지며 새끼들이 뒤섞여 버렸기 때문이었다. 물론 어미들은 제 새끼의 소리나 둥지의 위치를 잘 기억하고 있었지만, 새끼들이 수십 마리씩 한꺼번에 바닥에 나뒹굴며 뒤범벅되어 버렸기 때문에, 안타깝게도 제 새끼들을 알아보지 못하게 되어 버린 것이다. 이번에는 새끼들을 찾는 어미들의 애끓는 비명 소리가 숨 가쁘게 터져 나왔다. 그야말로 아수라장이었다. 어미들은 날개를 퍼덕이며 목숨을 걸고 톱질하는 인부들에게 세차게 덤벼들기도 했다. 하지만 인간들을 당해 낼 수는 없었다. 어미들은 쓰러지는 나무에 뛰어들거나 인부들에게 달려들다 부상을 당하기도 했다. 여기저기서 날개가 부러지고 다리가 짓이겨지는 참사가 벌어졌다. 이런 상황에서도 인부들은 나뭇가지를 휘둘러 대며 백로들을 필사적으로 쫓아내기에 여념이 없었다.

이처럼 숲에서는 백로들에 대한 참혹한 살육이 저질러지고 있었지만, 인간들이 몰래 새벽 작업을 강행한 탓에, 이 참변을 쉽게 알아차리기는 힘들었다. 나무 토벌 작전이 끝난 점심 무렵에야 겨우 한 시민의 제보가 접수되었다고 한다. 그러나 이미 천 여 그루나 되는 나무들이 토벌당해 무참히 바닥에 쓰러진 뒤였다. 수백 마리의 새끼 백로들은 제 어미를 찾느라 울부짖었고, 어미는 어미들대로 애타게 제 새끼들을 찾느라 목을 놓았다. 하지만 모든 게 끝났다. 현장에서 수백 마리의 새끼들이 깔려 죽고, 수백 개의 알들이 풍비박산 났다. 죽은 새끼들의 시체가 여기 저기 널브러졌다. 지옥보다 더 살벌한 곳이긴 했지만, 그래도 새끼들은 쓰러진 나무 더미에서 제 어미를 찾느라 숨 가쁘게 헐떡거리며 퍼덕였다. 백로들의 통곡이 온 강산에 자욱이 깔렸다.

사태의 발단은 물론 무분별한 인간의 탐욕이었다. 원래 그 숲은 조경용으로 조성된 것이었는데, 그 땅을 사기로 내정된 사람이 그 자리에 비닐하우스를 짓겠노라 법석을 피웠다는 것이다. 하우스가 들어서려면 당연히 나무를 처치해야 했기에, 그 땅을 팔려는 조경 회사는 의당 나무를 베어 낼 수밖에 없었다는 것이다. 그래도 처음에는 집단으로 번식하고 있는 백로들이 마음에 걸리기는 했던 모양이다. 하지만 백로가 수리부엉이처럼 천연기념물로 지정된 것도 아니기 때문에, 법적으로는 아무런 하자가 없다는 것을 눈치챈 듯하다. 인간들은 약삭빨랐다. 나무와 함께 자취를 감추게 될 백로 문제로 환경 단체 같은 것들이 와서 귀찮게 굴 게 뻔해 보이니, 이른 새벽에 전광석화처럼 나무 토벌 작전에 돌입한 것이었다. 이것이 그들이 유일하게 보여 줄 수 있었던 마지막 인간적 양심의 단면이었던 것 같다. 물론 그들의 작전은 대성공이었다.

'소 잃고 외양간 고치기'라 했던가, 작전 종료 후에야 시장이나 시의원 등 관계 당국의 책임자들이 부랴부랴 출동해서는, 그런 경우에 의례 그러하듯이, 정의의 사도처럼 비분강개하며 너도나도 언성을 높였다. 힘겹게 사경을 헤매는 새끼들이나마 되살리기 위해 최선을 다하고 있다는 것을 밖으로 드러내 보여 주는 게 유일하게 남은 일거리였던 것 같다. 경탄스럽게도 나무를 몰살시킨 업체에서는 깊은 반성의 뒤끝이었는지, 먹잇감으로 매일 미꾸라지 한 통씩을 정성껏 처형장에 보내오기도 했다 한다. 그러나 참사 후 1년이 지날 때까지도 조경 업체의 공식 사과는 단 한 차례도 없었다. 매스컴에게도 물론 '침묵은 금'이었다.

그러나 자연의 입장에서 볼 때, 이런 백로 살육은 인간에 의한 명백한 '친족 살해' 범행이다. 왜냐하면 모든 생명체가 다 자연의 동등한 산물이기 때문이다.

　이처럼 인간은 일상적으로 '자연의 기본권' 침해를 일삼는 상습범이자 파렴치범이다. 그리고 그 범죄 수법 역시 날로 지능화해 가고 극악무도해져 간다. 하기야 이 백로 학살이 한갓 사소하고 일회적인 사례에 불과한 것이라 코웃음 쳐버릴 사람도 있을 수 있겠지만, 우리의 공동체적 삶의 터전이자 최후의 피난처이기도 한 자연이 지금 결정적인 위기에 봉착해 있음은 그 어느 누구도 부인할 수 없는 심각한 사실이다. '환경을 보호하자', '지구를 살리자' 등의 구호가 난무하는 현실이 그런 위기 현상을 극명히 드러내 보여 준다.

　자연은 지금 무차별적으로 수탈당하고 있다. 조상 대대로 자랑해 오던 천혜의 생태계가 무참히 짓밟힌다. 그 와중에 귀중한 문화유산까지 짓이겨진다. 그뿐인가. 눈앞의 당면 욕구를 충족하기 위해 기존의 자연 환경을 마구잡이로 훼손함으로써, 미래의 세대를 위해 건강하게 보존해야 할 삶의 터전이 터무니없이 망가뜨려지기 일쑤다. 현재 '4대강 개발'이 그 전형이다. 소수의 특혜 계층을 위해, 선조와 당대인과 후손들을 포함한 사회 구성원 절대다수의 '환경 정의'가 송두리째 무너져 내릴 위기에 맞닥뜨린 것이다.

　특히 미국에서 주로 유색인종과 저소득층이 환경오염의 폐해를 일방적으로 뒤집어쓰는 부당한 사례가 드러남에 따라, 심지어는 "환경 인종차별"environmental racism이라는 새로운 개념까지 만들어질 정도다. 이런 상황에서 모든 인종과 계급에 대해 공평한 환경보호를 촉구하는 사회운동이 힘을 받기 시작하면서, 이를 "환경 정의 운동"이라 일컫게 되었다. 이윽고 이런 움직임이 '세계화'의 길을 밟기도 했다. 그리하여 전체 '지구 인구의

20% 정도에 지나지 않는 선진국이 자원 소비의 80%를 차지하는' 국제적
현실에 대한 비판이 쏟아지면서, 거대한 남북 격차의 문제 역시 환경 정의
의 주요 주제로 부상하게 되었다. 이와 더불어 만약 대량 소비와 대량 폐기
를 일삼는 '미국적 생활양식'을 전 세계가 뒤쫓는다면, 지구가 몇 개라도
모자랄 것이라는 비극적 전망까지 제시되기도 했다.[2] 더욱 가관인 것은,
국제적인 자본축적 논리를 반영하면서, 심지어는 "최저임금국에 유독성
폐기물을 갖다 버리자"거나 "처리되지 않은 유독성 폐기물을 빈곤한 사람
들의 앞마당에 버리는 일"을 당연시하면서, 이들로 하여금 "오염을 먹어
치우게 하라"는 기상천외의 억지까지 등장하기도 했다는 사실이다.[3] 뒤집
어 보면, 이런 현상이란 사실 환경문제가 현재 얼마나 극악한 상태에 처해
있는가를 명백히 반증하는 정확한 물증이다. 이런 정황은 물론 자연에 임
하는 인간의 자세와 결코 무관할 수 없다.

　어찌 보면 인간은 참으로 불우한 생명체인 것만 같다. 한편으로는, 인
간이 자연을 지배함으로써 가난과 질병의 위협으로부터 벗어날 수 있었다
는 것은 어느 누구도 부인할 수 없는 명백한 사실이다. 하지만 다른 한편으
로는, 오히려 이런 자연 정복을 통해 결과적으로 공해, 환경오염, 생태계

---

2 이에 대해서는, 오제키 슈지·가메야마 스미오·다케다 가즈히로 엮음, 『환경사상 키워드』(김원
식 옮김, 알마, 2007), 177-179쪽을 참조. 다른 한편 "환경 보전과 사회정의의 동시 달성"을 '환경
정의'로 간주하는 관점도 있다. 이에 대해서는, 토다 키요시, 『환경 정의를 위하여 : 환경 파괴의
구조와 엘리뜨주의』(김원식 옮김, 창작과비평사, 1996), 13쪽을 참조할 것.
3 존 벨라미 포스터, 『생태계의 파괴자 자본주의』(추선영 옮김, 책갈피, 2003), 특히 101-104쪽.

파괴, 기상이변과 자연재해 등을 자초할 수밖에 없었다는 것 또한 명백한 사실이다. 안타깝게도 우리 인간 사회는 이와 같은 참담한 모순에 의해 이 끌려 온 역사를 자랑한다. '시지프스 신화'라 이를 만한, 인간적 한계이자 본질 탓일지도 모른다. "근대 이성이 낳은 비극"으로 간주할 수도 있을 것이다.[4]

그런데 '살기 위해서 죽여야' 하고, 또 '죽이기 위해서 살아야' 하는 이 가혹한 모순의 악순환에서 우리 인간은 도대체 어떻게 벗어날 것인가?

오늘날 이 물음은 — 문명 자체의 본질적인 위기가 결정적으로 도래했음을 각성시키기라도 하듯 — 전 세계적으로 그리고 모든 인간 사회를 향해 끊임없이 울려 퍼지는 비상 경고 사이렌 같은 것이라 할 수 있다. 이런 상황에서 '환경문제'를 단순히 기술적·정책적 문제로 치부해도 좋은가? 아니다. 그것은 오히려 자연과 이 세계에 대한 전면적인 반성과 인식의 쇄신을 촉구하며 자연과 인간의 관계를 새롭게 설정하는 데 전념하도록 압력을 가하는, 준엄한 인류사적 경고와도 같은 것이다.[5]

대부분 크기가 작고 우리에게 잘 알려져 있지는 않지만, 우리는 수백만 종의 다른 생물들과 이 세계를 공유하고 있다. 지구상에 존재하는 1천만~2

---

4 김기주, "동양 自然觀의 비교철학적 연구 : 동서자연관의 거시적 비교와 전망"(『동양철학』 vol. 16, 2002), 90쪽을 참조할 것.

5 이런 측면에 대해서는, 유정길, "생명과 종교 : 불교적 사유로 인식한 생태적 세계관과 생명윤리," 서강대 생명문화연구원, 『생명의 길을 찾아서』(민지사, 2001), 154쪽과 김종원, 『지구환경 위기와 생태적 기회』(계명대학교 출판부, 2000), 20쪽 등을 참조할 것.

천만 종에 달하는 생물 각각을 "자연이라는 거대한 은행에" 함께 들어 있는 "같은 수에 해당하는 금고"라 간주한다면, 이들 금고의 대부분은 아직 뚜껑이 열리지 않은 상태다. 그러나 우리는 그 내용물에 대해 전혀 모르고 있다. 게다가 "더 많은 금고를 열수록 그 속에 들어 있는 내용물들이 인류 사회에 엄청난 가치를 지닌다는 사실이 증명될" 가능성이 농후하다. 그럼에도 불구하고 우리는 "그 안에 든 보물이 무엇인지 알아보기도 전에" 수많은 금고를 마구잡이로 파괴해 버리기 위해 전심전력을 다하고 있는 것처럼 보인다.6 이처럼 우리 인간은 이 지구상의 다른 종種의 생명의 질서까지 마구잡이로 교란하는 일에 온갖 정성을 다 기울이는 생명체인 것이다.

악화 일로를 걷고 있는 이런 생태계 파괴 과정에서 결정적인 계기는 근대 이후 자연과학 및 기술의 발전이다. 무엇보다 산업 발전이 "우리의 생활 근거로서의 자연"에 끼치는 악영향이 특히 극심하다. 이제 '환상적인' 과학 기술 문명에 대해 품었던 '황홀한' 자긍심도 종언을 고하고, 그에 따라 "합리주의의 무한한 진보에 대한 믿음"도 파괴되었다.

우리 인간이 역사로부터 유일하게 배우는 것이 있다면, 그것은 지난 역사에서 아무것도 배우지 못한다는 사실 하나인 것 같다. 얼마 전 일본 후쿠시마 원전 폭발 사고가 그 극명한 사례의 하나다. 이 재앙은 히로시마·나

---

6 그 생물종들의 이름은 무엇이고, 무슨 일을 하는 것일까? 이 물음의 답을 찾는 것이 바로 '생물다양성'을 연구하는 새로운 학문이다. 앤드루 비티·폴 에얼릭, 『자연은 알고 있다』(이주영 옮김, 궁리, 2005), 18-19쪽과 25쪽을 참조할 것.

가사키 원폭 피해 상황을 훨씬 뛰어넘는다. 후쿠시마 원전 참사 때 방출된 방사성 물질 세슘의 양이 히로시마에 투하되었던 원자폭탄 168.5개분에 달한다는 공식 보고서가 제출되기도 했다.[7] 후쿠시마는 물론 체르노빌도 추월한다. 전문가들은 체르노빌 사고로 인한 사망자 수가 25년여 동안 20여만 명 정도였던 데 비해 후쿠시마 사고의 사망자 수는 향후 20~30년 동안 100만 명에 이를 것이라 추정하기도 했다.[8]

그런데 생물 다양성을 감소시키고 생물 종의 멸종을 초래하는 원인으로 '세 개의 O(과잉)', 요컨대 Overpopulation(과잉인구), Overdevelopment(과잉 개발), Overconsumption(과소비)이 지목된다.[9] 하지만 더할 나위 없이 안타까운 것은 이처럼 자연이 심각하게 피폐해져 감에 따라, 무엇보다 인간의 '자연', 즉 인간의 '본성' 자체가 더욱더 극심하게 날로 황폐해져 간다는 사실이다.[10] 요컨대 인간은 자연을 죽임으로써 동시에 자기 자신을 죽이고 있는 것이다. 달리 표현하면, 인간은 자기 자신을 죽이기 위해 어처구니없게도 우선 자연부터 먼저 서둘러 죽여 놓기 위해 발버둥치는 한심한

---

7 문규현, "원전과 생태 민주주의, 하느님 나라,"『녹색평론』121집(2011/11-12월), 43-44쪽. 본문에서 언급된 '공식 보고서'는 일본 정부가 2011년 8월 25일 중의원 과학기술·이노베이션추진특별위원회에 제출한 보고서를 말한다.

8 같은 곳.

9 앤드루 비티·폴 에얼릭,『자연은 알고 있다』(이주영 옮김, 궁리, 2005), 326쪽

10 조셉 캠벨은 "자연을 파괴하는 인간은 결국 자신의 인간적 본성까지 파괴할 수밖에 없게 된다"고 통탄하고 있다. 프란츠 알트,『생태주의자 예수』(손성현 옮김, 나무심는사람, 2003), 59쪽에서 재인용.

존재처럼 보인다고 말할 수 있을 정도다. 우리가 처한 상황이 이런 수준이니, "환경보호를 생각한다면 지구에서 살아 숨 쉬는 일 자체가 악행"이라는 가슴에 못 박는 듯한 자책까지 마다하지 않을 정도다.[11]

그럼에도 불구하고, 아니 사실은 바로 그렇기 때문에, 우리 인간은 대단히 위선적이고 이중적인 면모를 적나라하게 과시한다.

자연과학은 자연에 관한 체계화된 지식이라 할 수 있다. 하지만 자연과학도는 자연과학을 배운다고 말하지, 자연을 배운다고는 말하지 않는다. 그러나 예컨대 고대 그리스의 유물 철학자인 데모크리토스는 인간이 이룩한 문명의 진보 중 상당 부분이 다른 동물의 형태를 관찰해 모방했기 때문에 가능했다고 역설한다. 사람들은 가령 거미로부터 직조 기술의 힌트를 얻었고, 새들로부터 노래하는 법을 배웠으며, 제비들이 집 짓는 것을 보고 벽돌을 쌓아 집을 지을 수 있었다는 것이다. 하지만 서구 문명은 오랫동안 인간을 자연에 의존해 살아가지 않고, 오히려 지배하며 살아가는 존재로 인식하는 편집증에 깊이 사로잡혀 왔다. 결과적으로 우리 현대인들은 한편으로는 "날카로운 칼로 자연을 난도질"하는 자연의 정복자로 군림하는 동시에, 다른 한편으로는 "흡사 보상 행위인 양 마치 자연미를 찬양하는" 것과 같은 위선적인 문화를 열심히 키워 왔다. 이런 인간적 이중성이 실은 자연과 사회를 심각한 생존 위기에 빠뜨리는 데 폭넓게 기여해 온 것이다.[12]

---

11 오츠 슈이치, 『죽을 때 후회하는 스물다섯 가지』(황소연 옮김, 21세기북스, 2010), 82쪽.
12 다카기 진자부로, 『지금 자연을 어떻게 볼 것인가』(김원식 옮김, 녹색평론사, 2007), 12-14쪽

어쨌든 이 세계를 지배하게 된 서구 문명은 인간의 탐욕스러운 부와 이윤 축적을 가능케 하는 지극히 유용한 도구는 바로 자연이라 인식하도록 만들었고, 종내는 자연을 가장 믿음직스러운 '사유'私有의 대상으로 전락시킬 수밖에 없었다. 그러나 방금 언급한 인간의 위선적인 문화적 속성에 힘입어, 자연을 가장 믿을 만한 '사유'思惟의 대상으로 등극시키기도 했음은 물론이다. '사유'私有와 '사유'思惟 사이를 왔다 갔다 하며 자연을 농간하는 와중에, 무엇보다 무차별적인 자연 훼손과 무자비한 인간성 파탄이 필연적으로 뒤따를 수밖에 없었다. 이윽고 "자연을 자본화"하고자 하는 '자연 자본'이라는 새로운 이데올로기가 아주 자연스럽게 등장할 수밖에 없게 되었다.[13] 이런 자본주의적 속성으로 말미암아 지구온난화, 오존층 파괴, 방사능 오염 등 자연 위기의 범주는 거의 모든 생활 영역에 걸쳐 대단히 광범위하게 확산되었다.

자본주의 체제는 무엇보다 인간이 자연 의존적이 아니라 자연 지배적인 존재라는 철학과 불가분의 관계를 맺고 있다고 말할 수 있다. 자본축적 자체가 심각한 자연 변형을 통해 이루어질 수 있는 것이기 때문이다. 예컨대 사회민주주의 진영은 자본주의가 자신에 잠재해 있는 비합리적 성장에 대한 강압적 충동으로 인해, 그렇지 않아도 빠듯한 자연 자원을 수탈함으로써 필연적으로 환경의 균형을 파괴할 수밖에 없게 된다고 혹독하게 비판한다.[14]

을 참조할 것.
13 존 벨라미 포스터, 『생태계의 파괴자 자본주의』(추선영 옮김, 책갈피, 2003), 9쪽.

자본주의적 생산은 잉여가치의 극대화를 기본 목표로 할 수밖에 없다. 이를 위해 노동시간 연장, 실질임금 감축, 노동생산성 증진 등의 방안에 매달리는 게 일반적인 관례다. 그러나 대체로 노동생산성 증진 방안에 주력하는 게 보편적인 경향이다. 이렇게 볼 때, 노동생산성의 증진을 가능케 하는 자본의 크기가 전 자본주의적 경쟁 체제 속에서는 결정적 의미를 지니게 된다. 그러므로 자본가는 필연적으로 자본의 확대를 시도할 수밖에 없다. 노동생산성이 잉여가치 창출의 주요인으로 자리 잡게 되면서, 생산기술 혁신을 가장 잘 구현해 내는 자본가만이 최대의 잉여가치를 창출해 낼 수 있음은 자명한 일이다. 그러므로 불변자본, 즉 기술혁신 및 기계 교체를 위한 투자가 결정적인 의미를 지니게 되고, 그를 위해 자본축적이 필연적으로 요구될 수밖에 없다. 어쨌든 자본가는 최고의 기술에 의거한 작업 조직을 통해 노동생산성 증진을 도모하게 된다. 따라서 이를 위한 자본 투자 능력이 없는 자본가는 점차 도태할 수밖에 없게 될 것이다. 하지만 기술혁신 및 기계 교체를 통해 노동생산성 증대를 꾀하게 됨으로써, 결과적으로 자연 자원 및 에너지 이용이 급격하게 증대하고 폐기물이 양산될 수밖에 없음은 자명한 이치라 할 수 있다. 이는 결국 생태계 파괴로 귀결된다.

이런 자본주의적 속성에 의거하는 생태계 위기의 범주는 대단히 광범

---

14 Autorenteam des HDS(Hochschulinitiative Demokratischer Sozialismus), *Zur Einführung in die Theorie des Demokratischen Sozialismus*(Europäische Verlagsanstalt : Frankfurt/M./Köln, 1977), p. 53f 및 p. 15 참조.

위하다. 지구온난화, 오존층 파괴, 열대우림 훼손, 어류 남획, 멸종, 방사능 오염, 사막화, 물 공급 감소 등 거의 모든 생활 영역에 걸쳐 있다. 그러나 오늘날 가장 시급한 지구적 환경문제로는 이산화탄소 및 그 밖의 '온실가스'의 방출로 말미암아 대기 내에 열이 가두어져 발생하는 '온실효과'로 인한 지구온난화를 들 수 있다. 바로 이런 지구온난화로 말미암아 지구 표면의 평균온도가 상승함으로써 생태계의 변화 및 해수면의 상승 등 여러 가지 심각한 문제가 발생하게 되는 것이다.

따라서 무엇보다 온실가스 통제를 위한 국제적 협력은 긴급을 요하는 시대적 요청이라 할 수 있다. 1990년대 초에 시작한 이 국제적 노력으로 여러 우여곡절을 거쳐 결국 1997년, '교토 의정서'Kyoto Protocol가 체결되었다. 의무 이행 대상국은 오스트레일리아, 캐나다, 미국, 일본, 유럽연합EU 회원국 등 총 38개국이며, 해당 국가는 2008~12년 사이에 온실가스 총 배출량을 1990년 수준보다 평균 5.2% 감축하도록 되어 있다. 그러나 전 세계 이산화탄소 배출량의 28%를 차지하고 있음에도, 자국의 산업 보호를 위해 2001년 3월 탈퇴를 결행한 미국이 가장 심각한 문제를 야기하는 국제적 문제아로 지목받고 있다.[15]

어쨌든 생태계 보호를 위한 세계적 차원의 노력을 앞장서서 저해하고 있는 미국이 현재 '세계화 시대'를 주도하고 있다는 점은 시사하는 바가 적

---

15 이에 대해서는, 존 벨라미 포스터, 『생태계의 파괴자 자본주의』(추선영 옮김, 책갈피, 2003), 26-40쪽 참조.

지 않다. 사실상 세계화는 현재 빈부의 격차와 국가적 불평등까지 세계화시키고 있다고 말할 수 있다. 이런 현실에서 '심지어' 세계화로부터 압도적인 이득을 거둬들이는 미국 같은 나라까지 이처럼 생태계 문제를 등한시하는 실정인데, 이 세계화로 인해 심각한 곤욕을 치르는 나라들로부터는 과연 어느 정도의 생태 위기 극복 의지와 추진력을 기대할 수 있을까.

예컨대 미국의 민간 인구 문제 연구소인 인구조회국Population Reference Bureau, PRB이 세계은행 등으로부터 수집한 자료를 분석해 발표한 "2005 세계 인구 통계표"를 보면, 전 세계 인구의 절반 이상이 하루 2달러도 안 되는 돈으로 생계를 유지하고 있는 것으로 밝혀졌다. 요컨대 세계 인구의 53%가 빈곤선에서 허덕이고 있는 것으로 나타난 것이다. 또 농촌 인구의 약 3분의 1은 안전하게 마실 물을 공급받지 못하고 있는 실정이며, 전체 인구의 3분의 2가 농촌 지역에 살고 있는 사하라 이남 국가의 경우, 이들의 절반 이하만이 안전한 식수에 접근할 수 있다고 한다. 반면에 세계 인구의 20%에 불과한 부자 나라 사람들이 세계 부의 86%를 차지하고 있고, 전 자원의 80%를 소비하며, 이산화탄소의 75%를 배출하고, 전화 회선의 74%를 점하고 있다. 또 60억 세계 인구 가운데 11~12억 명 정도가 기아와 식량 부족으로 신음하고 있으나, 정반대로 비슷한 수의 사람들이 비만으로 고통받는 기현상이 벌어지고 있기도 하다.[16] 참고로 말해 미국은 세계 자동차의 32%를 소유하며, 전체 이산화탄소의 28%를 배출하고, 세계에서

---

16 츠지 신이치, 『슬로우 이즈 뷰티풀』(권희정 옮김, 빛무리, 2003), 47쪽과 127-128쪽.

생산되는 옥수수의 4분의 1을 가축 사료로 쓰고 있다.[17] 다른 한편 '월드워치연구소'Worldwatch Institute에 의하면, 미국은 세계 제1의 비만국인데, 전체 인구의 61%가 비만층에 속한다고 한다.[18]

반면 출산율은 빈곤국들이 여성 1명당 7~8명으로 세계 최고 수준을 기록하고 있다. 출산율이 가장 낮은 나라는 한국과 대만, 폴란드, 우크라이나로 각각 1.2명 정도의 수준이다. 그리고 아프리카 지역의 평균수명은 48세로 세계 평균치인 67세에 크게 못 미치며, 아프리카의 유아 사망률은 8.8%로 선진국의 거의 15배에 이르고 있다. 하지만 1인당 에너지 사용량은 선진국이 개발도상국의 5배나 된다고 한다.[19] 이윽고 세계화로 인해 빈부 격차까지 세계화되고 말았음은 주지의 사실이다.

유엔은 "불평등의 곤경"이라는 보고서를 공개해, 세계화가 급속히 진전됨으로써 직장과 임금에 부정적 영향을 끼치게 되고, 결국 국내외적으로 불평등이 날로 심화하고 있다는 심각한 우려를 급박하게 표명하기에 이르렀다.[20] 심지어 테러리즘조차 이런 불평등에서 비롯된다고 경고한다.

유엔경제사회국UNDESA은 이 보고서를 통해, 전 세계 국내총생산GDP의 80%를 선진국 10억 명이 장악하고 있고, 나머지 20% 정도를 개발도상국 50억 명이 나눠 갖고 있다고 밝혔다. 실업 문제의 경우, 라틴아메리카를

---

17 같은 책, 128쪽.

18 같은 책, 47쪽.

19 『한겨레신문』(2005/08/24).

20 『한겨레신문』(2005/08/26).

비롯한 개발도상국들이 심각한 상황에 처해 있는 것으로 드러났다. 이 보고서는 세계적으로 특히 젊은 층이 실업자 1억 8,600만 명의 47% 정도를 차지하고 있어, 청년 실업 문제가 심각하다는 우려를 덧붙이기도 했다. 나아가 이 보고서는 전 세계 노동자의 4분의 1이 입에 겨우 풀칠할 만한 수준인 하루 1달러의 수입도 채 벌어들이지 못하고 있다고 개탄하면서, "이처럼 가난한 노동자들의 대다수는 법적 보호와 기초적인 사회적 지원도 받지 못한 채 비공식 경제 부문에 남아 있다"고 밝혔다. 이 문제와 관련해 유엔경제사회국의 사무차장은 "비공식 부문 노동자의 60%가 여성"이라며, "여성 노동자가 남성 노동자보다 소수인 것을 감안하면 매우 높은 비율"이라고 덧붙였다. 그는 또 개발도상국의 실업률이 선진국보다 훨씬 높을 뿐만 아니라 많은 나라에서 실업률이 급증하고 있는 상황인데, 바로 이 문제가 가장 심각하게 다뤄져야 할 세계적 과제의 하나라고 지적했다. 결론적으로 이 보고서는 심화되는 세계적 불평등 문제를 개선하기 위해, 무엇보다 민주주의를 진전시키고, 취업 기회를 확대하며, 사회 보호 프로그램 등을 강화함으로써 소외 계층을 끌어안아야 한다고 역설하고 있다.

그렇다면 이런 국제적 상황에서 우리 한국 사회는 도대체 어떤가.

우리 사회도 이런 '정글 자본주의'의 범람으로 인해 소중한 공동체적 가치와 인간다운 상부상조 정신의 침수를 적잖이 겪어 왔다. 또한 급속한 산업화와 무조건적 경제성장의 소용돌이 속에서, 정치·경제적 억압을 정당화하는 신화가 만들어지기도 했다. 자유의 철학도, 평등의 윤리도 제대로 충실히 자리 잡지 못한 사회 속에서, 급기야는 '세계화'의 미명하에 '무한 경쟁'의 팡파르가 섬뜩하게 울려 퍼지고 있는 것이다. 결국 정글 자본주의는 오늘날 '강자'의 신화만 창조했을 뿐이다. '자이언트 개인주의'야말로 가장 총애 받는 신자유주의 시대의 총아인 것이다.

우리 사회는 과연 어디로 흘러가고 있는가. 더욱이 우리 한반도에서는 남쪽은 '개인', 반면에 북쪽은 '집단'을 내세우면서 서로 날카롭게 칼을 벼리며 '통일'을 말하고 있지 않은가. 이른바 남한의 개인적 '자유'와 북한의 집단적 '평등'은 과연 얼마나 참되고 실속 있는 것일까. 혹시 자유롭게 소외당하고, 평등하게 굶주리고 있지는 않은가.

이처럼 인간 자신의 일상적인 삶의 현장에 병충해가 만연해 가고 있는 상황에서, 생태계 내 다른 생명체의 생의 진로에 눈길을 돌릴 여유를 찾아낸다는 것이 과연 얼마나 가능한 일일까.

그렇다면 생태계 보호는 과연 누구의 과제가 되어야 하는가.

생태 문제는 근원적으로 모든 인간의 문제일 수밖에 없다. 왜냐하면 가장 치명적인 생태 위기를 조성·심화시킨 장본인이 바로 우리 인간일 뿐만 아니라, 생태 문제는 바로 자연계 내의 모든 생명체 상호 간의 동등권 복원 운동과 직결되어 있기 때문이다. 하지만 현재의 사회적 역학 관계로 볼 때, 힘을 가진 세력은 자연보호에 무관심하고, 자연보호에 진지한 관심을 쏟고 있는 세력은 힘이 없는 것처럼 보인다. 비록 이런 현실이긴 하지만, 그래도 생태 위기에 대한 사회적 경각심이 날로 높아져 가는 현재의 상태가 특히 고무적이라 하지 않을 수 없다. 왜냐하면 그것이 바로 생명에 대한 새로운 각성을 촉진할 역동적인 '잠재력'으로 작용할 수 있기 때문이다.

현대인, '영혼 없는 기계'

혹시 우리는 아침에 현대아파트에서 잠을 깨어, 현대자동차를 타고 출근하고, 현대건설이 지은 빌딩에서 하루 종일 일하다가는, 퇴근 후 저녁에는 현대백화점에 들러 쇼핑을 하고, 그리고 다시 현대아파트로 돌아와 잠을 자는 현대적 규격 용품들은 아닐까……. 어쩌면 우리는 제조 라인과 다를 바 없는 '공항 검색대' 앞에 줄지어 늘어서서 인간적 품질 판정을 받기 위해 대기 중인 인간 상품과 흡사한 상태로 일상적 삶을 이어가고 있는지도 모른다. 이런 현실에서, 자연과 함께하는 삶의 양식 같은 것이 취업이나 임금 인상, 성과급, '전세 대란' 등과 도대체 무슨 상관이 있단 말인가. 과연 생태계 보전과 관련된 문제가 우리의 직접적인 당면 소관 사항이 될 수나 있는가. 이렇게 자연은 지극히 자연스럽게 우리의 시야에서 멀어져 간다. 우리를 직접적이고 일상적으로 고통스럽게 만드는 것이 자연이 아니라 인간이기 때문이다. 그러므로 우리의 일차적인 관심과 애증의 대상으로 자리 잡을 수밖에 없는 것은 인간 사회인 것이다.

"누구나 세상을 변화시킬 생각은 하지만, 어느 누구도 자신을 변화시킬 생각은 하지 않는다"고 일갈한 사람은 바로 톨스토이다. 우리는 물론 바람의 방향을 바꿀 수는 없다. 하지만 돛배의 진로는 변경할 수 있다. 말하자면 일차적으로 '바람의 방향', 요컨대 우리 인간의 생명줄임에도 불구하고 바로 우리 자신에 의해 싸늘하게 버림받고 있는 생태계에 대한 냉철한 반성과 인식을 토대로, '돛배의 진로', 말하자면 이 생태계를 무엄하게 짓이기고 있는 인간에 대한 '쇄신' 방안을 모색하는 작업을 필연적으로 병행해야 한다는 말이다.

그런데 도대체 현대인은 어떤 본성을 지니고 있는가, 그리고 또 자연은 이런 인간을 위해 어떤 메시지를 던지고 있는가.

잘 알려진 에피소드이긴 하지만, 일본에서는 다음과 같은 일이 일어난 적이 있었다.

도쿄 올림픽 준비로 경기장 확장 공사를 하다가, 지은 지 3년밖에 안 되는 새 집을 부득이 헐게 되었다. 그런데 인부들이 지붕을 들어내다가, 꼬리가 못에 박힌 채 꼼짝달싹 못하는 도마뱀 한 마리를 발견했다. 그 도마뱀은 새로 이 집을 지을 때 못에 박혀, 근 3년 동안이나 꼼짝달싹하지 못하면서도 죽지 않고 버텨 온 것이다. 인부들은 이 도마뱀이 도대체 지금껏 어찌 굶어 죽지 않고 살아남았는지 몹시 의아했다. 그들은 일손을 놓고 주위를 꼼꼼히 살피기 시작했다. 얼마 후 도마뱀 한 마리가 나타나더니, 꼬리에 못이 박힌 자기 동료에게 먹이를 물어다 주는 게 아닌가. 그 도마뱀은 그 기나긴 3년이라는 세월 동안, 하루에도 몇 번씩이나 친구를 찾아 먹이를 날라다 주는 고행을 말없이 수행해 온 것이다. 일꾼들은 일손을 놓고, 숙연한 눈길로 하염없이 그 광경을 바라보았다.

'하찮은' 도마뱀조차 이러하거늘, 하물며 '만물의 영장'은 어째야 할까.

우리는 물론 '도마뱀'이 아니다. 하지만 우리는 대단히 예리한 '검색 요원'이다. 오늘날 특히 우리 한국인 모두가 실은 지극히 민활한 첨단 검색 요원과도 같은 일상생활을 영위하며 살아가는 것처럼 보인다. 말하자면 공항 검색대 앞에 늘어선 민완 검색 전문가들처럼, 타인의 긍정적인 면모보다는 오히려 결함과 흠집 같은 것을 보다 신속하고 날카롭게 파헤쳐 내는 일에만 전력을 집중하며 살아가도록 운명 지어진 병든 존재처럼 보인다는 말이다. 가히 비극적인 현실 속에서 희극적으로 살아가는 인간존재들이라 할 수 있다. 우리는 당연히 스스로 검색하면서 또 동시에 스스로 검색당하기도 한다. 하지만 우리는 마치 천부적인 생업에 종사하기라도 하는 것처럼, 검색을 주고받는 이런 살벌한 검색 공정에 황홀하게 몰두한다. 이처럼 검사이면서 동시에 범인이 되기도 하는 희비극이 쌍곡선을 그리는 이런 환경 속에 의당 서로에 대한 불신과 부질없는 아귀다툼만 나날이 깊어 가고 늘어날 뿐임은 두말할 나위도 없다. 이처럼 상호 불신이 첨단화한 상황에서, 과연 어느 정도나 사회적 안정과 평화를 기대할 수 있을까.

내게도 당혹스럽지만 풋풋하기 그지없었던 개인적 경험이 있다. 일전에 이런 우리의 일상을 가까이서 체험해 볼 겸 홀로 유랑하다가, 전라도 어느 시골의 5일장을 지나친 적이 있었다. 요기라도 하려고 장터 주막으로 들어갔으나 마침 마땅한 자리가 없어, 우연히 한 칠순 노인과 합석하게 되었다. 그 와중에 막걸리 사발을 함께 나누기도 했다. 그 노인은 걸게 술을 걸치시더니, 입을 호기 있게 한 손으로 쓰윽 닦아 내며 당신이 살아온 삶을 되뇌시는 눈치였다. 그는 '이 세상에는 두 부류의 인간이 있는 것 같더라'라는 말로 말문을 열기 시작했다. 하나는 '검사형'인데, 남의 잘못만 파고들어 무슨 결함이 있나 없나 하는 것만 열심히 파헤치려 들고, 다른 한 부류는 '중매꾼' 같은 사람인데, 어떻게 해서라도 두 상대가 잘 맺어지도록 해보려고 좋은 말, 따스한 덕담만 애써 찾더라는 것이다. 그리곤 말을 이어서, "나 역시 검사처럼 살아온 것 같소이다만, 혹여나 내가 다시 태어날 수만 있다면, 이번에는 솔찬히 중매꾼처럼 살아보고 싶소이" 하고 말하며, 우울한 낯빛으로 술잔을 비웠다. 나는 그 분의 겸허한 인생론에 적잖은 감동을 받았다. 그 노인 앞에 마주앉아 있던 또 하나의 다른 '검사'인 나는 고개조차 제대로 들지 못했다. 특히 우리 사회에서는 무엇보다 나처럼 이른바 학문한다는 사람들이 실은 가장 탁월한 검사며 준수한 검색 요원으로 맹위를 떨친다는 사실을 잘 알고 있었기 때문이다. 모름지기 자신의 입장이 옳다는 것을 입증하기 위해 일상적으로 남의 주장이 그르다는 것을 광맥처럼 찾아 헤매는 데 혈안이 될 수밖에 없는 생활양식에 익숙해 있기 때문에 그럴 것이리라.

이처럼 우리는 보살피기보다는 살피고, 베풀기보다는 감추며, 나누기보다는 가로채는 일에 더 탁월한 능력을 발휘한다. 결국 함께 나누는 인간다운 너그러움보다는 자기 몫만 살벌하게 챙기려 드는 냉혹한 수지타산에만 광분하다가, 급기야는 무혈충無血蟲, 아니 '영혼 없는 기계'로 전락해 가는 것이다. '공유'share하기보다는 '거래'trade하는 데 훨씬 능통한 존재 양식이다.

이런 딱한 실정임에도, 우리 한국 사회는 인도주의를 지나치게 남발하는 듯이 보인다. 우리 한국인은 과연 인도적인 민족인가?

십수 년 전 어느 늦가을쯤 북한 소 한 마리가 '탈북'한 적이 있었다. 아마 홍수가 터져 휴전선 바로 밑 김포 부근 어느 섬까지 떠밀려 온 듯했다.

그때 자랑스러운 대한민국의 어느 TV는 저녁 정기 뉴스 시간에 "인도주의적 견지에서 이 소를 빨리 구출해야 한다!"고 절규한 적이 있다. 그리고 우리 언론의 생리에서는 당연한 반응이었겠지만, 또 군사작전이라도 벌어진 것처럼 불 뿜는 취재 경쟁을 펼쳤음은 물론이다.

우리네 시장 바닥에서는 이렇게 가축 한 마리에까지도 스스럼없이 '인도주의'를 역설할 정도로 인간미가 넘쳐흐른다. 그런데 과연 우리 민족은 인도적인가?

어느 언론 매체에서는 예컨대 2001년 미국에 입양된 한국 고아가 1,870명으로 여전히 3위를 차지했다고 전하며, 한국의 대미 '고아 수출'이 1980~94년 줄곧 1위(91년만 2위)를 기록해 오다가, 1995년부터 2000년까지는 "그나마" 3위로 떨어졌다고 '안도'하기까지 한 적이 있다. 그러면서도 이런 현상이 경제 규모 세계 12위를 자랑할 뿐만 아니라, 올림픽과 월드컵까지 치른 나라의 "일그러진 자화상"이 아닐 수 없다고 꼬집는 것을 잊지는 않았다.[21]

북한이 스웨덴이나 덴마크 등지의 공항에서 한국으로부터 '팔려 오는' 어린이들의 사진을 찍어 그것을 선전 자료로 활용했다는 것은 널리 알려진 사실이다. 그들이 이런 '고아 수출'을 '동족을 팔아먹는' 반민족적 '만행'이라 규탄할 때, 우리는 과연 어떻게 반박할 수 있었겠는가. 그리고 뜨거운 혈육의 정을 강제로 끊긴 채 동생은 이 나라로, 언니는 저 나라로 뿔뿔이

---

21 『국민일보』(2002/04/10).

흩어졌다가 서로에 대한 그리움을 달랠 길 없어 낯선 이국땅에서 자살로 어른들의 비인간적 불륜을 고발한 한국인 해외 입양아들의 참담한 보도를 접할 때, 우리 어른들은 도대체 무슨 배짱으로 얼굴을 들 수 있겠는가.

'기다리고 기다리던' 한국인 입양아를 자기네들 공항에서 처음으로 마주하는 순간 반가움의 눈물을 주체하지 못하는 '코쟁이' 양부모들의 정겨운 모습을 우리는 그냥 무심코 지나쳐 버릴 수만 있는 것일까. 왜 우리는 비정하게 '팔아 치우는데', 그들은 마냥 기쁨의 눈물을 흘리는가? 많은 이득을 남겼다는 황홀한 장삿속에서 참다못해 뿌리는 감격의 눈물일까, 아니면 위선일까, 또 아니면 진정한 인간애의 발로일까.

아마도 우리는 '인간적으로 하자'는 말을 세계에서 가장 열렬히 일상적으로 애용하는 민족이 아닐까 싶다. 그런데 때와 장소를 가리지 않고 걸핏하면 '인간적'이라는 말을 주워섬기기 좋아하는 우리 한국인은 정말 인도적인 민족일까?

두말할 필요도 없이 인도주의란 동물을 향한 인간적 자비심의 발로를 가리키는 개념이 아님은 명확하다. 인도주의란 이 땅 위에서 더불어 살다가 다시 이 땅속으로 더불어 되돌아갈 동료 인간에 대한 인간적 공감이며, 애정이오, 존중심을 일컫는 말이다. 하나도 복잡할 게 없다.

그런데 요즈음 우리 사회는 어떤가. 한마디로 인간적 화합의 몸짓이 아니라 경쟁적 이기주의가 더욱 살인적으로 기승을 부리는 듯하다. 타인에 대한 증오와 자신에 대한 열애만이 가장 확실한 삶의 밑천인 것처럼 보이기도 한다. 대학 강의실에서조차 어느 학생이 현재 자신들의 최대 관심사는 '속도전'이라고 정직하게 고백하는 걸 듣기도 했다. 이를테면 요즘 대부분의 대학생들은 어떻게 하면 남보다 빨리 좋은 직장에 취직해서, 남보다 빨리 많은 돈을 벌 수 있겠는가 하는 문제에만 오로지 관심을 집중하고 있다는 말이다.

나는 인간의 이기적 본성이 무엇인지 알고자 하면, 골치 아픈 철학 서적을 뒤적거리지 말고 대한민국의 도로에 차를 몰고 잠깐 나가보라고 권한다. 긴 이야기 필요 없이, 우리는 거기서 가장 적나라하고 상습적인 이기심의 화려한 폭발과 충돌을 체험할 수 있다. 예컨대 옆 차선이 조금이라도 잘 빠지는 듯하면 잽싸게 그쪽으로 끼어들었다가, 또 눈치를 보아 가며 금세 다른 쪽으로 서커스 하듯 내빼는 차량 행렬은 지극히 흔한 일이다. 그러나 자기는 마구잡이로 끼어들면서도, 딴 차가 어쩔 수 없어서 부득이하게 잠깐 끼어들고자 하면 어림도 없는 일이다. 그걸 완강히 퇴치하기 위한 경적 소리가 금세 작렬한다. 천부적인 전투태세가 이미 강력히 완비되어 있는 탓이다. 양보하는 법은 거의 찾아보기 힘들다. 그러나 이런 차의 뒷 유리창에도 '여유와 양보'라는 스티커가 점잖게 붙어 있다. 아마도 트럭은 철갑 부대, 버스는 공수부대, 택시는 기동 타격대일 것이다. 그리고 오토바이는 나비처럼 날아서 벌처럼 쏜다. 일반 승용차는 '대기 만성형' 저격병들이라고나 해야 할지. 모든 차가 마치 경주용 차량이라도 된 것처럼, 앞지르기 위해 광분하는 것만 같아 보인다.

우리는 언제, 어디서, 어떤 차가 갑자기 자신에게 뛰어들어 비수처럼 덮칠까 하는 불안이 꼬리를 물고 이어지는 숨 막히는 흐름 속에 내던져진다. 우리는 확실히 '불확실성의 시대'를 온몸으로 살고 있음에 틀림없다. 그 도로에서 우리는 인간에 대한 불신을 배우고 또 갈고 닦는다. 과연 푸른 신호등을 믿고 길을 건너도 되는 것일까. 어찌 보면 무서운 일일 수 있다. 거리 위에서는 사실 수많은 익명의 인간들이 각자 세련된 살인적 이기주의로 무장한 채 온종일 이를 갈며 무섭게 치닫고 있는 것이다.

그러면서도 우리는 또 서로를 믿고 운전대를 잡는다. 그 와중에 우리는 어느 차가 어느 쪽에서 갑자기 급습할 것인가를 그런 대로 지혜롭게 판독하는 법을 자연스레 익혀 나가기도 한다. 한국의 도로 위에서 우리는 어느새 알게 모르게 인간 심리학 전문가들이 되어 가는 것이다. 노름하는 것을 보면, 그 사람의 인간 됨됨이를 잘 알 수 있다고들 말한다. 그러나 나는 운전하는 자세를 보면, 그의 인품과 인생행로까지도 쉽게 예측할 수 있다고 믿는 편이다.

말하자면 이런 식이다. 가령 보행자가 아무도 없는데도 건널목에 파란 신호등이 켜져 있다고 마냥 서서 기다리는 분은 청렴결백형, 추월하라고 일부러 멈춰 서서 양보해 주는데도 종내 끼어들지 못하는 타입은 햄릿형, 천천히 주행해야 하는 구간에서는 급하게, 빨리 달려야 하는 곳에서는 느릿느릿 운전하는 사람은 돈키호테형, 빨간 신호등이 켜져 있는데도 무조건 내닫는 형은 가미가제 특공대형, 반면에 용감하게 치닫지는 못하지만 잠시를 참지 못해 한 발짝 한 발짝씩 앞으로 조금씩 전진하는 형은 소기속성小器速成형, 옆 차를 겁주기 위해 쓸데없이 고속으로 질주하는 사람은 공갈협박형, 앞에 끼어들게 해달라고 차창까지 내려가면서까지 손짓·발짓으로 부탁하고 아부하는 타입은 순진가련형, 깜박이를 켜지도 않고 제멋대로 차선을 마구잡이로 바꾸어 대는 분은 황야의 무법자형이다. 이를테면 각각의 운전 유형에 어울리는 삶의 자세로 자신의 인생을 살아가지 않겠는가 하는 짐작인 것이다.

어쨌든 우리가 보행자일 때는 건널목에서 공포 분위기를 조성하는 듯한 운전사들이 혐오스럽지만, 거꾸로 우리가 차를 몰고 있을 때는 건널목에서 거드름 피우듯 여유 있게 건너가는 보행자가 또 그렇게 미울 수가 없다. 물론 몇 초라도 남보다 빨리 가려고 발버둥들을 친다. 그러나 다른 사람을 돕기 위해 남보다 단 1분이라도 빨리 서둘러 달려가고자 애쓰는 사람은 거의 찾아볼 수 없다. 오로지 자기 자신의 눈곱만 한 이해 때문이다. 명절 때 귀성 차량으로 꽉 막힌 고속도로에서 남보다 한 치라도 더 빨리 가기 위해 멀쩡한 차를 견인차에 매달고 태연히 갓길을 달리게 하는 비방까지 창안해 내는 민족이다. 아마도 세계 제일의 민족적 창의력일 것이다. '이 지구가 내일 종말을 고한다면 당신은 지금 무엇을 하겠는가' 하고 누가 묻는다면, 우리 한국인은 아마도 '나는 더 빨리 차를 몰아 앞의 차를 기어코 앞지르고야 말 것이다' 하고 기염을 토할지 모른다. 이렇게 볼 때, 우리 선조는 곰이 아니라 미꾸라지였을 가능성이 높다.

특히 8·15 이후 한국 사회를 일관되게 지배해 온 이념이 있다면, 그것은 한마디로 '후딱후딱' 또는 '대충대충', 아니면 '빨리빨리, 그러나 아무렇게나' 이데올로기일 것이다. 성수대교와 삼풍백화점의 붕괴는 그 조그만 사례에 지나지 않는다.

이와 같이 우리는 인간의 이기주의가 얼마나 몰염치하게 자행될 수 있는가를 이 거리 위에서 손쉽게 체험할 수 있다. 한마디로 극렬한 이기주의의 가투街鬪가 일상적으로 치열하게 전개되는 현장이 바로 우리의 고귀한 삶의 터전인 것이다.

그러나 바로 이 '거리'가 우리에게 또 다른 각별한 의미를 부여하는 공간임을 명심할 필요가 있다.

무슨 일 때문인지는 서로 알 길이 없지만, 어쨌든 우리는 바로 같은 길 위에서, 같은 외적 환경 아래서, 어디론가 같은 방향으로, 쉴 새 없이 함께 달린다. 심지어 우리는 '흐름을 타야 한다'고까지 말하면서, 같은 위험부담을 안고 부지런히 같이 달리는 것이다. 이러하니 물론 짧은 시간일 수도 있지만 우리는 그 도로 위에서, 서로 얼싸안기라도 할 수 있는 정겨운 운명 공동체를 꾸려 가고 있는 처지다. 가령 시간과 공간의 폭을 크게 넓혀 생각한다면, 우리는 바로 이 삶의 여로에서 '동료 여행객'으로 공존·공생하는 셈이 되는 것이다. 그러다가 우리는, 물론 시차가 있을 수밖에 없지만, 더불어 이 지하에 묻혀 함께 흙으로 변모해 가게 될 것이다. 기막힌 '인연'이다.

유럽과는 달리 우리 민족은 르네상스니 휴머니즘 시대 같은 것을 체험한 적이 없다. 그런 민족에게 '인연'이란 것은 지극한 인간 사랑의 또 다른 표현이라 할 수 있다. 우리는 '옷깃만 스쳐도 인연'이라 하지 않았던가. 과연 이보다 더 지독한 인간 사랑이 또 어디에 존재할 수 있겠는가. 서양인들이 '원수를 사랑하라'고 살벌하게 가르쳤다면, 우리 선조는 '이웃사촌'이라 일렀다. 얼마나 정답고 훈훈한 인정이었겠는가. 우리에게는 바로 이 '이웃

'사촌'이라는 따스한 삶의 정서가 곧 종교의식이었던 셈이다.

이런 맥락에서 우리는 인연을 사랑하고 소중히 여길 줄 아는 자세를 키워 나가야 할 것이다. 그럼에도 불구하고 우리는 마치 적전상륙이나 감행하듯이 서로를 적군처럼 노려보며 일상을 산다. 무엇보다 우리가 '영혼 없는 기계'로 전락했기 때문이다.

한마디로 오늘날 대한민국은 '영혼 없는 기계'의 황금시대를 구가하고 있다. 온 사회 구석구석이 이 기계 돌아가는 굉음으로 가득하다.

그런데 '영혼 없는 기계'란 도대체 무엇인가, 그리고 그것은 도대체 어떤 특성을 지녔으며, 또 어떻게 만들어지게 되었는가?

첫째, 오늘날 현대인은 기계 부속품 같은 존재로 살아간다. 정신없이 발달한 과학 및 기계문명의 슬픈 잔재로서, 이들은 지극히 복잡하고 전문화한 사회구조 속에서 기계 부속품처럼 파편화되어 존립할 수밖에 없게 된 것이다.

예컨대 뒤르켕은 일찍이 "무엇이 사회를 결속하게 만드는가?"What holds society together하는 사회학의 근본 문제부터 제기하고 나선 적이 있다. 요컨대 전통과 사회적 결합이 해체되는 상황에 주목하며, 개체화된 인간과 사회적 결속 사이에는 도대체 어떤 연관성이 내재해 있는가 하는 문제를 탐색하는 것이 그의 핵심적인 관심사였던 것이다. 그는 이 문제를 1893년에 출간된 『사회 분업론』The Division of Labour in Society이란 자신의 저술에서 대단히 체계적이고 날카롭게 분석하고 있다.22

뒤르켕은 전통 사회에서는 주민들의 생활 조건과 생활양식이 동질적일 뿐만 아니라 문화와 사고방식 역시 대체로 유사하기 때문에, 자연스레 '공통 의식'common consciousness이 발달할 수밖에 없다는 기본 문제의식에서 출발하고 있다. 그러나 현대사회에서는 직업적·사회적 분화가 고조되어 있고, 생활 조건, 문화 및 이데올로기 등의 거대한 차이가 지배한다. 따라서 전통 사회에서와는 달리, '공동체 의식'이 발붙일 곳을 찾지 못하게 되면서, 결국 '개체 의식'individual consciousness이 급부상하게 된다. 뒤르켕에 의하면, 결과적으로 현대사회에서는 전통과 전래된 사회적 규범 등에 의해 이루어지던 강한 공동체적 결속이 뒷전으로 물러나고, 그 자리에 복잡한 노동 분화division of labour 및 전문화에 의해 조성된 '상호 의존성'interdependence이 대신 들어서게 된 것이다. 말하자면 마치 우리 인간의 신체가 이질적인 기능을 지닌 다양한 유기적 요소들로 이루어지는 것과 마찬가지로, 우리 현대인 역시 이 복잡한 사회구조의 한 유기적 구성 인자로서 상호 의존적인 존재로 살아갈 수밖에 없도록 운명 지어지게 되었다는 말이다.

그러나 사실은 이런 강한 '상호 의존성'이 결국 인간의 '기계 부속품화'를 촉진하게 된다. 왜냐하면 노동 분업이 심화되면 될수록, 그리고 각자의 활동 영역이 특수화·전산화하면 할수록, 인간은 부속품처럼 더욱더 개체화할 수밖에 없게 되기 때문이다. 그런 부속품화 현상의 궁극적인 귀착점

---

22 특히 이에 관한 뒤르켕의 이론적 입장에 대한 분석은, 노르웨이 오슬로 대학의 Steinar Stjerno, *Solidarity in Europe : The History of an Idea*(Cambridge University Press, 2004), pp. 33-36을 참조할 것.

이 바로 인간 영혼의 '기계화'인 것이다.

하지만 이런 '인간 영혼의 기계화'로 인해 한편으로는 사회 발전이 적극 촉진된다는 것은 부인할 수 없는 사실이다. 그러나 그에 비례해, 동료 인간에 대한 배려를 넓혀 나가고 자신의 고유한 이기심의 충동을 통제하기도 하는 '인간의 영혼'은 나날이 시들어 갈 수밖에 없게 된다. 이를테면 인간에 대한 가장 나쁜 죄는 '인간에 대한 증오심이 아니라 무관심'이라 할 수 있는데, 결과적으로 바로 이런 부정적인 측면이 오히려 더욱 기승을 부리게 된다는 말이다. 그와 맞물려 이웃사랑과 정의가 동시에 메말라 간다. 공동체적 연대가 약화하면서, 결국 사회적 불평등이 강화되어 나가는 것이다.

인간은 이런 상황에서 타인의 도구나 이용물로 전락하게 되면서, 급기야는 자신의 실존적 생존 의지마저 상실해 가게 된다. 이처럼 인격과 도덕이 수단화함에 따라, 현대인은 이윽고 몰개성적·타자 지향적 존재로 추락하게 되는 것이다. 그리고 그런 상태는 거꾸로 현대인의 '영혼 없는 기계화' 현상을 더욱 심화시킨다. 현대인은 바로 이런 악순환의 고리에 포박 당한 존재라 할 수 있다. 가히 현대판 '시지프스의 신화'인 것이다.

둘째, 이와 결부되어 오늘날 이런 현대사회를 관통하는 시대정신은 한마디로 '개인주의'라 할 수 있다.

자유주의는 자본주의적 부르주아계급의 신념 체계요, 행동강령이다. 그리고 그것은 정치제도 및 경제활동의 기본 원리일 뿐만 아니라, 이제는 현대인의 자연스러운 사고방식이요 몸에 밴 생활 습관의 한 가닥이기도 하다. 바로 이런 자유주의의 철학적 토대가 바로 개인주의다. 그런데 자유주의가 표방하는 '개인'個人은 곧 '거인'巨人이다. 왜냐하면 힘 있는 존재만이 자본주의의 기본 원리인 '자유경쟁'에서 궁극적인 승리를 쟁취할 수 있기 때문이다. 이처럼 자유주의는 '힘'의 논리에 뿌리박고 있다. 그러므로 현대 사회에서 개인주의는 결국 '거인주의'로 안착할 수밖에 없다. '강자'의 신화를 돈독히 과학화한 '정글 자본주의'가 이윽고 '거인 절대왕정' 시대를 확립한 것이다. 그리하여 약육강식의 논리가 사회적으로도 드높은 추앙을 받는 보편적 윤리 규범으로 각광받기 시작한 지도 이미 오래되었다.

결국 오늘날 대부분의 자본주의국가들은 '호랑이의 자유'만을 구가한다. 말하자면 개인의 자유를 철저히 보장하노라 하는 허울 좋은 명분을 내세우며, 결과적으로는 힘센 '사회적 호랑이'들만이 한껏 활개 치도록 만든 사회적 불평등 체계를 튼튼히 구축하고 있다는 말이다. 뿐만 아니라 그런 개인주의는 기회만 주어지면, 아니 기회를 만들어 가면서까지, 이내 날렵한 이기주의로 손쉽게 변신할 수 있는 뛰어난 재능을 선천적으로 지니고 있기도 하다. 그리하여 '독주'의 자유만 있지, '공생'의 여유는 좀처럼 찾기 힘들어지게 된다.

더구나 전 세계를 단일 시장화하는 '세계화'의 확산과 더불어 소비주의, 물신주의가 동시에 세계화하고 있다. 국제적인 차원으로까지 비약해 '거인'의 독주만 옹호되고 장려되는 실정인 것이다. 그리하여 도덕적 진보나 인간적 자아실현 등의 이상적 가치들이 비실용적인 것, 속절없는 것으로 손가락질 당하기 일쑤다. 도처에 발가벗은 자신의 사적 이익만을 추구하는 '상인형 인간'만 활보한다. '공익'에 대한 존중심이 이런 황금만능주의의 관심거리가 될 리 있겠는가.

그러나 '거인주의'가 가장 총애 받는 신자유주의 시대의 총아로 군림하게 되면서, 대다수 자유주의적 개인은 오히려 자유주의가 그처럼 높이 기려 마지않는 개인주의의 희생물로 굴러떨어지고 있는 실정이다. 왜냐하면 자유주의의 깃발 아래서는 오직 '거인'만이 진정한 개인 대접을 받을 수 있기 때문이다. 결국 구가되는 경제 번영의 뒤안길에는 '개인 없는 개인주의'만이 음습하게 번져 나갈 뿐이다.

이처럼 세계화가 질주하는 대로를 따라 자유경쟁과 빈부 격차와 사회적 불평등까지 더불어 질주하는 현실이다. 한편에서는 자유민주주의의 궁극적 승리가 예찬되고 있으나, 또 다른 한편에서는 민주주의의 위기가 소리 높이 절규되기도 하는 기묘한 상황이 발생한다. 극렬하기까지 한 경쟁주의에 편승한 참담한 약육강식의 사회윤리가 일상화하면서, 결국 대다수의 약자들이 도움을 호소할 길을 찾지 못한 채 막무가내로 쓰러지고 있다. 어디에서 한 뼘의 인도주의라도 찾을 수 있겠는가. 빈익빈·부익부와 양극화 심화 현상이 절대적으로 순종할 수밖에 없는 성령처럼 군림한다. 그저 멍하니 텅 빈 두 손만 공허하게 움켜잡을 따름이다. 자신의 개인적 결핍이나 결함을 외부의 도움을 빌어 보충할 수밖에 없는 우리의 힘없는 '조무래기'들은 도대체 어디로 가야 할까.

이렇게 신자유주의가 범세계적으로 막강하게 위세를 떨치는 통에, 언제나 당당히 개선문을 통과하는 것은 공익을 짓누르며 승전고를 울려 대는 '왈짜'들의 사익뿐이다. 동시에 이를 조장하는 시장주의가 강화되면서,

자본주의적 물신숭배와 황금만능주의가 인간성까지 궤멸시키고 있다. 인간에 대한 심각한 병충해가 만연할 수밖에 없다. 모든 것이 오로지 맹렬히 질주하기만 할 뿐이다. 사회적 비인간화 역시 급속도로 심화하고 있다. 이런 상황에서 '오직 자기 것만 챙길지니라!'가 산상수훈 제1조로 각인된다. '조무래기'들은 생존을 위한 마지막 몸부림으로, 반면에 '왈짜'는 자신의 본성상, 오로지 '자기중심주의'에만 혈안이 될 수밖에 없는 운명 탓이다.

따라서 모두가 다 눈곱만한 착오가 있어도 안 되는 타산적인 정밀기계가 되지 않으면 안 된다. 무엇보다 자신의 사적 이해관계를 전자계산기처럼 치밀하게 파악해 내는 일이 급선무다. 그리고 그것을 빈틈없이 충족시키기 위해, 물불을 가리지 않고 오로지 진격, 진격하는 수밖에 없다. 타인은 오직 정복의 대상일 뿐이다. 서로를 감싸 안는 이타적 화합의 악수가 아니라, 이기적 고지 점령이 최고 목표다. '멸균실 이기주의'가 살인적으로 기승을 부릴 수밖에 없다.

지금까지 우리는 인간을 사랑하는 법을 배우기도 전에, 인간을 어떻게 관리할 것인가 하는 것에만 매달려 왔다. 결국 우리는 함께 손잡아 보살피고 서로 가꾸어 나가야 할 사회적 관계를 관리의 대상으로만 인식하는, 참담한 '경영학적' 현실 속에 갇혀 살게 된 것이다. 이런 과정 속에 이기주의가 결정적인 역할을 떠맡고 있음은 의심의 여지가 없다.

이기주의는 한마디로 비인간적인, 너무나 비인간적인 재앙의 불씨며 뿌리다. 그러므로 가장 비인간적인 것은 이기적인 것이라 할 수 있다. 왜냐하면 우리 인간은 죽음이라는 절대 평등을 공유하고 있는 공동 운명체이기 때문이다. 예컨대 우리 인간이 굶어 죽지 않을 천부적인 권리를 지니고 있는 것과 마찬가지로, 주위에 굶어 죽어 가는 사람이 있다면 그들을 무조건 도와주어야 할 천부적인 의무도 지니고 있다. 인간의 인간다운 자세는 바로 이런 것이다. 더구나 위기에 휩싸인 자본주의의 한파가 세계 도처에서 밀어닥쳐 주위는 삭막하고 불안하다. 우리의 정겨운 이웃들이 언제 '무한 경쟁', 아니 '무한 타도'의 대상으로 손쉽게 전락하게 될지 아무도 장담할 수 없는 현실이다. 그리하여 '우선 이기고 보자'가, 언제 어디서 '까짓 죽여도 좋아'로 변질되어 버릴지, 아무도 자신 있게 말할 수 없는 어두운 장막이 우리를 뒤덮고 있다.

결국 '영혼 없는 기계'가 자연스레 도달하는 곳은 '자기 최고주의' 정신세계다. 모두가 일상적으로 '나만이 최고'식 이기적 삶의 방식에 유감없이 탐닉해 있다. 만일 누군가 자기 관점을 주장하면 고집불통이라 생각하고, 내가 그렇게 하면 개성이 뚜렷해서라고 말한다. 만일 그가 친절하게 굴면, 내게서 뭔가 좋은 것을 얻어 내기 위해서 그렇게 하는 것이고, 내가 친절하면 그것은 나의 유쾌하고 자상한 성격 때문이라 한다. 남이 출세하면 워낙 아부를 잘해서이고, 내가 출세하면 워낙 출중해서이다. 누군가 그에게 선심용 선물을 하면 다 썩어 빠져서 그런 것이고, 누군가 내게 그런 선물을 건네면 그건 인사성이 밝아서 그런 것이다. 남이 뜻을 굽히지 않으면 고집이 세기 때문이고, 내가 뜻을 굽히지 않으면 의지가 강하기 때문이다. 남이 커피를 즐기는 것은 겉멋이 들어서이고, 내가 커피를 즐기면 그것은 입맛이 고상해서이다. 남이 계단을 빨리 뛰어 오르는 것은 평소 성격이 급해서이고, 내가 계단을 빨리 뛰어 오르는 것은 시간을 절약하기 위해서이다. 남이 고향을 들추면 지역감정이 악화되지만, 내가 고향을 들추면 애향심이 돈독해진다. 남이 차를 천천히 몰면 소심 운전이고, 내가 차를 천천히 몰면 안전 운전이다. 내가 길을 건널 때는 모든 차가 멈춰서야 하고, 내가 운전할 때는 모든 보행자가 멈춰서야 한다. 내가 하면 로맨스, 남이 하면 스캔들 하는 식이다.

그러므로 오늘날 '독주'만 있고, '공생'은 찾아보기 힘들다. 마치 어느 작가의 소설 제목처럼, 우리의 삶의 현장이 숨 가쁘게 "낯익은 타인들의 도시"[23]로 전락해 가는 듯한 느낌이다. 상황이 이러하니 어찌 사회적 질환에 시달리지 않을 수 있겠는가.

예컨대 2012년 초 보건복지부의 조사 결과에 의하면, 최근 1년간 한 번 이상 정신 관련 질환을 경험한 사람이 전체의 16%에 이르는 것으로 나타났다. 알코올, 니코틴 사용 장애를 제외하고도, 성인 10명 중 1명은 우울증, 공황 장애, 강박 장애 등의 정신 질환을 앓은 것으로 밝혀진 것이다. 평생 1번 이상의 정신 질환을 경험한 적이 있다고 응답한 사람 역시 27.6%로 조사되었다. 성인 4명 중 1명은 평생 1차례 이상 정신 관련 질환을 앓는 셈이다.

이처럼 정신 질환을 경험한 사람이 늘어남에 따라, 자살을 생각하거나 시도하는 사람도 늘고 있다. 성인의 15.6%는 평생 한 번 이상 심각하게 자살을 고려했으며, 이 가운데 3.2%는 실제 자살을 시도한 것으로 드러났다.

---

23 최인호, 『낯익은 타인들의 도시』(여백, 2011).

지난 1년간 자살을 시도한 사람은 최소 10만 명 이상인 것으로 추산된다.

주요 질환별로 살펴볼 때, 우울증 등의 기분 장애와 강박증, 공포증, 외상 후 스트레스 장애 등의 불안 장애는 남녀 모두에서 증가하는 추세로 나타났다. 평생 1번 이상 우울증을 경험한 사람 수는 전체의 6.7%로 5년 전의 5.6%보다 늘어났다. 사회 공포증, 강박증, 공황 장애 등 불안 장애를 경험한 사람 역시, 지난 2006년 6.9%에서 2011년 8.7%로 증가했다. 전문가들은 "치열한 경쟁, 빠른 속도로 변화하는 환경 속에서 우울증 등의 정신 질환이 증가하는 것은 세계적인 추세"라 주장한다. 하지만 정신과 의사나 전문가를 방문해 치료를 받은 경험이 있는 사람은 15.3%에 불과해서, 미국(39.2%), 호주(34.9%) 등 선진국과 비교해 여전히 낮은 수준이다. 한국 사회에서는 특히 정신 질환자들에 대한 편견의 벽이 너무 높아, 많은 사람들이 쉽게 치료를 받으러 가지 못하기 때문으로 풀이한다.[24]

더구나 전 세계를 단일 시장화하는 '세계화'의 확산과 더불어, 소비주의, 물신주의가 동시에 세계화하고 있다. 그리하여 도처에 '시장형 인간'만 주조되고 있다. 이처럼 물신주의가 팽배할 때, "공익을 추구하는 존재로서의 시민의 개념은 사라지고 발가벗은 자신의 사적 이익만을 추구하는 이기적인 '시장형 인간'만이 활개 치게 된다."[25] 결국 사회적 '사익 절대주의'

---

24 『서울신문』(2012/02/16).

25 강정인, "세계화 그리고 민주주의의 미래," 강정인·김세걸 편, 『현대 민주주의론의 경향과 쟁점』(문학과지성사, 1994), 38-40쪽

가 그 자연스러운 종착점이다.

날이 갈수록 자연이 베풀어 주고 가꾸어 줄 우리의 '영혼'은 안주할 곳을 찾지 못한 채 하염없이 스러져 가기만 한다. 모든 게 '기계적'으로, 좋게 말하자면, '과학적'으로 이루어지기 때문이다.

예컨대 얼마 전 '전자 소송 시대'의 개막을 알리는 언론 보도[26]가 적잖은 사람들의 경각심을 일깨운 적이 있었다. 요컨대 종이 서류가 필요 없는 전자 소송 시대가 드디어 막을 연 것이다. 말하자면 재판 당사자가 소장과 증거 등 소송 관련 서류를 인터넷으로 제출하고, 법원이 판결문이나 결정문을 전자문서로 송달하는 '인터넷 재판'의 문이 열렸다는 말이다. 이 인터넷 재판은 우선 특허 사건을 기점으로 해서, 앞으로 민사사건, 행정·가사·도산 사건 분야로 점차 확대될 전망이라 한다. 결과적으로 법원을 방문하거나 대기할 필요도 없이, 가정과 사무실에서 인터넷을 통한 소송 서류 제출이 가능해짐으로써, 재판 진행이 빠르고 편리해지리라는 것이 사법부 주변의 희망찬 기대다. 경우에 따라서는 변호사도 필요 없어지는 '나 홀로 소송'도 거뜬해지리라는 예측까지 나도는 형편이다.

어쨌든 로그인을 하면 각종 소송 문서를 온라인으로 작성·제출하고, 법원이 송달한 전자문서를 열람·확인·출력할 수도 있다고 한다. 나아가 소송비까지 인터넷으로 납부·환급할 수 있게 되고, 사건 기록도 실시간 조회가 가능해질 것이라고 한다. 법원이 소장을 접수하게 되면, 법원은 사건 번

---

26 『서울신문』(2010/04/26).

호를 즉시 만들어 전자우편과 휴대전화 문자 메시지로 통지한다. 이렇게 소송이 간편해지면, 우리나라도 미국을 추종해 머지않아 '법 만능주의' 국가로 전락할 가능성이 높아 보인다. 혹시 뛰어난 우리의 전자 기술에 힘입어, 혹시 천주교의 고해성사 같은 것도 머지않아 신부를 마주할 필요 없이 전자 기계의 힘으로 자동으로 이루어지는 날이 오지는 않을까?

이런 현상이 사실은 '영혼 없는 기계'들의 급성장에 기인하는 바가 적지 않다. 그런데 이 '영혼 없는 기계'들에게 자연은 과연 어떤 의미를 지닌 존재로 읽혀질까. 단순한 사업 수단이거나 아니면 스트레스 해소용 유흥 또는 향유의 상대일까, 그도 아니면 오로지 천재지변을 불러일으키기만 하는 공포 그 자체 혹은 가까이 하기에 너무나 먼, 외경과 흠모의 대상으로만 각인되어 있을까. 어떻게 하면 '영혼 없는 기계'에서 '영혼 있는 인간'으로 탈바꿈할 수 있을까.

하지만 '영혼 없는 기계'가 결국엔 '자연의 영혼'까지 망가뜨리고 만다. 4대강이야말로 바로 이들에 의해 순교의 제단에 바쳐진 제물, 그 자체인 것이다.

사례 점검 : 4대강 사업, 자연에 대한 홀로코스트

4대강은 화약고다. 사회적 파탄을 야기할 잠재적 위험성이 매우 높은 온갖 종류의 시한폭탄이 총총히 들어찬 위험물 적재소에서 4대강 사업이 이루어지고 있다. 그것은 한국 사회의 모든 토대를 한꺼번에 날려 버릴 수 있을 정도로 엄청난 폭발력을 지닌 천재지변과도 같은 것이다. 그것은 한편으로는 한국 사회의 과거, 현재, 미래의 역사에 뼈저린 위해를 가할 뿐만 아니라, 다른 한편으로는 우리 한국인의 모든 유형의 삶과 죽음에 뼛속 깊이 각인되기도 할 변란에 준한다.[27]

무엇보다 대한민국은 '사기꾼 공화국'이다. 그리고 4대강 사업은 이 사기꾼 공화국의 외연을 무한대로 확장하는 민족사적 '위업'의 하나라 할 수 있다. 우리 한국의 정치인들은 빼어난 거짓말 챔피언이다. 약속 뒤집기의 명수들인 것이다. 그러므로 대한민국을 '사기꾼 공화국'이라 불러도 크게 나무랄 일이 아니다. 그야말로 해방 이후 한국 정치사는 거짓말로 점철된 자랑스러운 역사를 지니고 있다.

우선 우리의 초대 대통령이었던, 소위 '국부' 이승만은 6·25 전쟁 발발 시, 서울 시민들을 향해 단호하게 '수도 사수!'를 절규했다. 그러나 그가 일찌감치 서울을 표표히 빠져나간 사실을 안 시민들은 깊은 배신감을 곱씹

---

27 참고로 이런 주장의 타당성은, 최병성의 『대한민국이 무너지고 있다 : 4대강, 토건 국가 대한민국의 슬픈 자화상』(오월의봄, 2011)이란 책제목 속에서도 상징적으로 잘 드러나고 있다.

지 않으면 안 되었다.

박정희는 또 어땠는가. 5·16 군사 쿠데타 직후, 그는 "언제라도 참신하고 양심적인 정치인에게 정권을 이양할 것"이라고 약속했지만, 얼마 후 눈물까지 글썽이며 "다시는 이 땅에 나같이 불행한 군인이 나와서는 안 된다"며 호쾌하게 정권을 낚아챘다. 요컨대 그는 '불행한 군인 정치인'이 되었던 것이다. 1969년의 3선 개헌도 물론 과거의 약속을 뒤집어엎은 것이었다. "절대로" 개헌하지 않겠다더니, "절대로" 해치우고야 말았다.

그에 뒤질 새라 우리의 전두환 장군은 또 어땠는가. 그 역시 1979년의 12·12 쿠데타 이후, "군부는 정치에 개입하지 않을 것"이라고 몇 차례나 다짐하고 또 다짐했다. 이윽고 '정치에 개입하지 않는' 대통령이 되고 말았으니, 정치가 얼마나 엉망으로 굴러갔겠는가. 또 1988년 11월 백담사로 떠나면서는 자신의 전 재산 139억 원을 국가에 헌납한다고 발표했다. 그러나 1995년 검찰은, 비자금 수사 결과, "전 대통령이 7천억 원의 비자금을 조성했으며, 퇴임시 1,500억 원이 남아 있었다"고 밝혔다. 그러다가 1997년 법원으로부터 2,204억 원을 추징당했으나, 그동안 그 14% 정도인 314억 원만 납부한 상태다. 그 와중에 판사가 "왜 추징금을 내지 않느냐"고 추궁하자, 전두환은 "내 전 재산이 29만 원뿐"이라고 진술해, 다시 한 번 엽기적으로 온 국민에게 웃음을 선사하기도 했다.

다른 한편 노태우 전 대통령은 "집권 2년이 되면 중간평가를 받겠다"던 자신의 선거 공약을 파기해 버렸다. 퇴임 후 4천억 원 비자금설이 나오자 그걸 부인하면서, "세계에서 가장 잘 참는 나도 더 이상 참을 수 없다"고

초인적인 인내심을 가진 수도승처럼 흥분했지만, 불과 며칠 만에 그게 '참을 수 없는 진실'임이 밝혀졌다.

또 우리의 '문민' 김영삼 씨는 어쨌는가. 1992년 대통령 선거 유세 과정에서 "쌀 수입은 대통령직을 걸고라도 막겠다"고 공언한 바 있다. 그러나 그는 집권 첫 해인 1993년, 우루과이 라운드의 국제적 압력 때문에 쌀 시장을 개방하지 않을 수 없다며 멀찍이 줄행랑을 쳤다. 김대중 대통령 역시 야당 지도자 시절인 1986년, "여당이 직선제 개헌을 받아들이면, 사면 복권되어도 대통령 선거에 출마하지 않겠다"고 공언했지만, 당시 여권이 6·29선언으로 직선제를 수용하자, 1987년 대선에 기꺼이 출마했다. 또 정계를 떠난다고 선언하며 비장하게 영국으로 망명객처럼 떠났지만, 그 이후 그는 최초로 정권 교체까지 이룩하는 탁월한 신기록을 세우며, 자랑스러운 대한민국의 대통령으로 되돌아왔다.

그러나 우리의 이명박 대통령은 남다르게 호탕할 뿐만 아니라 빼어나게 창의적이기까지 하다. 가히 독보적인, 아니 국보적인 존재다. 하기야 다음과 같은 'MB 이력서'와 '명언록'까지 만들어져 애지중지 시중에 유통될 정도다.

'MB 씨 이력서'

이름 ; 명박 / 생각 ; 천박 / 철학 ; 척박 / 언행 ; 경박 / 외모 ; 호박 / 인심 ; 야박 / 취미 ; 구박 / 특기 ; 옥박 / 의리 ; 깜박 / 공무원 ; 타박 / 기관장 ; 압박 / 서민 ; 핍박 / 사업 ; 피박 / 투기 ; 대박 / 범죄 ; 해박 / 경제 ; 쪽박 / 정치 ; 도박 / 구속

; 임박 / 전망 ; 희박 / 성금 ; 협박 / 탄핵 ; 촉박

'MB 씨 명언록'

내 삽질에 불가능이란 없다. / 나는 삽질한다. 고로 존재한다. / 내일 세상이 망할지라도 나는 오늘 4대강을 파헤치겠다. / 네 삽을 알라. / 삽질은 성공의 어머니 / 발 없는 삽이 천리를 파헤친다. / 로마에 가면 로마의 삽질을 따르라. / 삽 없이도 살 사람. / 네 이웃의 삽을 탐하지 말라. / 왼쪽 손이 삽질하는 것을 오른손이 모르게 하라.[28]

하지만 무엇보다 자신의 선배들과의 결정적인 차이는, MB가 탁월하게도 사기의 대상을 자연의 영역으로까지 무한대로 확장했다는 점이다. 이런 의미에서 4대강 사업이 "단군 이래 최대의 대국민 사기극"이라 추앙 받는다 해도,[29] 전혀 가혹하게 들리지 않을 정도다.

그리하여 소수가 다수를 억누르는, 소수에 의한 다수의 권익 침탈이 열렬히 환영받고 있다. 뿐만 아니라 현 세대가 미래 세대의 이해관계까지 송두리째 갈취하도록 허용하는, 사실상의 영구 비상사태까지 선포해 버린 셈이다. 무엇보다 4대강 사업이 특히 "토건 국가"의 주체 중 하나인 소수의

---

28 김용민 외, 『MB 똥꾸 하이킥』(도서출판 자리, 2010), 25, 46쪽.
29 『오마이뉴스』(2010/03/08). 이 대담에서 최병성 목사는 "지금은 살아 있는 4대강을 22조 원을 들여서 죽인다면, 후손들이 이를 복원하는 데에는 220조 원을 들여도 불가능할 것"이라면서, "태초에 하나님이 창조한 자연을 영영 복원할 수 없다"고 덧붙이기도 했다.

"댐 마피아"의[30] 부당한 사익을 충족시키기 위해 추진되고 있기 때문이다. 결국 기존의 자연환경을 마구잡이로 훼손함으로써, 후세를 위해 건강하게 보존해 두어야 할 삶의 터전을 조폭스럽게 와해시켜 버리는, 자연에 대한 전제적 철권통치의 본색을 드러낸 것이다. 한마디로 그것은 4대강 '살리기'가 아니라 '죽이기' 사업일 따름이다.

댐은 자연스러운 강의 흐름을 정지시키기 위해 인위적으로 구축한 인조 장치이다. 그러므로 '댐'은 '강'의 반대말이다. "왜냐하면 댐은 강의 흐름을 정지시켜 강의 생명을 파괴하기 때문이다." 그러므로 4대강 사업은 흘러야 할 강에 16개의 대형 댐을 건설하는, "생명의 강 죽이기" 사업 그 자체일 수밖에 없다. 이런 까닭에 "4대강 사업 후에는 강이 더 이상 존재하지 않게" 되므로, 고작 "줄줄이 이어진 댐에 불과"하게 된다는 개탄이 자연스럽게 터져 나오게 되는 것이다.[31] 더구나 운하는 "효율성 면에서 가장 반경

---

30 홍성태, 『생명의 강을 위하여 : 생태사회학자 홍성태 교수의 4대강 지키기 제안』(현실문화, 2010), 특히 129-135쪽. 저자는 토건 국가를 "토건업과 정치권이 유착해 세금을 탕진하고 자연을 파괴하는 국가로서 개발 국가의 가장 타락한 형태"라 규정하며, "비정상적 기형 국가 혹은 병든 국가"로 간주한다(129쪽). 아울러 "토건 국가의 주체들"이란 "잘못된 개발 사업을 추진해서 국토를 파괴하고 혈세를 탕진해서 '사익'을 추구"하는 존재인 탓에, "마피아"에 비유할 수 있다고 단언한다(132쪽).

31 최병성, 『강은 살아 있다 : 4대강 사업의 진실과 거짓』(황소걸음, 2010), 7쪽. 이런 취지에서 최병성은 "제5공화국의 전두환 대통령은 국민의 생명을 살상했고, 이명박 대통령은 생명의 강을 처참히 도륙했다"고 단정짓는다(같은 곳). 이어서 "4대강 사업은 과학이 아니라 아주 기초적인 상식조차 지키지 않는 광란의 삽질"에 지나지 않을 뿐만 아니라, '홍수 예방'은커녕 오히려 '홍수를 유발'하는 "물 폭탄을 제조한 것"이라는, 섬뜩하지만 거부하기 힘든 비판을 제기한다(같은 책, 10쪽).

제적이고, 생태성 면에서 가장 반 생태적인 토건 시설"에 지나지 않는다.[32] 바로 이런 맥락에서 "4대강 사업은 대한민국 역사 이래 최대의 국책 사업"임에도, "일제 침탈 40여 년의 국토 훼손보다 더 큰 파괴의 재앙"으로 기록되리라는 대단히 호소력 있는 진단이 제시된다.[33] 이런 취지에서 4대강 사업이 "'국토 개조'가 아니라, 대한민국 역사 이래 최대의 '환경 재앙'"일 수밖에 없다는 지조 높은 판결이 내려진다.[34] 참담하긴 하지만, 결코 거부하기 힘든 판정이다.

MB는, 평소와 다를 바 없이 부지불식간에, 국가보안법 위반에 해당하는 '이적행위'의 중죄를 저지른 것처럼 보인다. 무엇보다 북핵에 대해 '남핵', 즉 4대강으로 대응함으로써, 북한과의 긴밀한 친화력을 적극적으로 세계만방에 과시했기 때문이다.

남북한은 현재 민족의 숙원인 민족 통일을 이미 달성한 것처럼 보인다. 왜냐하면 남북한은 지금 혼연일체가 되어 대단히 굳세게 서로 뭉치고 있기 때문이다. 양측은 지금 핵무장과 4대강 사업이라는 '빨리 죽이기' 기치를 함께 열렬히 휘두르며, 전 세계를 향해 보란 듯이 서로 치열하게 담합하고 있지 아니한가. 위대한 결속력이다.

북핵과 4대강은 여러 면에서 서로 대단히 닮아 있다. 무엇보다 양쪽이

---

32 홍성태, 『생명의 강을 위하여 : 생태사회학자 홍성태 교수의 4대강 지키기 제안』(현실문화, 2010), 307쪽.

33 최병성, 『강은 살아 있다 : 4대강 사업의 진실과 거짓』(황소걸음, 2010), 12쪽.

34 같은 책, 210쪽.

모두 생명을 파괴하기 위한 결연한 준비 태세라는 공통점을 갖고 있다.

우선 4대강 사업은 '3중 말살 행위'에 해당한다. 그것은 일차적으로 '3천리 금수강산'이라는, 조상 대대로 자랑해 오던 천혜의 생태계에 섬뜩한 가혹행위를 가하기 시작했다. 또한 공주 석장리 선사 유적이 보여 주듯이, 저 머나먼 구석기 시대부터 이 땅에 살아온 우리 조상들의 귀중한 문화유산까지 여지없이 짓이겨 버린다. 나아가 현 세대는 말할 것도 없고, 후손들을 위해 미리 기름지게 보존해 두어야 할 소중한 삶의 터전까지 불문곡직 박살 내려 든다. 과거와 현재와 미래를 3중으로 함몰시킬 각오를 다지고 있다는 말이다. 극소수의 특혜 계층을 위해 선조와 당대인과 후손들을 포함한 우리 민족 절대다수의 '환경 정의'를 송두리째 무너뜨릴 수밖에 없음은 불 보듯 뻔한 노릇이다. 이런 의미에서 4대강 사업은 남한의 핵, 즉 '남핵'이라 이를 수 있는 것이다.

북핵도 마찬가지다. 정치의 가장 기본적이고 최우선적인 책무가 최소한 백성을 굶어 죽지 않게 하는 데 있다 함은 너무나 상식적인 일이다. 그러나 정작 북쪽에는 정치가 없다. 핵무장을 위해서라면 없는 돈도 아끼려들지 않으면서도, 인민은 마냥 아사시키고 있기 때문이다. 뿐만 아니라 '평화를 사랑하는 백의민족'의 오래된 전통과 고결한 정신적 기품을 세계만방의 웃음거리로 만들고 있다. 오로지 동족 살상과 세계 평화 교란으로 귀결될 위험성이 농후한 시책이기 때문이다.

하지만 남한에도 역시 정치가 없다. 무엇보다 탄복할 만한 것은 이명박 정부의 획일적·흑백논리식 통치 행태다. 4대강이 되었든, 북핵 문제가 되었든 그 대상을 가리지 않고, 주요 정책적 이슈를 합리적으로 신중히 분류·분석해 가며 이슈별로 그에 합당한 적절한 대응책을 진지하게 모색하는 대신, 수단 방법을 가리지 않고 오로지 '밀어붙이기' 전략만을 전가의 보도처럼 휘두를 뿐이다. 엄연히 상대가 있을 수밖에 없는 정치 세계임에도, 막무가내로 떼쓰기 하나로 버틸 따름이다. 대화도 없고 소통도 없다. 숭고한 초지일관이다. 한때 우리를 고통스럽게 만들었던 화법을 빌린다면, 오직 '중단 없는 전진'만이 있을 뿐이다. 이처럼 남쪽에도 정치가 없다.

이처럼 '정권은 있으나 정치는 없다'는 측면에서, 남북한은 일란성 쌍둥이 같기만 하다. 고도의 결속력을 대내외적으로 과시하고 있는 것이다. 이런 의미에서 남북한은 이미 통일을 성취한 듯이 보일 정도다.

이런 상황에서 이명박 대통령이 집권한 이후 '단군 이래 최초의 불상사'로 기록될 수밖에 없는 불길한 사건들이 꼬리를 물고 터져 나왔다. 대통령 당선에 즈음해서는 사상 초유의 태안 기름 유출 사건이 터지더니, 대통령 취임에 임박해서는 국보 1호 숭례문이 잿더미가 되었다. 또 그에 뒤질 새라 광우병 파동으로 온 나라가 들썩이더니, 이어서 용산 참사까지 발발했다. 그리고 '강·부·자'(강남·부동산·부자), '고·소·영'(고대·소망교회·영남 출신) 내각 파동으로 벌집을 터뜨린 듯, 온 나라를 들끓게 만들기만 했다.

그리고도 비극은 멈출 줄 몰랐다. 세계 역사상 유례를 찾기 힘든 전직 대통령의 투신자살 사건까지 꼬드겨졌다. 이어서, 물론 노무현 대통령의 경우와는 달리 강요된 죽음은 결코 아니었으나, 한반도 평화 정착을 위해 헌신해 온 김대중 전 대통령도 별세했고, 우리의 정신적 스승이었던 김수

환 추기경과 법정 스님까지 세상을 버리셨다. 하지만 그게 또 다가 아니다.

천안함 및 연평도 사건으로 아까운 인명이 희생되었다. 게다가 무차별적으로 생명을 파괴할 위험성이 지극히 높은 4대강 사업까지 졸속으로 강행하고 있지 않은가. 엎친 데 덮친 격으로 구제역까지 터져 나왔다. 불우하게 살처분 당한 가축이 수백만 마리를 훌쩍 넘어섰다. 뿐만 아니라 조류 인플루엔자까지 번져 역시 수백만 마리가 넘는 오리, 닭이 산 채로 땅에 파묻혔다. 대한민국 역사상 그 이전까지는 구제역이 4번 발생했으나, 매몰된 소·돼지 수가 총 22만 마리 정도에 지나지 않았다고 한다. 그러나 이명박 정부 들어서서는 집짐승, 날짐승 가리지 않고 수백만 마리를 훌쩍 넘어섰으니, 열린 입을 닫지 못할 정도다. 어쨌거나 단군 이래 초유의 사태다.

재앙, 또 재앙이다. 재난으로 해가 뜨고, 앙화로 해가 진다. 사람이 죽고, 동물이 죽고, 자연환경이 죽어 가고 있다. 모든 것이 세상을 버리고 있다.

그러나 이명박 대통령의 사전에는 '일방통행'밖에 없다. 밀어붙이고 또 밀어붙여, 이 사회의 모든 귀중한 생명을 세상 밖으로 밀쳐 내고 또 밀쳐 내기만 할 따름이다. 대화도 없고 소통도 없다. 오로지 소탕만 있을 뿐이다. 다 자업자득이다.

그런데 우리 역사상 전무후무할 정도의 불길한 참변이 ― 하필이면 이명박 대통령 취임 이후 ― 왜 이다지도 줄기차게 끊일 새 없이 터져 나오는가. 하늘이 우리 민족을 버리기라도 한 것인가. 혹시나, 고대 중국에서처럼 최고 통치자가 정치를 잘하지 못하기 때문에 하늘이 벌을 내린 것은 아닐까?

사정이 이러할진대, '널리 인간 세계를 이롭게 한다'는 오래된 우리 민족의 자랑스러운 '홍익인간' 이념을 바로 이명박 체제가 '인간을 널리 손해 보게 한다'는 뜻의 '홍손인간'弘損人間 정신으로 탈바꿈시켜 버렸다고 손가락질한들, 누가 이를 부정하겠는가. 무엇보다 '천상천하 유아독존'식의 '사익 우선주의'가 적극 조장되고 있다. 말하자면 '힘센 놈이 최고'식, 세계화 시대의 자유경쟁 원리만이 높이 찬양 받게 되었다는 말이다. '강부자'니 '부자 감세'니 하는 것들은 그 사소한 사례들이다. 결국 사회 구성원 상호 간의 연대와 공생에 똬리를 튼 우리의 전통적인 공동체 의식이 이기주의에 의해 극심하게 할큄을 당하고 있는 실정이다.

이 대통령이 기려 마지않는 자유민주주의 체제하에서는 다원주의가 필연적이다. 그러므로 다양한 사회적 이해관계 상호 간에 소통과 협상이 필수적으로 요청된다. 그러나 '타협 없는 원칙은 독선이며, 원칙 없는 타협은 야합일' 뿐이다. 이 대통령은 가슴에 손을 얹고 겸허히 스스로에게 물어보아야 한다, '혹시 자신이 지금껏 독선과 야합으로만 일관해 오지 않았던가' 하고. 그런데 엄연히 상대가 있을 수밖에 없는 정치 세계에서 초지일관 '밀어붙이기' 하나로 버틸 따름이다. 이 대통령은 혹시 자유민주주의 체제를 부정하는, 이른바 '좌빨' 정치인은 아닌가.

하지만 이명박은 아무래도 오만과 독선의 대통령으로 스스로 역사에 길이 남고 싶어 하는 것만 같다. 수많은 학자뿐만 아니라 저명한 외국 전문가들까지 나서서, '4대강 살리기'는 사실상 절차도 제대로 지키지 않고 강행하는 '4대강 죽이기'요 '대운하 살리기' 그 자체이니, 당연히 즉각 중단하지 않으면 안 된다는 실로 상식적인 권고를 수없이 되풀이하고 있다. 그러나 마이동풍이요, 우이독경이다. 이명박 대통령은 이런 정당한 요구를 들은 척도 않고, 계속 자기식의 밀어붙이기로 일관하고 있을 따름이다. 그의 소신은 확실히 '불통'과 '소탕', 그 이상도 이하도 아닌 것 같다.

어쨌든 4대강 사업 역시 '정치 없는 정책'으로서의 면모를 유감없이 자랑한다.

사실상 '4대강 살리기' 사업은 '한반도 대운하' 사업에서 비롯한 것이다.[35] 애초에 이명박 정부는 전국에 17개 운하, 3,134킬로미터에 이르는 '한반도 대운하'를 만들게 되면, 부산항에 입항한 배가 운하를 통해 전국 방방곡곡에 닿을 수 있을 뿐만 아니라, 상주 같은 내륙 도시도 부산과 같은 항구가 되어 수출품을 싣고 동남아시아 등지로 바로 나갈 수 있다고 선전했다. 물론 과대 포장이 없을 리 없었다.

이 운하로 인해 물류비가 3분의 1로 대폭 줄어들게 됨으로써, 가히 '21세기 물류 혁명'을 이루어 낼 뿐 아니라, 홍수도 막고, 물 부족도 해결하고, 깨끗한 물도 확보하고, 나아가 중국으로부터 관광객을 무더기로 유치해 관광 수입 역시 한껏 높이고, 일자리도 삼성의 2배 정도인 30만 개를 창출해 내고, 내륙에 물류단지와 공단을 개발해 국토 균형 발전을 이룩함으로써, 결과적으로 국민소득도 4만 달러로 올라가게 된다는 꿈같은 전망을 제시했다. 한마디로 이 방안이야말로 "한반도 국운 융성의 길"이라고 자화자

---

35 이하 이어지는 글은, 김정욱, "4대강 사업의 문제점과 진정한 강 살리기," 『공동선』(2010, 03+04월호), 19-30쪽 인용.

찬한 것이다.

그러나 이 '한반도 대운하 사업'이 국민의 지지를 받지 못하게 되자, 2008년 12월에는 어처구니없게도 '4대강 하천 정비' 사업을 추진한다고 발표했고, 곧 이어 다시 '4대강 살리기'라는 이름으로 겉포장을 바꾸게 되었다.

그런데 이 '4대강 살리기' 사업은 4대강 본류에 하상을 준설해 수심을 깊게 하며, 댐(보)을 쌓고, 둔치는 평평하게 깎아 체육 시설과 문화시설을 들이며, '슈퍼 제방'을 쌓아 자전거와 자동차 도로를 놓는 것을 기본 내용으로 한다. 그리고 '슈퍼 제방' 밖에 생기는 땅은 위락 단지, 산업 단지, 물류단지 등으로 개발해 분양하겠다고 밝혔다. 거기에 덧붙여, 홍수조절, 물 부족 해결, 물 정화, 강 미화, 하천 생태계 복원 등을 이 사업의 효과로 화려하게 치켜세웠다. 이 와중에 '4대강 살리기'라는 말에 대단히 흥미롭게도 'Four Major Rivers Restoration'이라는 영어 이름을 붙여 주었는데, 그러나 안타깝게도 '언어 죽이기'라는 심판에서 벗어날 길이 없었다. 왜냐하면 'River Restoration'은 본래 인공적으로 훼손된 하천을 원래의 모습대로 복원한다는 의미를 지니는 것인데, 이 사업은 거꾸로 천연 하천을 인공적으로 훼손하는 사업임에도 외람되게 '복원'한다는 이름을 턱 하니 갖다 붙였기 때문이다. 하지만 이 엉터리 작명법이 국제적으로까지 공인 받는 쾌거를 이룩했다. 빛나는 외교의 승리였다. 그리하여 놀랍게도 유엔 조직 내의 환경 활동을 촉진·조정·활성화하기 위해 설립된 '환경 전담 국제 정부 간 기구'인 유엔환경계획United Nations Environment Program, UNEP이 2009년 2월에 발간한 『전 지구 녹화 뉴딜』A Global Green New Deal이라는 책자에까지 이 4대강 사업이 버젓이 'River Restoration'이라는 사업 제목으로 등재됨으로써, 결국 모범적인 녹색 사업으로 국제적인 공인까지 쟁취해 낸 것이다.

앞에서도 지적했지만, 이 4대강 사업의 계획 수립 및 집행 과정에서 온 갖 비민주적인 '불통'과 '밀어붙이기'식의 작태만이 판쳤을 뿐이다. 따라서 유사 이래 최대의 국책 사업임에도 애초부터 민주적 의사소통이나 여론 수렴 방식은 발붙일 여지가 없었다.

'물은 하늘이 만민에게 골고루 내리는 은혜'이기 때문에, 어느 누구에 의해서도 독점당하지 않고 당연히 온 국민이 골고루 공평하게 나누어 써 야 한다는 것은 두말할 나위도 없는 일이다. 마찬가지로 '강 역시 대통령의 독점물도 아니고, 기업들이나 힘 있는 사람들의 돈벌이 수단이 되어서도 안 되며, 정부 부서가 마음대로 좌지우지해도 좋은' 그런 존재가 결코 아니 다. 강은 오히려 만인의 공유물이기 때문에, 그 처리에 대해 누구나가 다 공평하게 권리를 주장하고 또 의무를 분담하지 않으면 안 되는 것이다. 따 라서 민주적인 국정 관리 체계가 갖추어지지 않으면 안 된다. 하지만 4대 강 사업은 전적으로 이런 과정과 절차를 철저히 무시한 채, 일부 소수 유력 자들에게만 혜택이 돌아가도록 일방적으로 결정되고 시행되어 온 사업이 다. 그러므로 결국에는 강을 살릴 수 없게 될 뿐만 아니라, 국민들에게는 오로지 고통과 갈등만을 선사하게 될 뿐이다.

물론 이 4대강 사업으로 인해 하천 특유의 생태계 역시 필연적으로 파 괴될 수밖에 없음은 물론이다. 육지와 연결되어서 물의 흐름과 생물들의 왕래가 자유스러운 강으로 존속할 때 비로소 건강한 생태계를 이룰 수 있다는 것도 재론의 여지가 없는 사실이다. 따라서 강을 파괴해 물길을 직선으로 만들뿐만 아니라, 둑을 쌓아 육지와 단절시키고 또 댐을 쌓아 모든 곳을 깊은 웅덩이로 만들어 물이 흐르지도 못하게 채워 놓는 운하를 건설하면서, "강의 생태계의 건강성을 회복한다는 말은 전혀 사리에 맞지 않다. 이는 결국 많은 생물들은 살 곳을 찾지 못해 죽고 물은 썩고 홍수 범람"을 일으키는 대재앙으로 귀결될 수밖에 없게 될 것이다.[36]

따라서 기술적인 면에서나 생태계의 본성상, 이 사업은 강을 살리는 사업이 아닐 뿐만 아니라, 결코 성공할 수도 없는 사업임이 명백하다. 그러나 무엇보다 결정적으로 심각한 문제는 이 사업이 다시는 되돌이킬 수 없는 영구적인 자연 훼손을 자초하게 됨으로써 결국에는 애꿎은 후손들에게까지 자손만대에 걸쳐 세세손손 극복할 수 없을 정도의 어마어마한 굴레와 부담을 지울 수밖에 없게 된다는 점이다.

더욱이 4대강 사업은 생명 공동체 말살 작업 그 자체다.

가령 가장 비옥한 지역에서 토양 1센티미터를 만드는 데도 몇 백 년이 걸린다고 한다. 그런데 '유기체의 살아 있는 공동체'가 바로 이 토양이다. 토양은 죽거나 부식되어 가는 미생물, 동물, 식물들이 진흙, 모래, 자갈 등과 어울려 만들어 내는 미지의 세계라 할 수 있다. 한마디로 토양은 '생명체로 이루어진 창조물'이라는 말이다. 예컨대 찻숟갈 하나 정도의 토양에는 30억가량의 박테리아와 1백만가량의 이스트나 곰팡이 같은 세균류가 살고

---

36 같은 곳.

있다고 한다. 그러므로 토양에는 "창조물이 서식하는 진정한 의미의 동물원"이 들어 있는 셈이다. 박테리아나 곰팡이가 물질을 분해해서 퇴적물로 만들면, 지렁이가 그것을 먹고 배설해 토양의 양분을 만든다. 그리고 벌레들이 엄청난 양의 토양을 샅샅이 누비고 다니기 때문에, 물이나 공기, 유기물질 등이 땅속으로 스며들 수 있게 된다고 한다. 이렇게 볼 때, 강은 단순한 잠재 에너지원이거나 관개시설의 대상이 아니라, '대지의 핏줄'인 것이다. 그리고 토양은 단순한 티끌이 아니라 살아 있는 생명체, 그 자체다.[37]

심지어는 성경까지 팔을 걷어붙이고 나서서 엄중하게 훈계한다. 구약 '에스겔' 47장 9절에서도, "이 강물이 이르는 곳마다 번성하는 모든 생물이 살고 또 고기가 심히 많으리니, 이 물이 흘러들어 가므로 바닷물이 되살아나겠고, 이 강이 이르는 각처에 모든 것이 살 것"이라고 가르친다.

그러나 한 '기독교 장로'만이 성경 말씀을 거역한다. 그런 탓에 강을 '살린다'고 하면서, 생명체 서식지를 황폐하게 만들어 버리고 마는 것이다. 급기야는 철새를 쫓아내면서 '철새 낙원'을 만든다는 억지 주장을 늘어놓아, "무식하면 용감하다"는 조롱을 감수해야 할 지경에까지 이르고야 말았다.[38] "생태계는 우리의 보금자리"다. 이 자연계의 "모든 생명체들은 우리가 사용할 수 있는 원료나 기회나 상품이 아니라 모두 우리의 친척들"인

---

37 데이비드 스즈키, 『마지막 강의 : 지속 가능한 미래를 상상하라』(오강남 옮김, 서해문집, 2012), 39-41쪽, 137쪽.

38 최병성, 『강은 살아 있다 : 4대강 사업의 진실과 거짓』(황소걸음, 2010), 214쪽.

것이다. 이를테면 그들은 "우리에게 가장 필요한 것을 공급해 줄 뿐만 아니라 우리의 동반자가 되고 우리의 삶을 아름다움과 신비와 외경으로 풍요롭게" 만들어 주는 존재란 말이다.[39]

그럼에도 불구하고, 아니 사실은 '도둑이 제 발 저린' 식으로 바로 그 때문에, 이명박 정부는 '저탄소 녹색 성장 비전'을 대내외 브랜드로 만들었다. 그리고 이런 녹색 드라이브를 통해 우리 대한민국의 장밋빛 미래 이미지를 세계에 각인시키기 위해 대단히 능동적이고 진취적으로 선전 활동을 적극 강화해 성공적으로 세계의 이목을 끌어모으기도 했다. 이윽고 우리 정부는 2009년 OECD 각료 이사회에서 '녹색 성장 선언'을 주도하게 되었고, 이어서 이를 계기로 우리가 제안한 'OECD 녹색 성장 전략 보고서'가 채택되도록 이끄는 빛나는 전과를 올리기도 했다.[40]

하지만 외국 전문가나 매스컴 등의 4대강 사업에 대한 비판은 참담할 정도로 혹독하다. "4대강, 완전히 정신 나간 짓"이라거나, "한국 최대의 환경 스캔들", "생태계의 대참극", "4대강 사업, 자연에 대한 강간", 또는 "도저히 이해할 수 없는 사업", "오로지 건설업계만을 위한 사업", "4대강 마음 아프다, 중단시켜야" 등등의 참혹한 비판이 주를 이룬다.[41] 다시 한 번 더 자연 사랑에 국경이 없음을 여실히 입증한 셈이다.

---

39 김정욱, "4대강 사업의 문제점과 진정한 강 살리기," 『공동선』(2010, 03+04월호), 136-137쪽.

40 『서울신문』(2011/05/20).

41 『한겨레신문』(2012/02/14)과 『오마이뉴스』(2010/03/01; 2011/09/08).

이런 우리의 가슴 아픈 현실은 자연을 아끼고 사랑하는 외국의 멋들어진 미풍양속과 대조되면서, 우리는 더욱 고개를 들 수 없는 깊은 자괴감에 빠져들기도 한다. 예컨대 수백 년 자란 플라타너스가 멋지게, 그야말로 '하늘 향해 두 팔 벌린' 듯이 늘어서 있는 아름다운 프랑스 남부 프로방스의 시골길이 우리에게 환상을 심어 준다. 많은 관광객들이 이곳을 지나며 감탄을 연발할 수밖에 없음은 지극히 자연스러운 일일 것이다. 그에 덧붙여, "한 그루의 나무에도 역사와 문화가 살아 숨 쉰다는 것을, 그리고 한 그루의 나무를 키우는 데는 우리가 살아 낼 시간보다 더 많은 시간이 걸린다는 것을" 잘 깨닫고 있는 프랑스인들의 자랑스러운 품격에 대한 찬탄이 물론 그 뒤를 잇는다.[42]

그런데 우리는 어떤가. 눈 깜짝할 사이에 수천 년을 통쾌하게 짓이겨 버리고는 기고만장해 한다. 지금까지의 분석에 비추어 볼 때, 이명박 표 '녹색 성장' 구호와 '4대강 사업', 둘 중 하나는 명백한 사기다. 그런데 어느 쪽을 폐기 처분하는 것이 올바른 정치일까.

한마디로 4대강 사업은 자연이 수천, 수만 년에 걸쳐 서서히 이룩해 온 것을 단 한순간에 송두리째 함몰시켜 버리는, 생명 공동체 말살 작업이라 단정할 수 있다. 요컨대 '살리기'가 아니라, '대량 학살' 그 자체인 셈이다. 이런 의미에서 자연에 대한 세기적 홀로코스트인 것이다. 아울러 자연이야말로 모든 생명체가 조화롭게 어울려 공존·공생하는 가족적 생명 공동

---

42 『오마이뉴스』(2010/03/01).

체라는 관점에서 볼 때, 4대강 사업은 '동족상잔' 및 '친족 살해' 행위와 다를 바 없다고 말할 수 있을 정도다.

'자연을 죽이면, 자연이 죽인다'라는 우리의 기본 테제를 새롭게 적용하면, '강을 죽이면, 강이 죽인다'가 된다. 요컨대 4대강 '살리기'는 바로 한민족 '죽이기'인 것이다. 이를테면 '살린다'고 외쳐 대면서, 실은 소신껏 '죽이고' 있는 것이다. 더구나 우리는 무엇보다도 빼어난 '자연 친화적인' 공동체적 삶의 전통을 지니고 있는 민족이다. 하지만 4대강 사업은 이런 우리 민족의 숭고한 정신적 토대를 일거에 무너뜨리고 있다. 그러므로 반민족적 만행과 다를 바 없는 것이다. 그리하여 그것은 급기야는 우리 민족의 정신적 공황을 자초하게 될 수밖에 없으리라 짐작된다. 이런 의미에서 4대강 반대 투쟁은 또한 우리의 민족적 '생존권 투쟁'이기도 한 것이다.

그러나 이명박 대통령에게는 그게 다가 아니다. 그는 태평스레 또 하나를 추가하고 있다. 구럼비 바위 폭파다.

종교계에서는 '태초에 하나님이 창조한 자연을 영영 복원할 수 없다'고 절규하며, '제주 구럼비 발파'를 한목소리로 규탄하고 있다. 천지창조 이래 쌓이고 쌓여 온 자연의 위대함과 또 그를 기리는 인간의 정성이 빚어낸 고귀한 고고학적 가치가 눈 깜짝할 사이의 경박한 손가락 놀림 하나로 영원히 사라져 버린다. 영원히 복구할 수 없음은 물론이다. 게다가 정부의 주장과는 달리, 이곳이 해군 군항으로도 문제점이 많다는 탁월한 언론 분석까지 뒷받침된다. 하지만 여기서 망가지는 것은 구럼비뿐만이 아니다. 이와 더불어 지역사회의 공동체적 결속과 생명과 평화와 민주주의의 소중한 가치까지 동시에 폭파되고 있는 것이다.

그렇다면 아무 잘못도 없는 우리의 후손들에 대한 책임은 과연 누가 질 것인가. 그래도 우리 국민뿐이다.

우선 선거를 통해 이 야만을 자행한 정치권에 대해 단호히 책임을 묻지 않으면 안 된다. 국민은 치욕을 모른다. 항상 승리할 수밖에 없기 때문이다. 오죽하면 고래로부터 '민심'이 '천심'이라고 했겠는가. 우리 국민의 위대함만이 구럼비 바위와 민주주의, 그리고 생태계를 지켜 낼 수 있는 것이다.

5장

자연의 인간

오늘날 세계사적 '이중 위기'가 이 지구를 뒤덮고 있다. '인간 위기'와 '자연 위기'가 바로 그것이다.

지금껏 인간은 마치 이 대자연의 절대자라도 되는 것처럼, 이른바 '만물의 영장'이라는 번뜩이는 창검을 호기 있게 휘둘러 대며 전횡을 일삼아 왔다. 바야흐로 바로 이런 인간이 생태계를 가장 혹독하게 교란하는 결정적인 불순 세력임이 만천하에 드러났다. 현재 심각한 우려를 자아내고 있는 이른바 '환경문제'는 실은 '인간 문제'와 불가분의 상관관계를 맺고 있다. 동전의 양면과도 같은 것이다.

이런 관점에 서서, 이 장에서는 특히 다음과 같은 두 개의 기본 테제를 논의의 기본 축으로 설정한다.

첫째, 생태 문제가 근원적으로 인간 문제일 수밖에 없다는 입장에서 출발해, 자연론은 곧 인간론이기도 하다는 논지에 입각한다.

둘째, 민주주의를 궁극적으로는 인간 사회의 범주를 뛰어넘어 전 생태계를 아우르는 총괄적 이념으로 파악한다. 하지만 직접적으로는 자연과 인간 사이의 친화적 연결 고리로 기능할 정신적·실천적 개념으로 이해한다. 따라서 '생태 환경' 민주주의를 모든 생명체 상호 간의 동등권 복원 이념으로 인식한다. 왜냐하면 생태 문제 자체를 근원적으로 "자연에 대한 인간 권리의 문제"가 아니라[1] 인간의 의무와 직결되는 것으로 판단하기 때문이다. 이런 의미에서, '생태 환경' 민주주의를 크게 두 개의 범주를 포괄하는 것으로 해석한다. 하나는, 인간 중심적 환경, 다시 말해 인간 사회의 '환경' 민주화, 그리고 다른 하나는, 전체 생태계를 대상으로 하는 '생태' 민주화가 바로 그것이다. 따라서 이 장은 '생태 환경' 민주주의의 본질에 대한 분석을 토대로, 그 자연스러운 지향점으로서 현대 원시주의 생태론을 제시하는 것으로 마무리될 것이다.

---

1 양근석·이을상, "동양의 자연관과 생태 철학의 이념 : 유가 사상을 중심으로"(『국민윤리연구』, 39호, 1998), 218쪽

자연의 휴머니즘[2]

오늘날과 같은 상황에서는 특히 인간존재에 대한 자연의 의미와 가치가 거의 절대적인 것처럼 보인다. 한편으로 자연의 창조 의지를 되새겨 볼 때, 그리고 다른 한편으로 자연의 특수한 피조물이라 할 수 있는 인간 스스로가 심지어 창조 주체인 자연 자체를 심각하게 훼손하고 있는 오늘날과 같은 특이한 시대 상황을 염두에 둘 때, "자연의 유일한 주제"가 오히려 "휴머니티"가 되어야 함이 더욱더 절실해 보인다.[3] 특히 인간이 자연의 "본질적인 작용 요소"wesentlcher Wirkfaktor이기 때문에, 자연이 "인간적 자연"anthropogene Natur일 수밖에 없음은 자명한 이치라 할 수 있다.[4]

그렇다면 이런 '인간적 자연'이 우리 인간에게 도대체 어떤 가치와 정신을 심어 준 것으로 이해할 수 있을까. 크게 두 가지다.

첫째, 자연이 원래 모든 인간에게 그 어느 누구도 결코 거부할 수 없는 오직 하나의 '자연적 절대 평등'을 부여했다는 사실이다. 인간은 어차피 자

---

2 이 부분은 박호성, "자연의 휴머니티에 관한 소고"(『시대와 철학』, 2011년 여름, 제22권 2호)의 기본 논지에 입각해 있긴 하지만, 이 책의 전반적인 체계 및 전체적인 흐름에 맞게 대폭 가감·첨삭해 적절히 수정했다.

3 이 부분에 대해서는 Leroy S. Rouner(ed.), *On Nature*(University of Notre Dame Press, 1984), p. 136을 참조할 것.

4 Gernot Böhme, *Natürlich Natur : über Natur im Zeitalter ihrer technischen Reproduzierbarkeit* (Suhrkamp Verlag, Frankfurt am Main, 1992), p. 16. 이런 의미에서 뵈메는 "사회적 자연과학"(soziale Naturwissenschaft)이라는 개념을 끌어들이기도 한다.

연에서 와서 더불어 다시 자연으로 되돌아갈 수밖에 없는 존재다. 이를테면 자연은 우리 인간을 죽음이라는 절대 평등의 벽 앞에 함께 서있을 수밖에 없는 유한한 존재로 창조했다는 말이다. 따라서 우리 인간은 이런 허망한 절대 평등의 울타리 안에서 더불어 살아가다가 결국 더불어 이 세상을 하직할 수밖에 없는 '피붙이 공동 운명체'로서, 서로를 아끼고 격려하고 도우며 함께 살아가야 할 자연적 소명을 부여받은 존재인 것이다. 부귀한 사람도 빈천한 사람도, 언젠가는 모두 자연으로 돌아가게 되어 있다. 자신의 산물들이 상호 공존·공생·공영을 함께 누리게 될 것을 바라는 것, 이것이 자연의 자연스러운 소망 아니겠는가.

둘째, 자연은 — 이런 인간의 자연적 절대 평등으로 말미암아 — 우리 인간을 필연적으로 서로 '연대'Solidarity하도록 창조했다는 사실이다. 말하자면 우리 인간은, 무한히 유한한 존재로서, 서로 연대하며 살아갈 수밖에 없도록 자연에 의해 운명 지어졌다는 말이다. 다른 생명체와 마찬가지로, 인간 역시 자연 앞에서는 서로 평등한 존재임은 두말할 나위도 없다. 루소 또한 "자연의 질서 아래에서는 인간은 모두 평등"하다고 외치지 않았던가.5 이런 인간의 '자연적 평등' 명제에 입각한다면, 평등한 인간 사회 건설을 위해 매진하는 것이야말로 지극히 자연스러운 자연의 인본주의적 요청임이 자명해진다. 셰익스피어 역시 "자연의 부드러운 손길은 온 세상을 하나로 만든다"고 강조했다.6

---

5 장 자크 루소, 『에밀』(민희식 옮김, 육문사, 1995), 30쪽

무엇보다 죽음 앞에서는 우리 인간 모두가 한갓 무상한 유한자일 수밖에 없다. 그러므로 평등하게 허무한 존재들끼리 서로 손잡고 조화롭게 공존해 나가지 않는다면, 이 인간적 삶이 얼마나 극도로 피폐해지겠는가. 또한 필연적으로 자연으로 되돌아갈 수밖에 없는 이런 인간적 유한성으로 말미암아, 인간은 고독해질 수밖에 없는 운명을 타고난 존재다. 끝이 있을 수밖에 없는 존재가 어찌 고독해지지 않을 수 있겠는가. 우리 인간은 본성적으로 고독한 존재인 것이다.[7] 하지만 바로 이런 숙명적인 고독이 인간적 연대의 원천으로 작용하게 된다. 호르크하이머Max Horkheimer도 연대의 "실존적인 동인을 '고독'이라" 설파하지 않았던가.[8] 이런 의미에서 우리 인간에게 연대란 인간적 공존·공생을 위한 지극히 자연스러운 본능적 행위, 그 자체라 할 수 있다. 그러므로 연대는 자연의 순리를 따르는 행위인 것이다.

또한 자연은 인간으로 하여금 자연 속의 모든 생명체들과 평등하게 연대하도록 하는 소명 역시 함께 부여했다. 따라서 그 또한 인간의 본성에 필연적으로 내재하는 자연의 요청임은 두말할 나위도 없는 일이다. 그러므로 인간이 시공을 초월해 다른 뭇 생명체들과 '심지어' 호흡을 함께 나누는

---

6 잭 캔필드·마크 빅터 한센·스티브 칙맨 엮음, 『자연이 우리에게 준 1001가지 선물』(신혜경 옮김, 도솔 출판사, 2005), 55쪽

7 이런 인간 본성의 본질적 구성 요소인 '고독'과 '욕망'의 문제에 대해서는, 박호성, 『공동체론 : 화해와 통합의 사회·정치적 기초』(효형, 2009), 521-534쪽 참조.

8 라이너 촐, 『오늘날 연대란 무엇인가 : 연대의 역사적 기원, 변천 그리고 전망』(최성환 옮김, 한울아카데미, 2008), 131쪽에서 재인용.

동료일 수도 있음은 그리 놀랄 일이 아닐지 모른다. 사실 인간은 이 지상의 다른 사람들과만 호흡을 같이하는 게 아니다. 예컨대 나무나 새, 그리고 나비나 벌도 우리 인간과 호흡을 함께 나누는 파트너가 될 수 있다.

예컨대 미국 천문학자 할로 섀플리Harlow Shapley는 우리가 숨 쉬는 공기에 대해 대단히 독창적이고도 놀랄 만한 연구를 수행한 적이 있다. 그의 연구 결과에 의하면, 우리가 숨을 내쉬어도 일정량의 공기는 그대로 우리 몸속에 남아 있다. 그런데 '아르곤'이라 하는 1%의 공기는 비활성 기체로서, 우리가 숨을 들이쉬면 우리 몸속으로 들어왔다가 숨을 내쉴 때 다시 밖으로 나간다. 그리고 한 번 내쉰 숨은 몇 분 안에 주위의 공기와 섞여서 결국 지구 전체로 퍼져 나가게 되는데, 1년 후 우리가 어디에 있든지 간에, 한 번 숨을 쉴 때마다 이미 1년 전 쉬었던 숨에서 나온 아르곤 원자 15개씩을 다시 들이마시게 된다는 것이 섀플리의 주장이다. 따라서 우리가 숨을 쉴 때마다 우리가 들이마시는 숨에는, 예컨대 잔다르크나 예수 그리스도의 몸에 들어가 있던 아르곤 원자가 들어 있을 수도 있다는 것이다. 이런 맥락에서 섀플리는 우리가 숨을 쉴 때마다, 그 속에는 6,500만 년 전 공룡의 가슴에 들어 있던 아르곤 원자가 들어 있을 뿐만 아니라, 동시에 먼 미래의 모든 생명체에게 우리가 쉰 숨을 나눠 주기도 한다고 역설한다. 이처럼 지구상의 모든 생명체에게 생명을 주는 "신령한" 요소라 할 수 있는 공기는 모든 생명을 하나의 태반에 연결시킬 뿐만 아니라, 동시에, 과거·현재·미래를 단 하나의 흐름으로 연결하는 일을 수행하기도 한다는 것이 그의 지론이다.[9]

　　이런 속성은 사람과 사람 사이에서는 더 이상 긴 말이 필요 없을 정도다. 방금 내 몸속에서 더운 피를 타고 흐르던 나의 숨결이 바로 옆 사람의 가슴으로 흘러들어 가는 공기가 되고, 조금 전 어느 집 문창살을 부러뜨린 거센 바람이 지금은 내 이마의 땀결을 고르는 부드러운 미풍이 되어 살랑거리기도 한다. 그러하니 자신만 생각하며 살아간다는 것은 자연의 순리를 거스르는 배타적 행위일 수밖에 없다. 사람끼리 나누는 악수는, 아니 함께 부여잡은 손은, 또 얼마나 인간적이며 자연적인가. 그때 우리는 단 한 사람의 손만을 잡는 게 아니라, 여태까지 그들이 더불어 잡았던 모든 사람들의 손을 다 같이 잡는 셈이 되는 것이다. 그러하니 우리가 서로 부여잡는 이런 교유와 연대의 손길을 어찌 우리 인간 사이에만 한정시킬 수 있겠는가. 자연의 섭리를 따라, 마침내 살아 있는 모든 것, 물과 공기, 이 지구와 온 인류를 향해 원대하게 뻗어 나가는 손길이 될 수 있음은 자명한 이치다. 이런 의미에서, 인간 사이의 악수는 대자연의 모든 생명체와 공유하게 될 웅장한 연대의 미세한 진원지에 지나지 않는다고 말할 수 있다.

　　사실 인간은 여러 모로 보나 대단히 뒤떨어진 동물에 지나지 않는다. 하지만 오로지 엄청난 기억력, 만족할 줄 모르는 호기심, 놀라운 창조성, 그리고 육체적·감각적 모자람을 보상하고도 남을 정도의 풍부한 자질들을 제공해 주는 2킬로그램 정도의 두뇌 탓에, 인간은 만물의 영장으로 등

---

9 이에 대해서는, 데이비드 스즈키, 『마지막 강의 : 지속 가능한 미래를 상상하라』(오강남 옮김, 서해문집, 2012), 115-116쪽을 참조할 것.

극할 수 있었다. 그러나 인간은 선천적으로 몹쓸 운명을 타고난, 지극히 불우한 모순 덩어리 생명체인 것만 같다. 왜냐하면 바로 이 두뇌의 힘으로 인간은 배은망덕하게도 자신을 배태해 준 자연을 짓이기는, 자연적 동족상잔 및 친족 살해 행위를 마다하지 않기 때문이다. 사실 이런 것이 인간의 '자연적 원죄'인 셈이다. 그런 연고로 인간이 "참으로 대단한 동물임을" 결코 부인하지는 않으면서도, "스스로 저지른 온갖 잘못 때문에 갈 길을 재촉"할 수밖에 없는 운명을 지닌 탓에, "지구 구석구석 저질러 놓은 잘못이 너무도 심각해, 짧고 굵게 살며 어지간히 말썽을 많이 부리고 가버린 동물로나 기억"되리라는 비관적인 전망까지 제시되곤 한다. 인간이란 그리 오래 번성하지는 못할 불우한 동물인 것만 같다는 탄식인 것이다.[10]

하지만 인간의 위대함은 — 마치 그가 울기도 하면서 웃을 줄도 아는 것처럼 — 스스로가 지극히 역설적인 존재라는 사실에 있다. 그러므로 인간은 자신이 부여받은 자연의 힘을 통해 역설적으로 바로 이런 '원죄'를 스스로 청산할 수도 있는 역량을 지닌 생명체이기도 함은 자명한 이치다. 말하자면 인간은 이렇게 스스로 원죄를 극복해 넘으로써 비로소 진정한 의미의 만물의 영장으로 거듭날 수 있는 존재이기도 하다는 말이다.

이런 취지에서 이 지상의 모든 생명에 대해 '연민의 정'을 기울여, 최대한 많은 것에 동료로서의 이득을 베풀고 최소한의 것에 부득이한 해를 끼치도록 노력하는 것이야말로 지극히 자연적이고 인간적인 행위라 할 수

---

10 같은 책, 140쪽.

있을 것이다. 이 자연 속에 존재하는 모든 생명체가 '생명'生命, 즉 '살라는 명령'을 함께 부여받았을 뿐만 아니라 살 권리 역시 공평히 지녔으니, 우리가 줄 수 없는 생명을 어찌 우리 손으로 함부로 취할 수 있겠는가. 그러나 "인간 중심의 사고는 뭇 생명을 도구화하기 쉽다." 그러므로 생명의 근원에 있어 인간과 다를 바 없는 짐승에게까지 "인간 중심의 사랑"이 아니라 내면적인 "생명 본위의 사랑"을 베풀 때, 인간은 비로소 '만물의 영장'으로 자리매김될 수 있을 것이다.[11]

후기 스토아학파의 대표적인 철학자인 로마의 세네카 역시 이성적 존재로서 인간이 서로 동등함을 강조하면서, 무엇보다 자연의 섭리에 따른 행복한 삶의 가치를 역설한 바 있다. 그는 "이성은 자연에 주목하고, 자연에서 조언"을 구한다고 주장한다. 이런 관점에 입각해 그는 "행복하게 사는 것과 자연에 따라 사는 것은 같은 것"이므로, 응당 "자연을 인도자로 삼아야" 한다고 촉구하기도 했다. 또 세네카는 자기 자신이 "남들을 위해 태어났음을 의식하며 살아갈 것"이라 스스로 다짐하면서, 그런 삶을 가능케 해준 "자연에 감사할 것"이라 고백한다. 나아가 "자연은 나를 만인에게 선사했고 내게 만인을 선사했으니, 어떻게 자연이 나를 이보다 더 잘 보살필 수 있겠는가" 하고 경탄할 수밖에 없었다. 요컨대 그는 모든 인간존재 및 인간관계가 다 자연의 더할 나위 없이 숭고한 '선물'임을 잊지 않겠노라고 스스로 겸허히 다짐하고 있는 것이다. 그리하여 세네카는 "자연에서 벗어

---

11 서문성 엮음, 『삶의 지혜와 진리가 담긴 인연 산책 : 인연과 이야기』(미래북, 2006), 112-113쪽.

나지 않는 것, 자연의 법칙과 본보기에 따라 자기를 형성하는" 삶의 자세
야말로 곧 "자신의 본성과 조화를 이루는" 행복한 삶의 지혜로운 토대 그
자체가 아닌가 하고 역설하기도 한다.[12]

그러므로 가장 비자연적이고 비인간적인 것은 바로 이기적인 삶의 태
도라 할 수 있다. 루소는 『에밀』에서 이렇게 절규한다. "이기심은 항상 자
신을 남들과 비교해 보기 때문에, 만족하는 일이 결코 없고, 또 만족될 수
도 없다. 왜냐하면 이 감정은, 다른 누구보다도 자신을 사랑하면서, 다른
사람에 대해서도 그 자신보다 자기를 사랑해 줄 것을 요구하기 때문이다."
그러나 이런 요구는 자신이 남보다 우월해야 한다는 유아독존식 자긍심과
결부됨으로써, 다른 사람들이 자신을 항상 그들보다 우월하다고 인정해
주는 것을 전제하기 때문에 충족될 수 없다.[13]

이런 의미에서 인간의 이기주의는 재앙의 불씨며 뿌리다. 갈등과 분쟁
이 숙명적으로 뒤따를 수밖에 없음은 명백한 일이다. 하지만 자연 속에는
이타적인 본성을 지닌 생명체가 적잖다. 예컨대 고래는 다쳐서 거동이 불
편한 동료를 결코 외면하지 않는다. 다친 동료 고래를 여러 고래들이 둘러
싸서 들어 나르기도 하고, 그물에 걸린 동료를 구출하기 위해 그물을 물어
뜯기까지 한다고 한다.[14] 또한 울새, 개똥지빠귀, 박새 같은 작은 새들조차

---

12 루키우스 안나이우스 세네카, 『인생이 왜 짧은가』(천병희 옮김, 숲, 2002), 171, 181, 209쪽.
13 장 자크 루소, 『에밀』(민희식 옮김, 육문사, 1995), 279쪽.
14 최재천, 『생명이 있는 것은 다 아름답다』(효형, 2005), 58쪽.

도, 매가 접근하면, 다른 새에게 경고를 보낸다. 그들은 '동지애' 차원에서 낮게 웅크린 채 특유의 가늘고 새된 소리를 내어, 다른 새들에게 위험을 알린다는 것이다. 그밖에도 침팬지는 대단히 이타적인 동물로 알려져 있다. 그들은 공동 사냥이 끝나면, 포획물을 공유할 뿐만 아니라, 양자까지 들인다고도 한다. 아울러 하등동물, 특히 개미, 꿀벌, 말벌 집단의 구성원들은, 자신들의 집을 사수하기 위해, 언제나 침입자에게 미친 듯이 돌진할 준비가 되어 있다.[15]

이기심이 아니라 연대야말로 인간적 삶의 자연적 소명과 깊은 관련을 맺고 있다는 점을 일찍이 간파한 탓이었는지, 사상의 역사로 볼 때, 이미 고대 그리스에서부터 공동체 안에서의 인간적 '연대' 수립이 얼마나 소중한 사회적 과업인지를 강조하는 목소리가 높았다. 플라톤은 그 선두 주자에 해당된다.

플라톤은 인간 사회에 내재하는 특화된 이기적 욕구를 극복함으로써 공동체 전체의 절대 단합을 확립하는 방안을 탐구하는 과제를 자신의 필생의 목표로 설정했던 듯하다. 그는 요컨대 "각자가 자신의 한 가지 일에 종사함으로써 각자가 여럿 아닌 한 사람으로 되도록 하고, 또한 바로 이런 식으로 해서 나라 전체가 자연적으로 여럿 아닌 '한 나라'로 되도록" 만들어 나가는 것을 자신의 당위적 임무로 인식하고 있었던 것으로 보인다.[16]

---

15 에드워드 윌슨, 『인간 본성에 대하여』(이한음 옮김, 사이언스북스, 2000), 211-212쪽을 참조할 것.

이런 면에서는 아리스토텔레스 역시 크게 다를 바 없다.

그는 특히 "친애"philia/friendship라는 개념을 동원해 가면서까지, 공동체 구성원 상호 간의 굳건한 결속을 촉진하는 인간적 유대 관계의 중요성을 강조했다. 그는 '친애' 혹은 '우의'가 국가의 최고선이라 믿을 정도였다.[17] 이처럼 아리스토텔레스는 인간적 유대 관계의 의미심장함에 방점을 찍으며, 우리 인간들의 삶에서 가장 필수적인 것이 바로 연대라 역설했던 것이다.

이처럼 연대에 대한 사상적 탐구의 역사는 철학의 역사만큼이나 장구하다고 말할 수 있다. 하지만 태양이 높으면 그림자가 길듯이, 연대의 사회적 실상은 적지 않은 오점으로 얼룩져 있다. 오늘날에는 오히려 '사익 절대주의'가 사회적으로 기승을 부리는 실정이다. 인간 사회에 이런 몹쓸 일이 자주 일어날 수 있음을 아리스토텔레스도 이미 잘 깨닫고 있었던 듯하다. 그는 이렇게 다그친다.

모든 자가 한 사람같이 동일한 것을 내 것이라 부르면, 그것은 훌륭한 것이겠지만 실행할 수는 없는 것이다. …… 최대 다수에 의해 공유되는 것은 가장 빈약한 취급을 받는다. 모든 자는 주로 자기 자신의 것을 생각하고 공유물에는 별로 흥미를 갖지 않는다. 그러므로 그가 그 자신 개인으로서 관련될 때 비로소 흥미와 이해를 갖게 되는 것이다. …… 누구나 남이 해주리라고 기대하는

---

16 플라톤, 『국가』(박종현 옮김, 서광사, 1997), 423d.
17 아리스토텔레스, 『니코마코스 윤리학』(최명관 옮김, 서광사, 1984), 1159b와 1167a-1167b.

임무는 소홀히 하는 경향이 있다.[18]

또한 토머스 홉스 같은 이는 "만인에 대한 만인의 투쟁"이라는 깃발까지 치켜들며, 인간 사회의 몰염치한 이기적 참상을 냉혹하게 고발했다.

데이비드 흄도 자신의 『인간 본성론』에서, "내 손가락의 생채기보다 전 세계의 파멸을 선택했다는 것이 이성과 상충되지 않는다"고 말하며, 인간의 이성적 의지에 내재하는 불변의 이기성을 숨기려 하지 않았다. 그렇지만 이런 흄도 마냥 인간의 이기적 본성에만 안주할 수는 없었던 모양이다. 곧이어 그는 "내가 인디언이나 전혀 모르는 사람이 불편하지 않도록 하기 위해 나 자신의 파산을 선택했다는 것" 역시 이성에 어긋나지 않는다고 술회할 수밖에 없었다.[19] 그러나 그는 자기의 조카보다는 자기 자식을 더 사랑하게 되는 것이 인간의 자연스러운 본성임을 잊지는 않는다. 어쨌든 흄은 사람들에게 "어느 정도의 자기중심성"은 허용한다. 왜냐하면 자기중심성이란 것이 인간의 본성과 분리될 수 없을 뿐만 아니라, 우리의 기질과 생리 구조 속에 내재하는 것이라는 것을 잘 알고 있었기 때문이다. 그러므로 그는 "인간으로서 자신과 거리가 먼 것과, 자신들의 특정 이익에 아무런 도움이 되지 않는 것 등에 진심으로 애착을 갖는 사람"이 드물다는 것뿐만 아니라, "자신의 이익과 대립되는 사람들을 용서하는 사람을 만나는 것"

---

18 아리스토텔레스, 『정치학』(이병길 옮김, 박영사, 2006), 1261b32.
19 데이비드 흄, 『인간 본성에 관한 논고 2 : 정념에 관하여』(이준호 옮김, 서광사, 1996), 161쪽.

역시 드물다는 사실을 잘 깨닫고 있었다.[20] 이처럼 자기애 또는 이기심이 대단히 자연스러운 인간 본성의 본질적 구성 요소임을 부인하기는 매우 힘든 것이 틀림없는 사실이다.

근래에는 예컨대 개릿 하딘Garrett Hardin이나 일리노 오스트럼Elinor Ostrom 같은 학자들이 나서서 "공유의 비극"이란 개념을 사용해 가며, 이런 문제에 대한 치열하고 흥미로운 연구 업적들을 많이 내놓고 있다. 이와 관련해 무엇보다 '공유지의 황폐화' 논제를 떠올려 볼 수 있다. 모든 사람에게 같은 목초지에서 목축할 권리가 부여되어 있다면, 어느 누구도 그곳이 사유지였다면 당연히 행사했을 법한 자기 규제를 외면하게 된다는 것이다. 각 목장주는 자기가 기르고 있는 가축들로부터는 직접적인 이익을 향유하지만, 자신의 가축과 다른 사람의 가축이 과잉으로 방목될 경우에는 공용 목초지의 고갈로 지속적인 손실을 감수해야 한다. 개별 목장주는 자신이 키우는 가축들로부터는 직접적인 이익을 거두어들이지만 과잉 방목의 결과로 빚어지는 손실은 그 일부만 부담하면 되기 때문에, 자연스레 될 수 있는 대로 많은 가축들을 목초지에 내보내고자 한다. 그렇게 되면 방목되는 가축의 수효가 목초지의 넓이에 비해 과도하게 되고, 결국엔 풀도 사라지게 된다.

이런 상황에 대해 하딘은 다음과 같은 결론을 내린다.

바로 여기에 비극이 있는 것이다. 각자는 제한된 영역에서 무제한으로 자신의

---

20 데이비드 흄, 『인간 본성에 관한 논고 3 : 도덕에 관하여』(이준호 옮김, 서광사, 1998), 154쪽.

가축을 증대시키지 않을 수 없는 체계 속에 갇히게 된다. 공유지는 누구나 자유롭게 사용할 수 있다는 믿음 속에서 각자 자신의 최선의 이익만을 추구함으로써, 폐허화는 모두가 돌진해 들어가는 종착점이 되고 만다.[21]

혹시 우리 사회는 지금 이 "폐허"를 향해 웃으며 돌진해 가고 있는 것은 아닐까? 폐허란 공멸, 곧 모두의 몰락을 의미한다.

뿐만 아니라 의사까지 나서고 있다. 『뇌내혁명』이란 책으로 선풍을 불러일으킨 일본 의사 하루야마 시게오는 '활성산소'를 유전자의 노화 및 질병으로의 길을 재촉하는 악성 인자로 규정한다. 그런데 에고가 지나쳐 자기 이익만을 탐하는 이기주의가 극성을 부릴 때, 바로 이 활성산소가 대량으로 방출되어 명을 재촉하게 된다는 것이 그의 지론이다. 이런 관점에서 그는 인간을 포함한 모든 생물체가 "개체로서가 아니라 종種으로서" 생명을 유지하지 않으면 안 된다고 촉구한다.[22] 이를테면 이기주의란 자신의 생명까지 거스르는, 반인륜적·반인류적인 폐해라는 말이다. 무서운 말이다.

인간은 이성이라는 미명하에 비이성적으로 행동할 수 있는 유일한 피조물이다. 그러나 인간이 그렇게 '만들어진' 존재이긴 하지만, 동시에 자신을 새로이 '만들어 나갈 수도 있는' 유일한 존재이기도 함은 부인할 수 없

---

21 일리노 오스트럼, 『집합행동과 자치제도 : 집합적 행동을 위한 제도의 진화』(윤홍근 옮김, 자유기업센터, 1999), 23쪽.
22 하루야마 시게오, 『뇌내혁명』 3권, 완결편(심정인 옮김, 사람과책, 1999), 51쪽.

는 사실이다. 인간은 역설적 존재다. 그러므로 인간은 이성의 힘으로 자신의 비이성적인 행위를 규제할 수도 있는 존재인 것이다. 자기애 또는 이기심이 인간 본성의 본질적 구성 요소임이 틀림없지만, 동시에 박애 또는 이타심 역시 그러하다는 사실에 주목할 필요가 있다.

더구나 자연에 대한 방종放縱으로 일관하는 오늘날과 같은 '비상사태'하에서는 이런 '인간화', 곧 인간성의 복원이란 것이 역으로 자연의 섭리를 추종함으로써 비로소 가능해지리라 여겨진다. 무엇보다 "자연계를 구성하는 종들은 모두 상호 의존적이기 때문에, 그 균형을 깨는 일은 그 어느 구성원에게도 궁극적인 이득이 될 수 없기" 때문이다.23 애초에 자연은 우리 인간 역시 서로 상부상조함으로써 자신의 결함과 부족함을 스스로 보완하도록 창조했다고 말할 수 있다. 따라서 바로 이런 자신의 창조 의지에 입각해, 자연은 인간으로 하여금 연대 정신을 함양하도록 가르치고 또 환기시키는 것이다. 동시에 자연은 ― 자신이 스스로 생명을 부여한 꽃사슴이나 지렁이, 장미나 잡초, 약초나 독초 등을 결코 차별하지 않는 것처럼 ― 인간을 서로 동등한 존재로 창조한 탓에, 인간과 인간 사이에 온전한 평등 의식이 선양되어야 함을 다그치기도 한다. 이를테면 평등 의식의 선양과 연대 정신의 함양, 이런 것이야말로 지극히 자연스러운 자연의 인본주의적 요청이라 할 수 있는 것이다.

하지만 미국은 이런 자연의 염원과 기대를 짓이긴 경력이 화려하다. 미

---

23 제인 구달·세인 메이너드·게일 허드슨, 『희망의 자연』(김지선 옮김, 사이언스북스, 2010), 12쪽.

국 대통령 프랭클린 피어스Franklin Pierce는 1855년, 북미 인디언 수와미 족
의 추장 시애틀에게 부족들이 거주하는 땅을 미국 정부에 팔고 보호구역
으로 이주하라고 통보했다. 하지만 인디언들에게 땅이란 것은, 백인들과
는 달리, 돈으로 계산할 수 없는 소중한 자산이었다. 미국 독립 200주년을
맞아 미국 정부가 공개한 시애틀 추장의 답서에는 야만인을 자처하는 한
인디언의 ─ 당대뿐만 아니라 여러 세기 후의 이른바 문명 세계까지도 간
곡히 통촉시키고자 했던 것처럼 보이는 ─ 자연을 향한 애절한 호소가 담
겨 있다.

어떻게 감히 하늘의 푸름과 땅의 따스함을 사고팔 수 있습니까? 우리의 소유가
아닌 신선한 공기와 햇빛에 반짝이는 냇물을 당신들이 어떻게 돈으로 살 수 있
다는 말입니까?

이 땅의 모든 부분은 우리 종족에게는 거룩한 것입니다. 아침 이슬에 반짝이는
솔잎 하나도, 냇물의 모래밭도, 빽빽한 숲의 이끼 더미도, 모든 언덕과 곤충들
의 윙윙거리는 소리도, 우리 종족의 경험에 따르면 성스러운 것입니다.

우리는 땅의 한 부분이고, 땅은 우리의 한 부분입니다. 향기로운 꽃들은 우리
의 형제며, 사슴, 말, 커다란 독수리까지 모두 우리의 형제들입니다. 그리고 거
친 바위산과 초원의 푸름, 포니의 따스함, 그리고 인간은 모두 한 가족입니다.

산과 들판을 반짝이며 흐르는 물은 우리에게는 그저 물이 아닙니다.

물속에는 훨씬 깊은 의미가 담겨 있습니다. 그것은 우리 조상들의 피입니다.

깊고 해맑은 호수는 우리 민족의 역사와 기억들을 되새겨 줍니다. 강은 우리의

형제로서, 우리의 목을 적셔 줍니다. …… 우리는 백인들이 우리의 풍습을 이해하지 못한다는 것을 잘 알고 있습니다. 당신들은 어머니인 땅과, 형제인 하늘을 마치 보석이나 가죽처럼 사고파는 것으로 여기고 있습니다. 하지만 그 욕심은 땅을 모두 삼켜 버릴 것이고, 우리에게는 결국 사막만이 남을 것입니다. …… 도시의 소음은 우리의 귀를 모독하는 것 같습니다. 사람이 냇가에서 수다 떠는 개구리들과, 달콤한 풀을 뜯는 염소의 소리를 듣지 못한다면, 사는 것이 무슨 의미를 지니겠습니까? 나는 붉은 사람(인디언)으로서 이해할 수가 없습니다. …… 이유 없이 살육 당하는 들소와 길들여지는 말들, 백인들에게 잘려 나가는 울창한 숲과, 말하는 전깃줄 때문에 짓밟히는 아름다운 꽃들을 보면, 당신들을 이해할 수 없습니다. 그 숲들은 어디로 갔죠? 모두 사라졌습니다. 이렇게 삶이 사라지면 곧 살아남는 것은 싸움만 시작되는 것입니다.[24]

이 인디언 추장의 비통한 절규처럼, 지금 과연 무엇이 살아남았을까.

이 편지 속에는 지상의 모든 생명체를 형제와 가족처럼 여기는 인디언의 애틋한 목소리, 그리고 이런 자연을 짓이기는 백인들의 횡포가 결국에는 우리 모두를 삼켜 버리리라는 애끓는 통분의 함성이 녹아들어 있다. 이처럼 자연 종족인 아메리카 인디언들은 자연과 인간의 합일을 타는 목마름으로 울부짖었던 것이다. 여기에는 서늘한 열정으로 충만한 인간의 '원시성'이 내뿜는 순수함이 가득하다.

---

24 성염·김석수·문명숙, 『인간이라는 심연 : 철학적 인간학』(철학과현실사, 1998), 35-37쪽.

　1492년, 콜럼버스가 아메리카 신대륙에 첫 발을 내디뎠을 때, 그곳에는 약 2,500만 명 정도의 인디언들이 살고 있었던 것으로 추정된다. 멀쩡히 사람이 살고 있는 땅을 백인들은 '신대륙의 발견'이라고 우겨댔지만, 인디언의 입장에서 보면 그것은 명백한 침략이라고밖에 볼 수 없는 약탈 행위였다. 이들 인디언들은 하늘을 아버지로, 대지를 어머니로 여기며 자연과 더불어 살아온 선량한 자연 종족이었다.

　자연적이며 영적이기까지 한 이들 인디언들은 이름 짓는 솜씨도 대단히 탁월했다. '바람의 아들', '천둥 구름'이란 멋진 이름이 있는가 하면, 아직도 미국에서는 그들을 전멸시키고서도 인디언들이 사용하던 지명을 그대로 사용하는 경우가 적지 않다. 예컨대 '구름 아래 가장 아름다운 동네'라는 뜻을 가진 '맨해튼', 아침 인사로 쓰이던 '아이다호', '목초지'라는 의미의 '켄터키', '나의 사랑스러운 친구'라는 뜻의 '텍사스', '작은 섬'을 의미하는 '애리조나' 등 이루 다 말할 수 없을 정도다. 앞에도 나온 '시애틀'은 한 인디언 추장의 이름이었다.

　하지만 "인디언으로 존재하는 것을 치욕적으로 생각하도록 만들"[25] 정도로 백인에 의한 잔혹한 살육이 본격화하기 이전에는, 때때로 이들 인디언과 미국을 건설한 주역들 사이에 종교와 관습의 차이를 뛰어넘는 끈끈한 인간적 유대와 화합의 안간힘이 잔잔히 꿈틀거리기도 했음을 기억할

---

25 라셀 카르티에·장피에르 카르티에, 『인디언과 함께 걷기 : 현대 인디언들이 세상에 전하는 메시지』(길잡이 늑대 옮김, 문학의 숲, 2010), 174쪽.

필요가 있다. 그것은 사실 정상적인 인간과 정상적인 인간 상호 간에 있을 수 있는 따뜻한 인간적 교류였다.

청교도들은 메이플라워호를 타고 신앙의 자유를 찾아 신대륙으로 건너오긴 했다. 하지만 애초에는 낯선 땅에서 혹독한 기아와 추위에 떨며, 온갖 역경과 고통에 신음할 수밖에 없었다. 그러나 이때 이 청교도들을 위기에서 구출하기 위해 최선을 다하는 이들이 홀연히 나타났으니, 다름 아닌 바로 인디언 원주민들이었다. 이 토박이 선배 인디언들이 새까만 후배 이방인 신참들에게 옥수수 재배법, 물고기 잡는 법, 생필품 만드는 법 등을 간곡히 가르쳐 준 것이다. 이런 헌신적인 도움이 나중에는 엉뚱하게도, '원수를 사랑하라'는 고귀한 기독교 정신을 다름 아닌 이교도가 앞장서 솔선수범한 예기치 않은 선행으로 해석될 여지를 남기기도 했다. 나중에는 비록 원수지간이 되긴 했지만, 처음에는 이렇게 이웃사랑이라면 이웃사랑, 자비라면 자비라고도 부를 수도 있는 인디언의 갸륵한 인간애에 힘입어 따스한 인간관계의 말문이 트이기 시작했던 것이다. 태초에는 평화가 있었다.

그런데 최초의 서유럽 외래인들은 이런 인디언들의 인간적 보살핌에 어떻게 대응했을까. 청교도들은 인디언들의 식량 저장소를 약탈했을 뿐만 아니라, 그들의 집과 무덤까지 습격하는 만행을 저지르기도 한 것으로 알려져 있다. 결국 인디언들은 이 정복자들의 무력에 굴복할 수밖에 없게 되었고, 이윽고 청교도들은 옥수수밭과 경작이 가능한 토지를 인디언들로부터 손쉽게 갈취해 나갔던 것이다.[26]

하지만 자신들에게 도움을 베풀어 주었던 인디언들을 초대해 이들과

함께 '감은' 행사를 벌임으로써, 역사상 최초의 추수감사절을 시작한 이들
도 바로 이 청교도들이었다. 1623년 가을 풍성하게 첫 수확을 거둬들인 직
후, 이들은 "신대륙에서 처음으로 추수한 곡식에 칠면조를 잡아 놓고 하나
님께 감사 기도를" 드릴 수 있었던 것이다. 이것이 바로 '감사절'Thanksgiving
Day의 유래이며, 일명 '추수감사절'이라고 불리기도 한다.[27] 어쨌든 이 '추

<hr>

26 언젠가 '느린 거북'(slow turtle)이라 일컬어지는 한 인디언은 다음과 같이 술회한 적이 있다.
"'순례자'(아메리카 대륙에 온 청교도들이 스스로를 지칭한 말)들과 최초로 접촉한 것은 내 부족 사
람들이다. 그들은 첫 해에 순례자들이 겨울의 혹독함을 이겨낼 수 있게 도와주었고, 식량을 나누어
주었으며, 싹을 틔우는 법을 가르쳐 주었다. 그렇게 모든 것을 함께 나누었다. 그러나 얼마 안 있어
순례자들은 나누지 않은 전부를 원하기 시작했다. 그들은 땅을 경작하는 것보다 인디언 마을들에
비축된 식량을 약탈하고 싶어 했다." 이렇게 인디언 최초의 전쟁이 시작되었다. 아이들을 고문하
고 부모 앞에서 자식들을 산 채로 불타는 오두막집 안으로 던지는 등, 새로 도착한 백인들이 저지
르는 잔혹한 행동들을 보면서, 왐파노그 족 사람들은 백인들을 바닷속에 다시 던져 버리자고 들고
일어섰다. 그러나 때는 너무 늦어 있었다. 백인들의 숫자가 이미 너무도 많이 불어나 있었던 것이
다. 백인들은 보이는 족족 모든 왐파노그 인들을 포획해, 이들을 카리브 인이 운영하는 대농장에
노예로 보냈다. 그들은 인디언이 노예가 될 수 없다는 것을 모르고 있었다. 많은 사람들이 죽어 갔
다. 이에 대해서는 라셀 카르티에·장피에르 카르티에, 같은 책, 117-118쪽을 참조할 것.

27 새가정사 편집부, "감사절의 유래와 각국 풍속"(『새가정』 통권 231호, 1974), 54쪽. 처음 청교
도들은 180톤짜리 메이플라워호에 102명이 타고 63일간 항해한 후 북미 대륙에 도착했다. 그러
나 식량난과 추위 등으로 인해 1년 만에 약 반수에 가까운 44명이 사망하는 비극을 겪게 된다. 그
와중에 "친절한 인디언들의 호의"로 옥수수 심는 법과 농작물 재배법을 배워 익히게 되었다. 그리
하여 그 해 10월에 첫 수확한 농작물 등을 갖다 놓고 감사제를 지내게 되었는데, 총을 들고 새잡이
에 나섰던 사냥꾼들이 부근에서 우연찮게 칠면조를 잡게 되어, 그 고기를 맛있게 먹을 수 있었다.
감사절에 칠면조를 먹는 풍습은 여기서 유래한다. 미국 국회에서는 1941년, 11월 네 번째 목요일
을 '감사일'로 정하고, 그날을 국경일로 선포했다(같은 글, 56쪽). 그러나 다른 자료에서는 1621년
11월 네 번째 목요일에 플리머스 식민지의 청교도 이민단 우두머리 윌리엄 브래드퍼드가 첫 번째
수확의 풍요로움을 감사하며, 그동안의 노고를 위로하는 축제를 사흘간 열고 근처에 사는 인디언
들을 초대해 초기 개척민들과 어울릴 수 있는 자리를 마련한 데서 추수감사절의 유래를 찾고 있기
도 하다. 이에 대해서는 박영수, 『지식 속의 지식 2730』(석필, 1998), 598-599쪽을 참조할 것.

수감사절'이, 전통이 빈약할 수밖에 없는 미국인들의 고유하고도 가장 큰 행사로 정착하게 되었음은 지극히 자연스러운 현상이기도 하다.

그러나 이 "추수 감사 축제"Erntedankfest가 "서양 문화권에서는 아마도 자연에 대한 인간의 외경심에 입각한, 인간과 자연 사이의 주목할 만하고 achtsam 존경할 만한respektvoll 소통Kommunikation의 마지막 기억letzte Erinnerung" 일 것이라고 냉소하는 경우도 없지 않다.[28] 하여튼 서구 기독교 문명권이 과학과 기술 쪽으로 더욱더 가까이 다가가면 갈수록, 자연으로부터는 점점 더 멀어질 수밖에 없었음 또한 부인할 수 없는 사실이다.

그렇다면 지금까지 살펴본 자연의 인본주의적 요청에 가장 부합하는 인간적 삶의 유형은 과연 어떤 것이라 말할 수 있을까?

생태 환경 민주주의론

인간은 자연으로부터 결코 분리될 수 없는, 자연의 지극히 미세한 일부분에 지나지 않는 존재다.

그러나 앞의 개념 검토 부분에서도 이미 살펴보았듯이, '환경'이란 단편

---

28 Barbara Mettler-v. Meibom, *Wertschätzung : Wege zum Frieden mit der inneren und äu βeren Natur*, 2.Aufl.(Kösel-Verlag, München 2008), p. 149.

적인 '인간 중심적' 개념이다. 반면에 '생태계' 개념은 인간 역시 이 대자연의 단순한 한 구성 인자에 지나지 않는다는 '생물 중심적' 원리에서 출발해, 인간을 비롯한 모든 생명체의 상호 의존성을 불가피한 것으로 간주하는 총체적 사고 체계의 소산이다. 그러므로 '생태계'는 '환경'의 상위개념으로서, 무엇보다 인간의 생존을 보다 근원적으로 확고하게 보장할 수 있는 원동력의 토대로 간주된다. 이런 취지에서 '생태 환경'이란 모든 생명체의 상호 의존성 및 보완성에 대한 믿음을 모태로 하는 인간적 삶의 조건이라 규정할 수 있다. 말하자면 지속 가능한 인간적 삶의 토대 위에서 모든 생명체의 무한한 공생·공존을 추구하는 실천적 개념을 '생태 환경'이라 이를 수 있다는 말이다.

이런 관점에 입각해, '생태 환경 민주주의'는 크게 두 개의 범주를 포괄하는 이념으로 이해할 수 있다. 요컨대 하나는 '환경' 민주주의인데, 인간 중심적 환경, 말하자면 인간 사회에서의 민주화 추진 이념으로서 인간다운 삶의 구현, 요컨대 자연 친화적인 인간의 기본권 신장을 목표로 한다. 그리고 다른 하나는 전체 생태계를 대상으로 하는 '생태' 민주주의로서, 인간이 앞장서는 자연의 기본권 쟁취를 추구한다. 하지만 이런 '생태 환경' 민주주의의 기본적인 정신적·실천적 목표 의식이 이미 앞에서도 살펴본 자연의 인본주의적 요청, 요컨대 '평등 의식 및 연대 정신'의 함양에 근거를 둘 수밖에 없음은 지극히 당연한 일이라 할 수 있다.

이런 의미에서 '환경' 민주화 운동은 궁극적인 '생태 환경' 민주화 쟁취를 위한 전 단계적 과업을 수행하게 된다. 이를테면 '환경' 민주화 운동은 자연 친화적인 '사회적 생존 욕구'의 충족, 요컨대 전체 생태계의 공생·공존 환경의 궁극적인 확립을 위한 예비 단계로서, 온전한 인간 기본권 쟁취를 그 기본 목표로 한다는 말이다. 좀 더 부연 설명하자면, '환경' 민주화 운동이란 자연의 '휴머니즘'을 어떻게 '사회화'할 것인가, 곧 자연을 살리기 위해 사회적 평등 및 연대를 어떻게 구축해 낼 것인가를 자신의 기본 목표로 삼는다는 의미다. 반면에 '생태' 민주화 운동은 자연의 '휴머니즘'을 어떻게 '자연화'할 것인가, 이를테면 전 생태계에 걸쳐 생명체 상호 간의 평등 및 연대를 어떻게 구현해 낼 것인가를 목표로 한다고 말할 수 있다. 이렇게 볼 때, '생태 환경' 민주화 운동이란 인간 사회 및 전 생태계의 민주화를 종결짓는 인간적 노력의 총화로서, 모든 사회운동을 포괄하는 '종합 운동적인' 속성을 지니는 것으로 풀이할 수 있다.[29] 그것은 결국 현대 원시주

———

29 참고로 덧붙인다면, 미국의 랜돌프 헤스터(Randolph T. Hester) 교수는 '생태 민주주의'로 번역할 수도 있는 "ecological democracy"를 "우리 자신 및 주거(habitation)를 감염시켜 온 독(poisons)의 해독제(antidote)"로 규정한다. 그런데 그것은 우리가 달성할 수 있는 가능한 최고의 삶을 제시하지만, "신속한 해결책"(quick fix)이 아니라 오히려 "긴 여행을 위한 행로"(a path for a long journey)를 제공할 따름이라 스스로 밝히고 있다. 나아가 이 ecological democracy가 "거의 결혼 예복(wedding apparel)과도 같은 것이라서, 어느 정도 낡기도 하고 새롭기도 하면서, 반복적인 속성을 지니기도 한 참된 그 무엇"이라 덧붙인다. 헤스터는 '생태학'과 '직접민주주의'야말로 사경을 헤매다 가까스로 소생한 듯이 보이는 주제라 주장하면서, 이 두 요소를 'ecological democracy'의 두 원동력으로 파악하고 있다. 그러면서 실은 자신의 꿈이 '응용 생태론'(applied ecology)에 입각해, 자유와 시민의 기대에 부응하는 민주적 "도시-설계"(city-design)에 있음을 숨기지 않는다. 그러므로 그에게 생태학과 민주주의는 "강력하지만 분리된 존재"(powerful but separate entities)로 비칠 수밖에 없는 것이다. 이런 의미에서 그의 '생태 민주주의'관은 지극히 미시적일 뿐만 아니라, 지엽적이고 단세포적인 속성을 지니는 것으로 간주될 수 있다. 이에 대해서는, Randolph T. Hester, *Design for Ecological Democracy*(MIT Press, Cambridge·

의의 구현을 궁극적인 목표로 삼는다.

이런 맥락에서 볼 때, 예컨대 마실 물이 없어 갈증에 허덕이는 사람에게 '수질 개선' 운동에 동참하도록 촉구한다는 것이 과연 어떤 의미를 지닐 수 있겠는가. 마찬가지로 먹을 것이 없어 굶주리고 있는 사람에게 '자연을 보호하자'는 외침이 과연 얼마나 호소력이 있을까. "곳간이 차야 예절을 알며, 의식주가 족해야 영욕榮辱을 안다"는 관자(「목민편」牧民編)의 말처럼, 우리 인간이 근본적인 생존 욕구가 충족된 후에야 비로소 보다 높은 가치 실현을 위한 행동에 나서게 되리라 함은 자명한 이치라 할 수 있다.

이처럼 인간적 생존을 위해 필수적으로 요구되는 것은 무엇보다 일차적으로 의식주를 해결하는 일이다. 왜냐하면 먹을 것, 마실 것, 입을 것, 잘 곳이 지속적으로 마련되지 못하면, 생존 자체가 위험해지기 때문이다. 그 다음으로 중요한 일은 자신을 엄습하는 위험을 잘 깨달아, 그에 적절한 행동을 취함으로써 그것을 피하는 일이다.

예컨대 인본주의 심리학을 창도한 이론가로 널리 알려진 미국의 심리학자 에이브러햄 매슬로Abraham H. Maslow 역시 인간의 기본적 욕구 가운데 굶주림과 목마름 등에서 벗어나고자 하는 "생리학적 욕구"Physiological Needs 야말로 "거의 전적으로 결정적인"almost entirely determined 차원의 것이라 규

Massachusetts London, England, 2006), p. 4-5를 참조할 것. 짐작컨대, 헤스터는 이 'ecological democracy'를 우리가 지금 이 글에서 사용하는 '환경' 민주주의와 거의 유사한 개념으로 이해하는 듯하다. 하지만 그와 나의 근본적인 차이점은 내 자신이 무엇보다 '환경'과 '민주주의'를 결코 상호 분리 가능한 단위로는 파악하고 있지 않다는 데 있다.

정한다. 그리고 이런 '생리학적 욕구'가 제대로 충족된 후, 곧 이어 "안전의 욕구"Safety Needs가 뒤따른다고 설파한다.[30]

이런 맥락에서 우리는 인간이 살아가는 방식을 두 영역으로 나누어 살펴 볼 수 있을 것이다. 하나는 몸 안에서 행해지는 '생명 활동'이고, 다른 하나는 살아남기 위해 몸 밖에서 취하는 일련의 '생존 활동'이 그것이다. 그런데 이 '생존 활동'은 '의지'에 입각한 것이라 할 수 있으나, '생명 활동'은 의욕이나 상상력에 의한 것이 아니라, '자연', 즉 본능에 따른 것이라 할 수 있다.[31]

그러나 한 개체에 국한되는 '생존 활동'을 뛰어넘어, 개인과 개인 상호 간의 결합을 통해 '집단적 의지'를 실현코자 도모하는 또 하나의 다른 주요 '활동' 영역이 있을 수 있음에 주목할 필요가 있다. 이런 면에서 매슬로의 관점이 우리에게 시사하는 바가 적지 않다.

---

30 Abraham H. Maslow, *Motivation and Personality*(Addison Wesley Longman, Inc., NewYork/Reading, etc. 1987)[『인간의 동기와 성격』(조대봉 옮김, 교육과학사, 1992), 특히 47-58쪽].

31 김명호, 『생각으로 낫는다 : 생각을 치료하는 한의사 김명호의 생명 이야기』(역사비평사, 2002), 56쪽. 토머스 홉스도 『리바이어던』에서 다음과 같이 유사한 주장을 펼친다. 그는 동물에게는 한편으로는 "'생명의 지탱을 위한' 운동"(vital motion), 그리고 다른 한편으로는 "움직이는 생명체로서의 운동"(animal motion), 즉 "자발적 운동"(voluntary motion)이라는 "두 가지 '운동'"이 있다고 설파한 적이 있다. 홉스에 의하면, 출생과 동시에 시작되어 죽을 때까지 끊임없이 계속되는, 혈액순환, 맥박, 호흡, 소화, 영양, 배설 등과 관련된 운동이 바로 "'생명의 지탱을 위한' 운동"이며, 이런 운동에는 상상력의 도움이 필요치 않다. 반면에 걷고, 움직이고, 사지를 움직이는 등의 행위를 "자발적 운동"이라 일컬을 수 있는데, 이는 "마음에 생각한 대로 나타나는 운동", 요컨대 자유의지에 의해 수반되는 운동인 것이다. 이에 대해서는, 토머스 홉스, 『리바이어던 : 교회국가 및 시민국가의 재료와 형태 및 권력』, 1권(진석용 옮김, 나남, 2008), 76쪽을 참조할 것.

매슬로는 '생리적 욕구' 및 '안전의 욕구'가 제대로 충족되고 나면 "사랑과 호의, 소속감"이 나타나게 됨으로써, 인간은 "이전에는 결코 느껴 보지 못했던, 친구나 연인, 아내, 아이의 부재"를 심각하게 아쉬워하게 되는 단계로 넘어간다고 말한다. 그리하여 인간은 "일반적으로 사람들과의 호의적인 관계", 요컨대 "집단이나 가족 내에서의 위치에 대해서 배고픔"을 느끼게 되고, 결국 "목표의 성취를 매우 강렬하게 열망"하게 된다. 이윽고 이런 "소속감과 사랑의 욕구"Belongingness and Love Needs는 "이웃, 자신의 지역, 부족, 자신의 '종족', 계층, 동아리, 친한 직장 동료 등"이 지니는 중요한 의의를 자각하는 과정을 거치게 된다.

그러나 매슬로는 예컨대 "전통적 집단의 붕괴, 가족의 분산, 세대 차, 점진적인 도시화와 얼굴을 맞대고 사는 시골 생활의 사라짐" 등으로 말미암아, 이런 "소속의 욕구"Belongingness Need가 점차 "더 얕아지고 나빠지는 미국식 우정, 넓게 퍼져 있는 이질감, 고독감, 설움, 외로움, 사회적 무연고성rootlessness" 등을 초래할 위험성이 "현저하다"는 우려를 표한다. 이를테면 공동체의 상실로 인해 촉발될 수 있는 사회적 위기감에 대한 우려인 것이다. 다른 한편 이 "소속감과 사랑의 욕구"는 "강함, 성취, 자신감, 독립성과 자유", 나아가서는 "평판, 특권, 명성과 명예, 인정, 우월성, 존엄성" 등을 향한 욕구인 "자기 존중의 욕구"Esteem Needs로 나아간다. 그러나 매슬로는 이 모든 욕구들이 비록 다 충족된다 하더라도 "개별적으로 자신에게 꼭 맞는 일을 하지 않는 한", 대체로 "새로운 불만과 불안"이 싹트게 된다고 주장한다. 따라서 "자아의 완성", 다시 말해 "잠재적인 자기 자신을 실현"하

고자 하는 욕망이라 일컬을 수 있는 "자아실현의 욕구"Self-actualization Need
가 나타나게 된다고 보는 것이다.[32]

이처럼 '하위 단계의 욕구'lower needs가 충족된 다음에 '보다 높은 단계
의 욕구'higher need levels를 향해 나아가는 것이 일반적이라는 것이 매슬로
의 생각이다. 그러나 예컨대 '안전에 대한 욕구' 만족은 "기껏해야 안정감
과 평온함만을 낳게 할 뿐"이지만, "상위 욕구들의 만족은 보다 더 바람직
한 주관적인 결과들, 즉 더 심오한 행복, 평온함 그리고 내적 삶의 풍부함"
을 배태한다고 강조한다. 그러므로 이런 '상위 욕구'를 충족하기 위해서는
"더 나은 외부 조건들"이 요구되는데, "가정적·경제적·정치적·교육적 조
건 등"과 같은 "더 나은 환경적 조건들"이야말로 "생존경쟁만을 추구하려
는 것보다 오히려 사람들을 서로 사랑하게끔 하는 데 더욱더 필요한 것"이
기 때문이다.

그런데 바로 이런 "상위 욕구의 추구 및 만족"으로 인해, "바람직한 시
민적·사회적 성과"desirable civic and social consequences가 만들어지게 된다. 그
리하여 "욕구가 높으면 높을수록 이기심이 일정하게 줄어드는" 현상이 생
겨난다. 예컨대 굶주림에서 벗어나고자 하는 것은 "지극히 자기중심적
인"highly egocentric 욕구이므로 자기 자신만을 만족시키면 그만인 데 반해,

---

32 에이브러햄 매슬로, 『인간의 동기와 성격』(조대봉 옮김, 교육과학사, 1992), 58-62쪽. 그런데
매슬로는 지금까지 제시한 인간의 기본욕구에 대한 사람들의 만족도가 서로 다양하다면서, 보통
사람은 생리적 욕구에 85%, 안전의 욕구에 70%, 애정의 욕구에 50%, 자기 존중의 욕구에 40%,
자아실현의 욕구에 10% 정도 만족하는 것으로 보인다고 주장한다(같은 책, 72쪽).

"사랑 및 자기 존중의 욕구"는 다른 사람들의 만족과도 깊은 연관을 갖고 있기 때문에, 반드시 다른 사람들을 배려하지 않으면 안 되게끔 되어 있다는 것이다. 결과적으로 성실함, 우정 그리고 "시민 의식"civic consciousness과 같은 자질들을 발전시켜 나가야 한다. 이런 의미에서 자아실현은 '하위 욕구'가 아니라 바로 '상위 욕구'의 추구 및 만족을 통해서 비로소 달성될 수 있는 가치라 할 수 있다.[33]

이처럼 매슬로는 '자기중심적인 하위 욕구'를 뛰어넘는 '상위 욕구의 추구 및 만족'에 대해 역설한다. 그러나 한 개체에 국한되는 자기중심적인 '생존 활동'을 넘어서서, 타인에 대한 배려와 개인과 개인 상호 간의 결합을 통해 '집단적 의지'를 실현코자 도모하는 또 하나의 다른 중요한 인간적 '활동' 영역이 있을 수 있다. 나는 그것을 일러 '공존 활동'이라 규정한다. 이런 의미에서 '생태 환경' 민주화 운동은 한 개체에 국한되는 '생존 활동'을 뛰어넘는, 요컨대 개인과 개인 상호 간의 결합을 통해 '집단적 의지'를 실현코자 도모하는 '공존 활동' 영역에 속한다고 말할 수 있다.

---

33 같은 책, 127-132쪽.

1) 환경 민주화 운동

'상위 욕구'를 추구하기 위해 사전에 '하위 욕구'의 충족이 선행되어야 함은 대단히 자연스러운 현상이다. 그런 까닭에 우리 자신의 육신조차 제대로 보호하지 못하는 상황에서, 과연 자연을 보호하자는 외침이 얼마나 받아들여질 수 있을까. 예컨대 달동네 주민들에게 호화 주택에서의 생활 습관을 가르치려 드는 것과, 중환자에게 환경보호 운동에 동참하라고 촉구하는 일 사이에 과연 어떤 차이가 있을 수 있을까.

앞 장에서도 살펴보았듯이, 더더구나 오늘날은 '힘센 놈이 최고'라는 식의 '거인주의'와 소비주의, 물신주의 등의 아낌없는 비호를 받으며 '영혼 없는 기계'가 당당히 군림하는 시대 아닌가. 특히 이런 상황에서는, '자연 위기'와 '인간 위기'는 동전의 양면과도 같다. 따라서 인간 위기가 자연 위기를 배태할 뿐만 아니라 또 역으로 자연 위기가 인간 위기를 심화시키기도 한다. 그런데 위기와 위기가 꼬리를 물고 계속 악순환하는 상황에서, 우리는 도대체 어떤 위기부터 먼저 제압해야 할까. 무엇보다 인간 사회에 내재해 있는 근본 문제 해결이 일차적인 선결 과제가 될 수밖에 없음은 자연스러운 일이다. 이를테면 마실 물이 없어 목말라 허덕이는 사람의 갈증부터 우선 해소해 준 후 수질 개선 운동을 독려하는 것이 순리 아니겠는가 하는 말이다. 이런 것이 바로 '환경' 민주화 운동의 기본 동인이자 목표이다.

반복컨대, 이른바 '환경문제'는 인간 문제요, 문명사적 심판과 자성의 문제다. 그러므로 자성적인 차원에서 인류 역사를 관통하는 구조적인 분석과 거시적인 비판 작업을 역사적·심층적으로 광범위하게 수행하는 것이 보다 바람직하고 건설적이라 할 수 있다. 하지만 이 글의 주제와 범주를 고려해, 자연 위기 및 한국적 현실과 직결되는 기초적인 측면에만 초점을 맞추어 논의를 축약하는 것이 보다 겸허하리라 여겨진다.[34]

뿌리 깊은 사회경제적 불평등과 극심한 사회적 분열·불화가 지배하는 사회에서 사회적으로 소외당하거나 보호받지 못하는 사회 구성원들이 대대적으로 양산될 수밖에 없음은 자연스러운 현상이라 할 수 있다.[35] 그런데 이들에게는 예컨대 '자연보호'보다는 '인간 보호'라는 외침과 권유가 오히려 더 큰 호소력을 발휘하리라 짐작된다. 그러므로 '환경' 민주주의는 궁극적으로 '생태' 민주화 운동이 온전하게 발돋움할 수 있는 견실한 기본 도약대를 구축한다는 취지에서, 환경 친화적인 인간의 기본권 쟁취를 일차적인 목표로 설정한다. 그러므로 특히 사회적 평등과 연대가 홀대받는 억

---

34 특히 자본주의 및 기계문명의 본질적인 병폐라든가 그와 생사고락을 함께해 온 자유주의 철학의 다양한 문제점 등에 대해서까지 낱낱이 심층적으로 분석·점검하는 것이 타당하리라 짐작되지만, 이런 통사적이고 거시적인 분석은 훗날의 과제로 미루고, 여기서는 이 저술의 전반적인 체계와 분량 등을 고려해 일단 생태계 위기와 직결된 분야에만 논의를 한정하고자 한다.

35 『연합뉴스』(2012/04/26). 영국 BBC가 선진국과 개발도상국 22개 나라를 대상으로 설문조사한 결과, 한국인의 80% 이상이 경제적으로 불공정하다고 느끼는 것으로 나타났다. 그리고 한국인이 체감하는 경제적 불공정성 수준이 조사 대상 평균에 비해 20% 정도 높았으며, 그 비율이 스페인 92%, 프랑스 85%에 뒤이어, 조사 대상국 중 세 번째로 높다고 보도했다. 그에 덧붙여, 한국은 응답자 가운데 16%가 "자본주의가 치명적인 결함을 가져, 다른 경제체제가 필요하다"고 답했으며, 66%는 "자본주의가 문제가 있긴 하지만, 규제를 통해 해결할 수 있다"고 생각한다고 밝혔다. 특히 자본주의를 통한 문제 해결 가능성을 믿고 있는 한국인의 비율은 조사 대상 평균보다 18%가량 높은 수치며, 조사 대상국 가운데는 독일(75%) 다음으로 높은 것으로 드러났다.

압적 상황에서 의당 환경 민주화 요구가 더욱 강화될 수밖에 없음은 지극
히 자연스러운 현상이라 할 수 있다.

하지만 이런 측면에서, 우리의 현실은 결코 우호적이지 않다. 우리는
사회적 불평등을 당연시할 뿐만 아니라 심지어는 정당하고 바람직한 삶의
목표로까지 추앙하는 습성을 이미 어릴 때부터 학교에서 배우며 자라 왔
다고 말할 수 있을 정도다.

우리가 초등학교 다닐 무렵, '간추린 전과' 한 권 정도를 갖고 있지 않았
던 학생은 거의 아무도 없을 것이다. 우리는 그 안에 특별한 방식으로 주목
을 요하게끔 만들어졌던 '요점과 급소' 부분을 잊지 못한다. 시험 때마다
즉효약이었던 것이다. 이런 유형의 참고서가 어떤 유래로 학교 시장을 풍
미했는지는 잘 알 수 없는 노릇이지만, 아마 지금도 그 전통에는 변함이 없
으리라 생각된다. 결국 '간추린 전과'와 '요점과 급소' 논법이 요람에서 무
덤까지 한국인의 일상생활을 지배하는 삶의 방정식으로 군림하게 된 것이
다. '세 살 때 배운 버릇 여든까지 간다'고 하지 않는가. 우리는 삶의 전 과
목(분야)에 걸쳐 '급소'만 노리고 찾는 비장한 삶의 윤리를 배우고 또 익힌
다. 요컨대 '급소'만을 '요점' 정리하는 식으로 우리는 우리의 삶을 영위하
게 되는 것이다.

그런데 사회생활을 영위하는 데 '급소'란 도대체 무엇일까.

한마디로 그것은 권력과 부와 명예 등 한 개인의 사회적 행복을 가장 극
명하게 실현시켜 줄 핵심적인 최상의 수단이다. 물론 흔하게 널려 있는 것
들이 아닌 탓에, 당연히 희소가치를 지니는 것일 수밖에 없다. 그러므로 '급

소'인 것이다. 따라서 여기에 공익이니, 이웃사랑이니, 사회적 평등이니, 연대니 하는 인륜적 가치들이 자리 잡을 여지가 있을 수 없다. 단지 이기주의, 배금사상, 자기중심주의, 속물근성 등만이 존중받을 뿐이다. 수단, 방법을 가리지 않고서라도 자신의 이기적 욕망을 채우기만 하면 되는 것이다. 자신의 것 이외의 다른 것에 신경 쓰거나 관심을 기울일 틈이 있을 수 없고, 또 그래서도 안 된다. 오로지 자기에게 풍족한 자양분을 선사할 '태양'만을 열심히 쫓아다니기만 하면 그만인 것이다. '사회적 향일성'이 팽배한다.

결국 우리는 태어나서 죽을 때까지, '간추린 전과' 속의 '요점과 급소'만을 배우며 살아가기 위해 발버둥치게 된다. 신중한 사전 대비니 체계적인 장래 계획이니 하는 것들이 관심을 끌 리 없다. 그러하니 매사를 일사천리로 즉결 처분해 버리는, 이른바 '바로 지금, 여기서' 하는 식의 '당일치기' 전술이 일상화하는 삶의 구조가 자연스레 만들어진다. 요컨대 '빨리빨리, 그러나 아무렇게나' 정신이야말로 우리 한국인이 태어나서부터 배우고 또 익히게 되는 범국민적 정훈 교육인 셈이다.

모든 게 일촉즉발이다. '급소'를 누르면 물론 자신의 적을 죽일 수도 있지만, 반대로 자기가 당한다면 스스로가 목숨을 잃을 수도 있는 것이다. 얼마나 살벌한 싸움판이 만들어지겠는가. 따라서 자신의 급소는 완강히 방어하면서, 타인의 급소에 대해서는 극렬하게 맹공을 가하지 않으면 안 되게끔 되어 있다. 이런 게 곧 전쟁상태가 아니고 무엇이겠는가. 거기에 흑백논리까지 가세한다. 그것은 '언제나 나만 옳다'고 가르친다. 상대는 선천적으로 불순 세력이기 때문에, 의당 제거되지 않으면 안 될 선천적인 '악한'

으로 규탄 당할 수밖에 없게 되는 것이다. 이런 음습한 환경에서 '간추린 전과' 및 '요점과 급소'형 생활철학이 독버섯처럼 각광받는다.

그런데 그것이 왜 총애 받게 되는가. 한마디로 말해 그런 것이 숨 막히는 자본주의적 경쟁 사회에서 궁극적인 승리를 쟁취하도록 이끌어 주는 탁월한 저력을 발휘하기 때문이다. 결국 착취당하기보다는 착취하는 쪽에 서기 위해, 그리고 억압당하기보다는 억압하기 위해, '무조건 출세 제일주의'와 막가파식의 '막가이즘'이 부추겨지는 것이다. 그러하니 착취나 억압 그 자체에 대해서 관심을 기울일 여유가 있을 리 없다. '더불어' 잘살아 나가려 하기보다는, 우선 '나부터, 남보다 나 먼저' 잘살기에만 몰두할 수밖에 없게 된다. 자연스레 평등 의식이니 연대 정신 같은 것이 곤두박질칠 수밖에 없다.

요컨대 이런 '간추린 전과' 및 '요점과 급소'형 생활철학은 자유경쟁에서의 결정적인 승리를 담보해 주는 속전속결형 전투 훈련 교범 같은 것이다. 언제 어디서 적이 출몰할지 모르니 전 방위 공격 및 방어 태세가 빈틈없이 갖추어져야 한다. 오로지 눈앞의 이해관계만이 전부다. 여기서 요령주의, 황금만능주의, 벼락 출세주의, 졸부 근성 같은 것들이 자연스레 출몰하는 것이다. 기승을 부리는 사회적 '사익 절대주의'가 그 자연스러운 종착점이다. 공익과 관련된 일들은 무참할 정도로 가볍게 홀대하지만, 사익만은 하등의 오차도 없이 완전무결하게 장악하려 드는 품새가 사회적으로 널리 퍼져 나간다.

그러나 이런 '자기 절대주의' 역시 결국엔 숙명적으로 허망한 것일 수밖에 없다. 왜냐하면 우리 모두가 언젠가는 함께 이 세계를 떠나야 하기 때문이다. 이 자연의 품속에 과연 무엇이 무한한 것일 수 있겠는가. 인간의 삶자체가 이처럼 근본적으로 허무한 탓에, 우리는 끝없이 넘어지면서 끝없이 다시 일어서고, 일어서면서 또다시 끝없이 넘어지며 팍팍한 삶의 여로를 헤쳐 나갈 수밖에 없다. 하지만 이런 거친 삶의 행로에 함께 손잡을 동지가 가까이 있다면, 우리의 고통이 얼마나 큰 위로를 받을 수 있겠는가. 이것이 바로 '연대'다. 함께 이 세계를 떠날 수밖에 없는 유한한 생명체끼리 서로 아끼고 서로 돕는 일보다 더 보람찬 것이 과연 무엇이 있겠는가. 이런 의미에서 모든 생명체는 서로 동지가 되지 않으면 안 된다.

더구나 우리는 지금 이른바 '양극화 현상'으로 인해 사회적 균열이 심각한 수준에 도달한 극한적인 사회 상황에 직면해 있다. 한국 사회에서 가령 재벌 총수와 달동네 노동자가 나란히 법정에 선다면, 과연 동등한 처우를 기대할 수 있을까? 예컨대 토니Richard Henry Tawney의 번뜩이는 아포리즘 한 마디가 백 마디 공박보다 더 힘이 있다. "법은 정의롭다. 그것은 빵을 훔친 죄로 부자와 가난뱅이를 평등하게 처벌한다."36 프랑스의 소설가 아나톨 프랑스Anatole France도 다음과 같이 비슷한 경구를 날린다. "법은 장엄한 평등을 구가하면서, 가난한 사람뿐만 아니라 부자에게도 다리 밑에서 자고, 거리에서 구걸하고, 빵을 훔치는 것을 금하고 있다."37 법이야말로 정의롭

---

36 R. H. Tawney, *Equality*(London : George Allen & Unwin LTD, 1952), p. 106.

37 Antony Arblaster, *The Rise and Decline of Western Liberalism*(Basil Blackwell 1987), p.

게도 부자와 가난뱅이를 평등하게 처벌한다는 야유인 것이다. 비슷한 취지에서 영국의 시인 윌리엄 블레이크William Blake도 "사자와 소를 위한 하나의 법one law은 억압이다"라고 역설한다.[38] 얼마 전 실시한 여론조사 결과에 따르면, '모든 국민이 법 앞에 평등하다'는 견해에 대해 우리 국민의 71.4%가 동의하지 않는다고 응답했다 한다.[39] 이처럼 우리 국민의 대다수는 '법 앞의 평등 원칙'에 대해서도 심각하게 회의하고 있는 것이다. 무서운 현실이다.

지금 우리 사회는 비인간적인 민생과 '시장 만능주의'의 폐해로 인해 중증 사회 분열증에 감염된 듯하다. 부익부·빈익빈 현상이 심화되어 사회경제적 갈등이 날로 깊어지고, 급기야 성장 잠재력이 떨어지는 악순환이 반복되고 있다. 이런 상황에서 '무전유죄, 유전무죄'에 이어 '무전무학'無錢無學, '유전유학'有錢有學이 일상화하고 있는 현실이다. 결국 사회 구성원 상호 간의 평등과 유기적 연대에 똬리를 튼 우리의 전통적인 공동체 의식이 '자기 절대주의' 및 이기주의에 의해 송두리째 침식당하는 환경이 만들어지게 되었다. 말하자면 '힘센 놈이 최고'라는 식의 자본주의적 자유경쟁 원리가 우리의 온화했던 공동체적 상부상조 정신에 결정적인 타격을 가하고 있는

74에서 재인용.

38 Philip Green, *The Pursuit of Inequality*(Pantheon Books(New york 1981), p. 165에서 재인용.

39 대전 법조 비리 사건에 뒤이은 이른바 '검찰 동란' 때 공보실이 실시한 여론조사 결과이다(『세계일보』 1999/02/04).

중이란 말이다. 요컨대 사회적 연대가 고갈되고 있는 것이다.

사실 연대는 자연의 의지가 투영된 인간 본성이 지닌 아름다움이라 할 수 있다. 연대란 말하자면 인간과 인간, 그리고 인간과 자연이 한데 어우러지는 삶을 가꾸어 나가기 위해 극진한 정성과 노력을 아끼지 않겠노라 다짐하는 정신적 결의 같은 것이다. 이런 의미에서 연대는 우리 인간의 천부적 의무이기도 한 것이다. 우리 모두가 서로를 존중하고 사랑함으로써 참다운 연대가 절로 이루어질 수밖에 없음은 자명한 이치다. 가령 옆집이 활활 불타오르고 있을 때, 적어도 나의 꽃밭에 자상하게 물 뿌리고 있지만은 않는 행위 같은 게 바로 연대인 것이다.

이런 면에서 '환경' 민주주의는 자본주의의 폐해를 치유하는 동시에 생태계 위기를 완화하는 데 앞장서야 할 이중적 부담과 과제를 떠안게 된다. 결과적으로, '환경' 민주화 운동의 막중한 역사적 소명이 자명해진다. 한편으로는 헌신적인 상부상조 정신을 뼈대로 하여 사회 구성원 상호 간의 굳건한 평등 및 연대 구축을 촉진함으로써 인간 중심적 사회 환경을 정화해 나갈 임무를 떠맡는 동시에, 다른 한편으로는 이 인간적 환경이 뿌리를 내리고 있는 우리의 자연에 대한 숭고한 사랑을 진작시키는 과업을 수행해 나가야 하는 것이다.

이런 '환경' 민주화 운동의 역사적 과업을 효율적으로 이행해 나가기 위해 나는 이른바 '3생 정치=生政治론'40을 간곡히 제창하는 바이다. 한마디로

____

40 이에 대해서는 박호성, 『휴머니즘론 : 새로운 시대정신을 위하여』(나남, 2007), 306-311쪽을

그것은 '생활生活의 자치', '생산生産의 행정', '생명生命의 정치'를 일컫는다.

첫째, '생활의 자치'란 시민의 일상적 삶을 통제하는 기본 업무들을 시민이 직접 규제하고 관리하는 자율적 행정 질서를 확립해 나가는 민주적 태도를 말한다. 예컨대 자치 지역 내부의 교통망 형성 및 교통 체계 수립, 도로 건설, 공원 조성, 양로원 등 사회보장 기구, 상가, 병원 및 학교 단지 설립, 환경 관리 상태 점검 등과 관련된 제반 사항에 대한 심의 및 결정권을 주민들에게 자율적으로 위임할 수 있어야 한다. 이는 직접민주주의의 확장을 위해서도 절실히 요망되는 사항이다.

둘째 '생산의 행정'이란 한국인의 부정적 결함으로 지적되어 오기도 한 우리의 민족적 특성들을 긍정적인 차원으로 승화, 혁신함으로써 변증법적인 사회 발전을 쟁취해 내는 생산적인 행정 자세를 일컫는다. 흔히 한국인의 민족적 특수성으로, ① 높은 교육열과 거기서 비롯된 고급 지식인의 풍부함, ② 통일된 언어를 소유한 단일민족의 결속력, ③ 순교도 두려워하지 않는 고도의 신앙심과 민족적 종교성, ④ 주위 열강의 끝없는 침탈로 인해 갈고 닦여진 불굴의 저항 의식과 항거 정신 등을 꼽는다. 그러나 우리는 부정적으로 작용하기도 했던 이런 특성을 본질적으로 탈바꿈시켜야 한다. 이를테면 ① 풍부한 사회적 지식과 뛰어난 교육열을, 살아남기 위해 발버둥치는 급박한 생존경쟁이 아니라, 더불어 살아가는 문화적 삶의 질 향상

참조할 것. 그러나 이 저서에 등장하는 논지를 여기서 다루는 주제에 걸맞게 보다 면밀히 구체화하고 적절히 재구성했음을 밝힌다.

을 위한 높은 지성적 공동 노력으로 승화시키고, ② 단일민족의 강력한 민족적 결속력을 사회 구성원 상호 간의 연대 및 평등 실현에 박차를 가하는 끈질긴 응집력으로 발전시켜 나가며, ③ 추상적인 관념에 바쳐 온 순교 정신을, 구체적인 사회정의를 확립하기 위한 결연한 헌신 의지로 혁신해 나가고, ④ 마지막으로, 전통적인 우리 민족의 불굴의 저항 정신을 이런 과업들을 끈기 있게 추진해 나가는 굽힐 줄 모르는 감투敢鬪 정신으로 쇄신해 나가야 한다는 말이다.

이를테면 때때로 결함으로 작용하기도 했던 이런 한국인의 민족적 특성을 어떻게 발전적이며 미래지향적으로 전환시켜 나갈 것인가, 그리하여 궁극적으로는 생태계 보전이라는 막중한 시대적 요구에 어떻게 헌신할 것인가 하는 것이 '생산의 행정'의 기본 과업이라 할 수 있는 것이다.

이런 미래지향적인 과업에 부응한다는 취지에서 — 물론 앞으로 보다 정밀히 다듬어져야 하겠지만 — 초보적인 수준에서나마, 우선 다음과 같은 현실적이고 구체적인 환경 민주화 운동 방안 및 전략을 제시해 볼 수 있을 것이다.

① 비례대표 국회의원 의석 배분시, 일정 수의 환경문제 전문가 또는 운동가를 의무적으로 배정하도록 입법 조처할 것.

② 환경 운동 단체에 대한 정부 예산 지원.

③ 노조 및 시민운동 기구를 비롯한 모든 사회단체에 '환경 분과' 상설 의무화.

④ 주요 기업체에 '환경 보조금' 지원 의무화.

⑤ '환경 보호세' 도입.

⑥ 초·중·고·대학에 '환경' 관련 필수과목 신설.

⑦ 환경 교육가 양성 법제화.

⑧ '국토 대장정' 유형의 '생태 대장정' 행사 장려.

⑨ 불량식품 제조를 비롯한 다양한 자연 훼손 사범을 '친족 상해죄'에 준해 처벌할 것.

⑩ 환경문제 전담, 가칭 '환경 재판소' 및 범국민 배심원 제도 창설.

셋째, '생명의 정치'란 궁극적으로는 생태계 보전을 위한 사회 환경 조성 그리고 자연 친화적 정책 수립 및 집행을 독려하는 정치 행태를 일컫는다. 요컨대 '생태' 민주주의로 이행하는 과도기적 정치과정에 부합하는 정치적 노력으로서, 환경 친화적인 인간의 기본권 쟁취가 그 기본 목표라 할 수 있다. 따라서 일차적으로 사회경제적 불평등 극복과 전체 사회 구성원 상호 간의 연대 구축을 위해 노력을 경주할 기본 과제를 떠맡는다.

모름지기 인간이란 한결같이 자연에서 와서 더불어 자연으로 되돌아갈 피붙이 공동 운명체라 할 수 있다. 흙이 되기는 매일반일 인간들끼리, '심지어는' 한 국가 경계 내에 오랫동안 등을 맞대고 살아온 동일 민족 구성원끼리, 머지않아 사라질 조그만 눈앞의 이익을 탐해 부질없는 싸움을 되풀이한다면, 이 얼마나 허망한 노릇이겠는가. 그러므로 이런 헛된 부조리에서 벗어나도록 이끌어 가기 위해 국민들을 국가적으로 선도하는 정치적 계몽주의 정신이 절실히 요구된다고 말할 수 있다. 이런 취지에서, 자연 친화적 노력을 통해 힘을 사랑하는 국민이 아니라 사랑의 힘을 가진 국민을 지원·함양해 나가고자 하는 정치적 자세가 바로 '생명의 정치'인 것이다.

'환경' 민주주의는 자연에 순응함으로써 인간이 비로소 참다운 인간이 될 수 있다고 믿는 '인간의 자연주의' 원리에 입각한다고 말할 수 있다. 그러므로 인간이 규정적인 존재로 부각될 수밖에 없다. 반면에 '생태' 민주주의는 인간의 '자연', 즉 인간적 본성이 자연에 그 연원을 두고 있다고 믿는 '자연의 휴머니즘' 정신에서 출발한다. 따라서 자연이 지배적인 존재로 존중된다. 이런 의미에서 '현대 원시주의' 생태론은 '환경' 민주주의와 '생태' 민주주의의 변증법적 종합 개념이라 할 수 있다. 따라서 이런 생태론을 통해 비로소 인간과 자연의 궁극적인 합일을 도모할 수 있는 획기적인 계기가 확보되리라 생각된다.

2) 생태 민주화 운동

이처럼 '환경' 민주주의가 근본적으로 생태계 지향성을 내장한 상태에서 주로 인간 상호 간의 자연 친화적인 민주화 실현에 치중한다면, '생태' 민주주의는 대체로 인간과 생태계 상호 간의 민주화 구축에 매진한다고 말할 수 있다. 따라서 '생태' 민주주의는 지구 자체가 하나의 커다란 생명체이고, 자연은 생명체의 본질이며, 우리 인간은 그런 자연의 미세한 일부에 지나지 않는다는 관점에서 출발한다.

그러나 이런 인간이 망령되게도 자신의 모태인 자연을 함부로 망가뜨려, 환경오염과 생태계 파괴를 자행한다. 그럼에도 다른 한편으로는 "인간이 마지막으로 기댈 데"는 "자연밖에" 없고, 당연히 이 자연만이 "현대 문명의 해독제"가 될 수 있다고 외치면서, "자연의 한 부분"인 우리 인간에게는 자연이 결코 "정복의 대상"이 아니라 오히려 "위대한 교사"일 수밖에 없다고 역설하는 자성의 목소리 역시 드높게 울려 퍼지고 있다.[41]

그런데 이처럼 혼란스러운 상황에서, 도대체 우리는 어떻게 우리 삶의 기본 토대인 이 자연을 지키고 또 어떻게 자연과 교감을 나눌 것인가. 하지만 이 지구는 한정되어 있다. 그러므로 변화시켜야 할 것은 오로지 우리 인간의 생활양식밖에 없으리라 여겨진다.[42]

우리는 자연 속에서 태어나고 자연 속에서 살고 있다. 지금 이 순간에도 우리 인간은 자연 속에 있고 자연은 우리 한가운데 있다. 그리고 어느 날 우리는 다시 그리로 돌아갈 것이다. 자연 속에 우리 인간이 있듯이 우리 인간 안에 자연이 있으며, 자연과 인간이 둘이 아니고 곧 하나임을 자연스레 깨우쳐야 할 것이다.

다른 한편, IMF 동란, 용산 참사, 구제역, 광우병 파동, 천안함 및 연평도 사건 등 많은 몹쓸 일들로 인해 극심한 고통에 사로잡혀 있는 우리는, 더욱더 밝고 깨끗한 사회는 모름지기 어둡고 더러운 비리나 부조리로부터

---

41 법정, 『산에는 꽃이 피네』(류시화 엮음, 동쪽나라, 1998), 21쪽.
42 이진우·이은주, 『제5의 물결, 녹색인간』(이담북스, 2010), 36쪽 참조.

성장해 나올 수 있음을 조용히 깨칠 수 있다. 달리 말하면, 우리가 사회생활을 영위해 나가는 와중에 비록 '썩은 풀숲', '더러운 흙', '진흙탕'과도 같은 참담한 난관에 봉착한다 할지라도, 그것을 기필코 극복할 수밖에 없을 뿐만 아니라 그를 통해 오히려 보다 더 밝고 깨끗한 세상을 만들어 낼 수 있으리라는 진취적이고 낙관적인 지혜 같은 것을 자연으로부터 배울 수 있다는 말이다.

햇빛 비치는 좋은 날씨만 계속되면 모든 게 사막으로 변한다. 새싹 역시 휘몰아치는 거센 비바람이 있기에 돋아나는 것이다. 마찬가지로 인간 사회 내부에 갈등이나 분쟁이 터져 나온다 하더라도, 전혀 허둥대거나 좌절할 필요는 없다. 그치지 않는 비는 없기 때문이다. 오히려 비 온 후 땅이 더욱 굳어지듯이, 그런 사회적 병리 현상이 퇴치됨으로써 결국엔 인간 살림이 더욱더 풍족해질 수밖에 없음을 확신시켜 주는 '사회적 자연법칙'이 언제나 우리 인간을 지키고 있음에 유념하지 않으면 안 될 것이다. 이런 식으로 자연은 우리 인간에게 사회적 정의를 향한 우리의 불굴의 실천적 결의가 필연적으로 정의로운 과실을 배태할 수밖에 없으리라는 낙관적 믿음을 심어 준다. 모름지기 자연의 선택된 피조물이 바로 인간이기 때문이다.

하지만 인간은 여러 면에서 대단히 열등한 동물에 지나지 않는다. 수적으로나, 크기로나, 속도나 힘 또는 감각적 예민함 등의 측면에서도, 인간은 결코 뛰어난 종種이 되지는 못한다. 게다가 태어난 후 자립 능력이 없기로는 인간이 단연 으뜸이다. 예컨대 망아지는 어미 몸을 빠져나오기 무섭게 툭툭 털고 일어선다. 그리고 우리 아기들이 겨우 몸을 뒤집을 무렵이면, 원숭이 새끼들은 뛰어다닌다. 이런 면에서 같은 영장류라 하더라도 우리 인간만큼 무기력한 새끼를 낳는 동물은 없다고 말할 정도다.[43]

생태계의 모든 생명체는 동등한 자연의 산물이다. 다른 말로 하면, 모든 생명체는 '일가 친족'과 다를 바 없는 운명 공동체이다. 요컨대 '겨레붙이'인 것이다. 예를 들어 스웨덴의 식물학자 칼 폰 린네Carl von Linné는 일찍이 자신이 펴낸 『곤충들의 신기한 속성』이라는 책에서 "세계는 모든 사물이 서로가 서로에게 봉사할 의무를 갖는 아름다운 공동체로 창조되어 있다"고 갈파한 적이 있다. 말하자면 모든 생명체는 "자연이라는 공동체 안에서" '상호 의존' 및 '먹이사슬' 등을 통해 동등한 구성원으로 공존·공생하고 있다는 말인 것이다.[44]

그럼에도 우리 인간은 생태계의 뭇 '겨레붙이'에 대해 일상적으로 비행을 저지르는 패륜아와도 같은 존재로 전락하고 말았다. 자연이 부여한 공존·공생 정신을 뿌리째 뒤흔들어 버리는 처사임은 물론이다. 이렇게 볼 때, 생태계 파괴는 곧 '친족 상해'와 다를 바 없는 범죄행위라 할 수 있다. 그리하여 비록 인간이 "참으로 대단한 동물"이긴 하지만, "스스로 저지른 온갖 잘못 때문에 갈 길을 재촉"할 수밖에 없는 굴욕적인 존재에 불과한 것으로 여겨지는 것도 다 이런 탓이다. 결국엔 "지구 구석구석 저질러 놓은 잘못이 너무도 심각해, 짧고 굵게 살며 어지간히 말썽을 많이 부리고 가

---

43 이에 대해서는, 최재천, 『생명이 있는 것은 다 아름답다』(효형, 2005), 117쪽 참조.
44 정인석, 『인간 중심 자연관의 극복 : 공생의 자기실현을 위하여』(나노미디어, 2005), 136-137쪽.

버린 동물로나 기억"되리라 손가락질 받기도 한다. 그러하니 고작 그리 오래 번성하지는 못할 불우한 동물 정도로 읽힐 수밖에 없는 것이다.[45]

어쨌든 자연은 우리에게 생명을 올곧게 부여하는 주체다. 그러므로 자연의 산물인 인간에게는 자연의 순리에 따르는 삶의 방식이야말로 가장 자연스러운 삶의 자세라 할 수 있을 것이다. 이런 의미에서 진정한 인간의 생존은 "자연과의 조화"를 쟁취함으로써 비로소 참답게 확보될 수 있다.[46] 그리고 바로 이것이 인간으로 하여금 진정한 자연의 일원으로 복귀할 수 있도록 이끌어 줄, 유일하게 열려 있는 길일지도 모른다.

이런 정신에 입각해 현재 다양한 노력이 전개되고 있음은 물론이다.

한쪽에서는 우리는 "지구의 청지기로서" 의당 "생물 다양성"을 보존하는 일에 적극 매달리지 않으면 안 된다고 외친다. 왜냐하면 그것이 "우리 인류의 생존과 안녕을 위해 절대적으로 필요한 일"일 뿐만 아니라, "생명의 기원을 구명하는 데 없어서는 안 될 중요한 단서를 갖고 있기 때문"이라는 것이다.[47] 이런 관점에서, 우리 인간은 "우리를 둘러싼 야생과 자연

---

45 최재천,『생명이 있는 것은 다 아름답다』(효형, 2005), 140쪽.
46 예컨대 아마존 깊은 밀림 속에 있는 '신비의 세계'라 할 수 있는 세오 도 마피아(Ceo do Mapia)의 전래 의술이 가르치는 바는 지극히 독특하다. 그 의술은 인간의 병이란 자연과의 균형이 깨짐으로써 인간의 영혼이 상처받기 때문에 발생하는 것이라 주장한다. 따라서 약을 쓰기 전에, 우선 마음을 치료하고 몸의 균형을 되찾으며 "자연과 조화"를 회복하는 일부터 서둘러야 한다고 가르치는 것이다. 이에 대해서는, 김병수,『사람에게 가는 길 : 팔당 농부의 세계 공동체 마을 순례 여행』(마음의 숲, 2007), 425쪽을 참조할 것.
47 제인 구달·세인 메이너드·게일 허드슨,『희망의 자연』(김지선 옮김, 사이언스북스, 2010), 12쪽.

세계를 보살피려는 마음으로 (똘똘) 뭉친 한 부족"이 되지 않으면 안 된다고 간절히 목소리를 드높인다. 비록 "오늘날 우리가 아무리 끔찍한 상실로 겹겹이 에워싸인 시대를 살고 있어도, 우리가 저지른 일에 대한 슬픔보다는 우리가 아직 할 수 있는 일에 대한 희망을 말하는 것이 더 중요"하다는 확신 때문이다.[48] 따라서 이런 위기를 돌파하기 위해, 인간과 생태계 전체가 '하나의 부족'처럼 강인하게 뭉치지 않으면 안 된다고 간곡하게 호소하는 것이다. 물론 이들은 자신들의 이런 미래지향적 희망이 반드시 성취되리라 믿어 의심치 않는다.

여기서도 엿볼 수 있듯이, '생태' 민주주의는 모든 생명체가 생태계의 일가 친족 및 겨레붙이로서 당연히 함께 누려야 할 동등한 생존권을 쟁취함으로써 궁극적으로 자연과의 합일을 성취해 낼 수 있으리라는 희망찬 믿음에 입각한다. 이처럼 '생태' 민주주의는 이 자연계에 존재하는 모든 생명체의 평화공존을 지향한다. 무엇보다 '생태계'야말로 자연과 인간, 그리고 인간과 인간이 서로 떼려야 뗄 수 없는 관계로 결연해 있는 운명 공동체이기 때문이다. 그러므로 '너'가 존재하기 때문에 '내'가 존재할 수 있고, 또 '너'가 존엄하기 때문에 '나' 역시 존엄할 수 있다는 믿음에 뿌리를 드리우고 있다.

그렇다면 어떻게 할 것인가.

이런 '생태' 민주화 운동을 주도하도록 운명 지어진 존재는, 생태계의

---

48 같은 책, 23-25쪽.

아이러니일지 모르지만, 자연을 가장 빼닮았음에도 자연을 가장 교묘히 학대하는 바로 인간 자신이다. 무엇보다 자연의 선택된 피조물로서, 이 자연계의 신경중추가 바로 인간이기 때문이다. 도전에 한계를 두지 않고 한계에 도전할 수 있는 생명체는 유일하게 인간밖에 없다. 이른바 '만물의 영장'의 지위에 오르는 일이 어찌 그리 손쉬운 일일 수 있겠는가. 직립보행하는 지존한 피조물의 경지로 올라서기 위해, 우리 모두는 유년 시절부터 초인적인 전투 경험을 했다. 우리는 젖먹이 때부터 사실상 유격 훈련을 받아온 셈이다. '생존 활동'조차 제대로 수행할 수 없는 무력하기 짝이 없는 허약한 생명체임에도 불구하고, 우리는 거듭 넘어지면서도 삐뚤빼뚤 한 발짝 한 발짝씩 위태롭게 걸음마를 익히며 무서운 난관을 돌파하는 화려한 전공을 쌓아 왔다. 넬슨 만델라도 "결코 넘어지지 않는 것이 아니라 넘어질 때마다 일어서는 것, 거기에 삶의 가장 큰 영광이 존재한다"고 외치지 않았던가.

그러하니 결코 두려워할 게 없다. 더더구나 홀로 외로이 살아가는 삶이 아니라 똑같은 짐을 짊어진 동료 인간들과 함께 서로를 위로하며 더불어 살아가는 길이거늘 도대체 무엇이 두렵겠는가. 따라서 우리가 두려워할 것은 오로지 두려움밖에 없다. 유한한 존재로 살아간다는 것이 모름지기 '허무'를 향한 지칠 줄 모르는 항진 그 자체인 탓에, 우리는 허무에 대한 순결한 애정으로 허무를 애무하고 포옹하는 넘치는 활력을 깊이 발산해야 할 것이다. 그리하여 걸림돌을 디딤돌로 만들어 가는 삶, 썩어 문드러지기보다는 차라리 닳아 없어지는 삶, 이런 유형의 삶이야말로 실은 자연이 우리에게 부여한 인간 고유의 숭고한 존재 양식 아니겠는가.

이처럼 끝이 있을 수밖에 없는 인간적 삶의 근원적 허무성에도 불구하고, 썩어 문드러지기보다는 차라리 닳아 없어지려는 근성으로 걸림돌을 디딤돌로 만들어 나가고자 몸부림치는 삶을 향한 의연한 결의, 이것을 '행동적 허무주의'라 이를 수 있다. 그리하여 유한자의 '고독'을 공유하는 동시에 유한자로서의 무한한 '욕망'을 절제하며 함께하는 삶에 겸허히 투신하는 숭고한 삶의 자세, 이것이야말로 직접적으로 우리의 자연적 본성 그 자체에서 비롯하는 것이라 할 수 있다. 이런 의미에서 '생태' 민주화 운동의 주역이 바로 생태계의 신경중추인 우리 인간일 수밖에 없다는 것이 실은 자연의 위대한 선물이라 할 수 있는 것이다. 바로 이런 의미에서 '생태' 민주주의는 인간이 생태 민주화 운동에 앞장서도록 운명 지어졌다는 것을 믿어 의심치 않는다.

그러므로 자연론은 곧 인간론이라는 등식이 성립할 수 있는 것이다. 따라서 '환경' 민주주의 정신에서도 볼 수 있듯이, 무엇보다 주위 동료 인간에 대한 일차적인 관심과 배려야말로 인간 사회의 기본 철자법이라 할 수 있다. 이렇게 볼 때, 인간에 대한 가장 나쁜 죄는 인간에 대한 증오심이 아니라 무관심인 것이다. 왜냐하면 우리의 지상의 삶이 타인과 떼려야 뗄 수 없이 직결되어 있기 때문이다. 우리는 아마도 타인을 사랑하는 데 인생의 반을, 그리고 비난하는 데 나머지 반을 소모할 것이다.

바로 이런 인간의 작품이자 생필품이 곧 민주주의다. 널리 알려져 있다시피 민주주의는 주어지는 것이 아니라 쟁취하는 것이다. 물론 민주주의는 애절한 세레나데가 아니라 우렁찬 함성이다. 그리고 그것은 끊임없는 선전포고요, 지칠 줄 모르는 전투다. 그러나 그것은 항복시켜야 할 적이 아니라 또다시 구축해야 할 요새다. 제거의 대상이 아니라 받들어야 할 원칙인 것이다. 그러므로 이른바 민주 투사의 화려하고 떠들썩한 투쟁력이 결코 전부는 아니다. 순박하게 길들여지는 생활 속에서의 눅진한 다듬이질 같은 것, 요컨대 생활화가 더욱 절실히 필요한 것이다. 이를테면 민주주의는 전쟁으로 시작해 일상생활로 마무리되어야 한다는 말이다. 그래야 민주주의가 실질적인 힘이 된다. 적어도 '제도적' 민주화나 법조문 속의 민주주의가 지니는 허구성을 절감한다면 그것은 더욱더 절실한 요청이 아닐 수 없다. 과연 어느 나라의 헌법이 민주주의를 거부하고 있는가.

다시금 강조하는 바이지만, 원래 인간에게는 모두 죽어서 자연으로 되돌아간다는 오직 하나의 자연적 절대 평등만이 존재할 뿐이다. 그러므로 우리 인간은 서로를 아끼고 도우며 더불어 살아가야 할 자연적 소명을 지닌 존재일 수밖에 없다. 따라서 인간을 포함한 모든 생명체가 평화롭게 공존·공생·공영을 함께 누리는 것, 이것이야말로 자연의 지극히 자연스러운 소망이라 할 수 있다. 자연의 질서가 바로 생명의 질서, 그 자체이기 때문이다.

예컨대 뱁새가 깊은 숲에 보금자리를 만드는 데 필요한 것은 나무 한 가지에 불과하고, 두더지는 강에서 물을 마시지만 필요로 하는 물은 배를 채울 만한 분량뿐이다. 낙타는 엄청나게 무거운 짐을 등에 질 수 있지만, 개미는 불과 부스러기 하나밖에 지지 못한다. 하지만 둘 다 온 힘을 기울인다는 점에서는 전혀 다를 바가 없다. 마찬가지로 코끼리는 어마어마한 양의 물을 마시지만, 쥐는 겨우 한 모금의 물밖에 마시지 못한다. 그래도 쥐나 코끼리 모두 배를 가득 채운다.

한편 아무런 열매도 맺는 게 없이 가시만 달랑 거느릴 뿐인 장미가 과실을 맺으려 땀 흘려 일하는 호박꽃의 뛰어남을 어찌 따를 수 있겠는가만, 자연은 결코 장미꽃더러는 예쁘다 하고 호박꽃보고는 못생겼다며 밉다고 내치지는 않을 것이다. '깨물어 안 아픈 손가락 없다' 하듯이, 자연 앞에서는 모든 생명체가 동등한 존재일 수밖에 없다. 그러므로 전 생명체가 생래적으로 동등한 존재라는 절대 명제에 순종함으로써 평등한 생명 공동체 건설을 위해 일로 매진하는 것, 이것이 바로 '생태' 민주주의의 기본 정신인 것이다. 의당 이것이 자연의 자연스러운 기대요 요청일 수밖에 없음은 자명한 이치다. 인간이 그 주역임은 물론이다.

예컨대 다음과 같은 '동물 복지' 강화 방안은 바로 이런 '생태' 민주주의적 원리에 입각한 인간적 노력의 자취라 할 수 있을 것이다.

근래에 대중적 논란의 대상이 되기도 했던 서울대공원의 돌고래 쇼 중단 조치도 주목할 만한 생태 민주주의적 사례의 하나라 할 수 있다. 순전히 이 문제로 인해 세계적인 돌고래 보호 운동가인 미국인 리처드 오배리 Richard O'barry까지 한국을 방문하기도 했다. 그는 한마디로 "돌고래 야생 방사 성공을 위해 가장 중요한 건 정치"라 단정 지었다. 왜냐하면 야생 방사를 저지하기 위해 여러 세력들, 예컨대 공연 업계가 들고일어나고 정치적 이유로 반대 논리가 등장하는 등 '거대한 정치판'이 형성되게 되는데, 이럴 때 바로 정부의 입장이 중요해질 수밖에 없기 때문이라는 것이다. 이런 관점에서 오배리는 서울시의 이번 조처가 "자연과 환경에 관한 강력한 메시지"를 세계를 향해 던진 것이라는 칭송을 아끼지 않았다. 그런데 이 말 한마디가 실은 우리의 '생태' 민주화 운동의 기본 정신을 극명하게 드러낸 것이라 할 수 있다.

리처드 오배리는 원래 세계 최고의 돌고래 조련사로 선풍적인 인기를 끌던 인물이었다. 그러던 그가 어느 날 돈과 명성을 포기하고 홀연히 돌고래 야생 방사 운동에 뛰어든 것이다. 그리고 40년 이상 전시·공연용으로 포획되는 돌고래를 구조하고 수족관에 사는 돌고래를 자연으로 돌려보내는 운동을 적극 펼쳐 왔다. 그렇게 해서 지금까지 30마리 이상의 돌고래를 바다로 돌려보냈다고 한다. 이 운동가들의 근거는 다음과 같다. 우선 돌고래는 가족·사회생활을 영위하는 탓에 포획되면 바로 가족이 해체되는 비운이 초래된다. 또 하루 최고 100킬로미터 이상을 헤엄쳐 다녀야 하는 자연 생리로 인해, 인간 기술로 만들 수 있는 수족관보다 1천 배 이상 광활한 곳을 누비고 다녀야 한다. 그리고 다양한 물고기를 먹어야 하는데, 수족관에선 먹이도 한두 가지로 한정될 수밖에 없다. 그런데 가장 비극적인 것은 수족관에서 새끼를 낳는 것이라 한다.[49] 이런 의미에서 '모든 돌고래를 바다로 돌려보내라'는 것은 우리의 '생태' 민주주의의 당연한 요구일 수밖에 없다.

나아가 도처에서 현재 다양한 노력들이 전개되고 있음은 대단히 뜻깊

---

49 『한겨레신문』(2012/05/12).

은 일이라 할 수 있다. 산과 숲을 절단해 큰 도로를 뚫는 통에 자연스러운 왕래가 강제적으로 차단당할 수밖에 없게 된 동물들의 자유로운 소통을 위해 잘라져 나간 양쪽 부분을 육교나 고가도로로 연결해 주는 동물 통행로 설치도 대단히 적절한 동물 복지 방안의 하나다. 아울러 먹이사슬이 파괴되어 먹이를 찾지 못하는 야생동물들의 '춘궁기'에 산야에 사료를 살포한다든지, 멸종 위기에 처한 야생동물의 보호, 야생동물 밀렵 행위 감시, 불법 올무·덫 제거, 밀반입 야생동물 구조 및 관리, 산림 내 쓰레기 수거, 산란기의 물고기 포획 통제 등도 상당히 가치 있는 대책들이다. 또한 이런 문제들을 전담하기 위해 군·관·민 합동으로 범시민적인 '동물윤리 복지위원회'를 설립해 운영하는 것도 지극히 바람직한 일이 될 것이다.

이렇게 볼 때, 우리에게는 현재 두 유형의 공동체적 유대가 절실히 필요한 것처럼 보인다. 하나는 인간과 인간 사이에, 그리고 다른 하나는 인간과 자연 사이에 이루어져야 할 공동체적 연대인 것이다. 첫 번째 인간과 인간 사이, 곧 인간 사회의 공동체적 연대가 바로 '환경' 민주화 운동의 표적이라 한다면, 두 번째 인간과 자연 상호 간, 곧 생태계의 공동체적 결속은 '생태' 민주화 운동의 목표라 할 수 있다. 따라서 한편으로는 인간과 인간, 그리고 다른 한편으로는 인간과 자연의 합일을 성취해 내는 것, 이것이 바로 '생태 환경' 민주주의의 기본 정신이라 할 수 있다. 이런 의미에서 그것은 바로 '현대 원시주의' 생태론의 모태로 작용하게 되는 것이다.

현대 원시주의 생태론

앞에서도 누차 거론한 바 있지만, 다행스럽게도 인간의 노력은 쉴 새 없다. 심각한 자연 위기에 맞서 그것을 극복하기 위한 희망찬 노력이 줄기차게 전개되고 있는 것이다. 활력에 넘치는 이런 '희망'에 부응해, 현재 우리는 획기적인 생태 윤리를 모색하지 않으면 안 될 결정적인 국면에 접어들었다.

거듭 강조하거니와, 생태 윤리는 "자연에 적응하는 것이 정의"라는 기본 인식에 입각할 때라야 비로소 바람직하고도 마땅한 것이 된다.[50] 이런 의미에서 생태 윤리란 자연의 섭리를 따르는 삶의 원리이기도 한 것이다. 그런데 자연의 섭리는 자연의 '휴머니즘', 요컨대 생명체 상호 간의 평등 의식 및 연대 정신의 함양과 준수 의지를 가리킨다고 말할 수 있다. 이처럼 "자연에 의거함으로써 인간이 비로소 참다운 인간이 될 수 있다"고 믿는다면, 자연주의와 인간주의는 동일한 것이라 할 수 있다.[51]

이미 13세기 초, 아시시의 성聖 프란체스코St. Francesco of Assissi 역시 자연과 인간의 본성적 합일을 결연히 설파한 적이 있다. 그는 하느님에 대한 사랑과 인간을 포함한 일체의 삼라만상에 대한 사랑이 단일한 생명의 흐름 속에 일체를 이루고 있다고 보았다. 그런 그에게 태양과 달, 물과 불, 꽃과 초목, 새와 들짐승 모두가 다 형제자매로 비칠 수밖에 없었음은 지극히

---

50 다카기 진자부로, 『지금 자연을 어떻게 볼 것인가』(김원식 옮김, 녹색평론사, 2007), 227쪽.
51 같은 책, 245쪽.

자연스러운 일이기도 했다. 따라서 모든 피조물에 대해 동등한 사랑과 자비심을 호소하는 것이야말로 그에게는 지극히 자연스러운 행위였던 것이다.[52] 말하자면 프란체스코는 인간을 자연계에 군림하는 지배자적 존재가 아니라, 동질적인 생물학적 환경 속에서 다른 피조물들과 동등한 내재적 가치를 지닌 자연의 한 부분으로 상호 의존하며 살아갈 수밖에 없는 평등한 존재로 인식했다는 말이다.

바로 이런 생태계의 기본 속성, 요컨대 모든 생명체의 자연적 동등성 및 자연과 인간 본성의 본원적 동질성은 우리로 하여금 마땅히 생명에 대한 새로운 윤리 의식을 추구하도록 이끌 수밖에 없다.

아인슈타인도 "모든 살아 있는 피조물들과 아름다운 자연 전체를 포괄할 수 있도록 동정심의 범위를 넓힐 것"을 당부한 바 있다. 그는 "우리는 동물까지도 포함하는 경계 없는 윤리를 필요로 한다"고 역설한다. 이에 더 나아가 비장한 어조로 "생명에 대해 경외감을 가지고 있는 사람은 단순히 기도만을 하지 않는다. 그는 생명을 지키기 위한 전투에 자신을 투신할 것이다. 다른 이유 때문이 아니라, 바로 자기 자신도 주변 생명들의 연장선상에 있는 똑같은 생명이기 때문"이라 단언하기도 한다.[53] 이처럼 아인슈타인은 생태계 전체를 포괄하는, 생명을 위한 '전투'까지 촉구하고 나선 것이

---

52 진교훈, "생명과 철학 : 철학에서 본 생명," 서강대 생명문화연구원, 『생명의 길을 찾아서』(민지사, 2001), 27쪽 참조.

53 제인 구달·마크 베코프, 『제인 구달의 생명 사랑 십계명』(최재천·이상임 옮김, 바다출판사, 2003), 279, 311쪽.

다. 거의 '목숨 바쳐 생명을 사수하자'는 수준이다.

유사한 맥락에서 슈바이처도 '생명에 대한 외경'Ehrfurcht vor dem Leben과 생명 존중 정신에 입각한 새로운 '윤리학'을 선포한 바 있다. 그는 이렇게 외쳤다.

인간은 그가 도울 수 있는 모든 생명체를 도와줄 때, 그리고 어떤 생명체에도 해가 되는 일을 삼갈 것을 간청하고 또 여기에 그 자신이 순응할 때에만 비로소 진정한 의미에서 윤리적이다. 윤리적인 인간은 이 생명 또는 저 생명이 얼마만큼의 값이 나가는가를 묻지 않으며, 또 그것을 얼마만큼이나 지각할 수 있는가를 묻지도 않는다. 그에게는 생명 그 자체가 거룩하다. 그는 나무에서 나뭇잎 하나 함부로 따지 않고, 어떠한 꽃도 망가뜨리지 않으며, 또 어떠한 곤충도 밟아 죽이지 않도록 항상 주의한다.

이런 취지에서 슈바이처는 "윤리학은 살아 있는 모든 것에 대해 무한한 책임"을 져야 마땅하다고 선언한다.[54]

비슷한 입장에서 '20세기 환경 운동의 원조'로 평가받는 알도 레오폴드 Aldo Leopold 역시 "생태학적으로 윤리란 생존경쟁에서 행동의 자유를 제한하는 것"이라 주장한다. 이럴 때 윤리란 "의존적인 개인 혹은 집단이 협동

---

54 진교훈, "생명과 철학 : 철학에서 본 생명," 서강대 생명문화연구원, 『생명의 길을 찾아서』(민지사, 2001), 31-32쪽에서 재인용.

의 방식", 즉 "공생"을 심화시키고자 하는 "성향"에서 비롯하는 것으로 이해된다. 그러므로 그는 윤리를 생경하고 복잡한 "생태학적 상황에 대처하려는 일종의 공동체적 지도 양식mode of guidance"으로 간주하는 것이다.[55]

이런 관점에 입각해 레오폴드는 윤리가 모든 인간이 경쟁과 협동을 동시에 촉구하는 "생명 공동체"의 한 구성원에 지나지 않는다는 공통된 전제를 지니고 있음을 강조하면서, "토지 윤리"를 제창하고 나선다. 그에게 토지란 토양, 물, 동물과 식물 등을 포괄하는 지극히 광활한 공동체의 범주로 이해된다. 따라서 인간의 윤리적 책무는 인간의 굴레에서 벗어나 땅 위의 모든 것으로 확대될 수밖에 없게 된다. 요컨대 '토지 윤리'는 인간으로 하여금 이 지상의 모든 것이 자연 상태로 존속할 권리를 천부적으로 소유하고 있음을 인정하도록 촉구하는 것이다. 바로 이런 '토지 윤리'는 "인류의 역할을 토지 공동체의 정복자에서 그것의 광범한 구성원이자 시민으로 변화"시킴으로써, "인류의 동료 구성원에 대한 존중, 그리고 공동체 자체에 대한 존중을 필연적으로" 수반할 수밖에 없는 것으로 파악된다.[56]

이처럼 시의적절하면서도 획기적으로 제기되는 생태 윤리는 근본적으로 생명에 대한 경외감에 뿌리내리고 있다. 아울러 인간을 자연의 한 부분

---

55 알도 레오폴드, 『모래 군(郡)의 열두 달 : 그리고 이곳저곳의 스케치』(송명규 옮김, 도서출판 따님, 2010), 244-247쪽. 레오폴드는 "토지를 우리가 속한 공동체로 바라보게 될 때, …… 토지가 공동체라는 것은 생태학의 기초 개념이지만, 토지가 사랑과 존중을 받아야 한다는 것은 윤리적 문제"라는 관점에서 출발한다(같은 책, 18쪽).

56 같은 책, 244-247쪽.

으로 인식하는 삶의 원리에 입각한다. 따라서 그것은 숙명적으로 '자연과의 평화'를 지향할 수밖에 없다. 왜냐하면 "생태계 위기는 자연에 대한 전쟁, 나아가 우리 자신에 대한 전쟁" 그 자체이기 때문이다. 그러므로 "자연과의 평화 없이는 세계 평화" 역시 불가능할 수밖에 없게 된다. 왜냐하면 "모든 전쟁은 자연 파괴"이기 때문이다.[57]

이런 의미에서, 이런 생태 윤리의 기본 정신을 역사적이고 또 미래지향적으로 유효적절하게 잘 반영할 뿐만 아니라 심화하고 있는 것이 바로 '현대 원시주의' 생태론이라 할 수 있다. 왜 그런가.

이 '현대 원시주의적' 생태 윤리가 우리에게 그리 낯설지만은 않다. 내가 보기에, 적어도 자연 종족인 아메리카 인디언 정도가 그래도 이런 윤리에 부합하는 삶을 영위하고자 나름대로 애써 온 삶의 자취를 간직한 존재가 아닐까 한다.

이들은 자연과 인간의 합일을 타는 목마름으로 절규해 왔다. 예컨대 한체로키 족 인디언은 이렇게 외친다, "지상의 모든 존재들은 나의 형제자매입니다. 백인들과 흑인들, 동양인들과 동물들도 모두 나의 형제들입니다. 세계가 시작될 때 인간들은 동물들과 함께 잠을 잤습니다. 나는 그것을 잊은 적이 한 번도 없습니다. 여러분은 자연과 하나가 될 수 있습니다"라고.[58] 이들은 '모든 생명체가 나의 가족'이라는 믿음에 입각해, 자신들이

---

57 프란츠 알트, 『생태주의자 예수』(손성현 옮김, 나무심는사람, 2003), 57쪽 참조.
58 라셀 카르티에·장피에르 카르티에, 『인디언과 함께 걷기 : 현대 인디언들이 세상에 전하는 메

"우주 전체와, 생명의 주기에 관계되어" 있음을 확신하고 있다.[59]

이런 맥락에서, 나는 이런 아메리카 인디언을 주저 없이 '현대적 원시인'이라 규정하고자 한다.

예컨대 프로이드는 개인의 심리적 발전 단계가 인류의 역사와 대응한다고 일관되게 주장해 왔다. 이와 관련해 그는 자신의 저서 『꿈의 해석』에서 "꿈을 꾼다는 것은 꿈꾼 사람의 아득한 과거 상황으로 돌아가는 일종의 퇴행"이기 때문에, "개인적인 유년기의 배후에서 계통 발생학적인 유년기, 즉 인류의 발전에 대한 인식 가능성이 열린다"고 역설한다. 이런 관점에서 프로이드는 다음과 같이 선포한다.

개인의 발전은 우연한 생활환경에 영향 받고 축약된 인류 발전의 반복이다. …… 꿈-분석을 통해 인류의 태곳적 유산과 인간의 타고난 정신적인 근원을 인식할 수 있다는 기대를 품게 된다. 꿈과 신경증은 우리가 추측하는 것 이상으로 고대의 정신적인 것을 많이 보존하고 있는 것처럼 보인다. 그래서 정신분석은 아득한 먼 옛날 인류가 태동했을 무렵의 상황을 어둠 속에서 밝혀내고 재구성하기 위해 노력하는 학문들 사이에서 높은 위치를 요구할 수 있는 것이다.[60]

시지』(길잡이 늑대 옮김, 문학의 숲, 2010), 21쪽.
59 같은 책, 115쪽.
60 지그문트 프로이트, 『꿈의 해석』(김인순 옮김, 열린책들, 2003), 636-637쪽.

그러므로 프로이드는 인간의 본성을 유년기에 해당하는 선사시대에서 찾기도 하는 것이다.

루소 역시 원시 상태에서 인류의 유년기를 발굴해 낸다. 한때 그는 지금까지 전개되어 온 모든 역사적 진보가 "겉으로는 개인의 완성을 향한 것처럼 보이지만, 사실은 인류의 노쇠를 향한 걸음"이었다는 사실을 결코 망각해서는 안 된다고 경고한 바 있다. 이에 따라 루소는 "원시 상태"를 "세계의 진정한 유년"으로 이해하면서, 이 "원시 상태야말로 어떤 혁명도 필요치 않았던 상태, 즉 인간에게 가장 좋은 상태"라 역설해 마지않았다.[61] 물론 전혀 이질적인 맥락에서이긴 하지만, 영국의 시인 윌리엄 워즈워스 William Wordsworth도 "어린이는 어른의 아버지"라 읊지 않았던가.

야만성과 원시성, 그리고 현대적 원시인

나는 이런 시각들을 인류의 역사에 대입할 수 있다고 믿는다.

이런 관점에서 나는 원시인을 '현대인의 아버지'라 규정하는 것이다. 하지만 위에서 '현대적 원시인'으로 해석한 바 있는 아메리카 인디언들은 통

---

61 스티븐 핑커, 『빈 서판 : 인간은 본성을 타고 나는가』(김한영 옮김, 사이언스북스, 2004), 32쪽에서 재인용.

상적으로 '야만인'이라 경멸당하기 일쑤다. 놀랍고도 애통한 일이다.

그런데 '야만성'이란 도대체 어떤 것인가. '인간성'은 동물성과 신성神性의 결합이라 할 수 있다. 통설적으로 인간을 '동물'에서 출발해 '신'으로 향하는, 동물과 신 사이의 중간자적 존재라 일컫는다. 이렇게 볼 때, 인간 사회에서 발생하는 모든 문제는 인간이 동물성과 신성 양 측면 중 어느 쪽을 더 많이 분출하고 있는가에 따라 매 국면마다 그 속성과 선악의 편중성을 달리한다고 말할 수 있을 정도다. 이 경우 동물성은 흔히 야만성과 비슷한 범주에 속하는 것으로 이해되곤 한다.

그런데 나는 이 '야만성'이 독특한 사회적 의미를 함축하는 것에 주목한다. 그것은 특히 인간 상호 관계에서 모질고, 거칠고, 사납고, 발칙하고, 오만불손한 성향으로 나타난다. 그러므로 제 힘만 믿고 홀로 독불장군처럼 설쳐 대며 무차별적으로 짓누르고 할퀴고 상해를 가하는, 그리하여 온통 불화만 불 지피며 오직 자신만을 전부로 여기는 이기적인 심성을 지닌 존재는 '야만인'의 굴레에 속한다고 말할 수 있다. 가령 '힘센 놈이 최고'라는 식의 '거인주의적' 개인주의62에 의거해 가혹한 자유경쟁을 부추기고 합리화하는 자본주의 문명권의 일상은 오히려 이런 '야만성'을 더욱 선호하고 장려하는 경향이 짙은 것처럼 보인다.

반면에 '원시성'은 자연의 순리에 부합하는, 순박하고 평화로운 됨됨이

---

62 박호성, 『평등론 : 자유민주주의·사회민주주의·맑스주의의 이론과 현실』(창작과비평사, 2006), 11, 82쪽.

와 마음가짐 같은 것을 아우른다. 그러므로 그것은 미개하나 미천하지는 않고, 토속적이나 비속하지는 않으며, 야생적이나 야수적이지는 않고, 늠름하나 거칠지는 않으며, 더불어 살기를 즐기나 남을 간섭하려 들지는 않는 격조 높은 심성과 짝한다. 이런 면에서 원시성이란, 야만성과는 전혀 다르게, '본연의', '최초의', '토착적인', '생래의', '가장 근원적인' 속성과 가까운 개념이라 할 수 있을 것이다. 이런 의미와 유사하게, 캐나다에서는 인디언 원주민을 'first nation'이라 일컫기도 한다. 어쨌거나 공평히 서로 나누어 가짐으로써, 동료 인간을 하나로 껴안고 얼싸안게 만드는 힘을 분출할 수 있는 품성이 곧 '원시성'인 것이다. 따라서 원시성은 '야만성'과는 대립적이다. 그러므로 '원시인'이란 풍족하지는 않지만, 서로 나누고 서로 아파하며 더불어 살아갈 줄 아는 선량한 종족을 이른다고 말할 수 있다. 이런 의미에서 원시인을 '평화 공존론'의 원조라 일컬어도 무방하리라.

그런데 이와 상당히 유사한 취지에서 ― "문명의 산물"인 "탐욕, 근심, 폭력" 등과 같은 '야만적인' 병폐와는 전혀 무관한 ― "욕심이 없고 평화로운" 자연 상태의 인간을 "고상한 야만인"이라 일컫기도 한다. 이 용어는 흔히 루소로부터 비롯한 것으로 알려졌지만, 사실은 1670년에 출판된 영국 문인 존 드라이든John Dryden의 『그라나다 정복』*The Conquest of Granada*에서 유래하는 것이라고 밝혀진 바 있다.[63] 이 책에는 다음과 같은 구절이 나온다.

---

63 스티븐 핑커, 『빈 서판 : 인간은 본성을 타고 나는가』(김한영 옮김, 사이언스북스, 2004), 31-32쪽.

나는 자연이 빚어낸 최초의 인간처럼 자유롭다. 예속을 강요하는 비천한 법이 생겨나기 전처럼, 고상한 야만인이 거칠게 숲을 뛰어다니던 때처럼…….

사실 '자연이 빚어낸 최초의 인간'인 이 '고상한 야만인' 정신은 오늘날 현대인의 의식 세계에까지도 지속적으로 영향을 끼쳐 왔다. 가령 인위적인 것을 불신하는 반면에, 예컨대 자연식품, 자연분만, 자연 의학, 유기농, 모유 등 '자연적인 것'을 존중하는 습성이라든가, 권위적인 방식의 양육이나 교육을 거부하는 자세 등에서, 우리는 이런 '고상한 야만인'의 정신적 전통이 아직도 존속하고 있음을 알 수 있다.[64] 그리고 여기서는 비록 '야만인'이라 쓰고 있지만, 전체 문맥을 고려할 때 이를 우리가 지금껏 다루어 온 '원시인' 개념과 거의 동질적인 것으로, 요컨대 '고상한 원시인'으로 재해석해도 전혀 무리가 없으리라 여겨진다.

지금까지의 관찰을 토대로, 나는 아메리카 인디언을 주저 없이 '현대적 원시인'이라 일컫는 것이다. 그러나 이른바 현대인들, 요컨대 '영혼 없는 기계'들은 자연과 더불어 살아온 이런 '현대적 원시인', 곧 인디언의 '과학'을 서슴없이 야만적이라 깔보고 업신여긴다. 앞에서도 살펴보았듯이, 무엇보다 그들 스스로가 동료 인간 및 자연에 대해서까지 방종과 상해를 일삼는 자신들의 일상적 삶의 방식을 불가피하고도 정상적인 것으로 곡해하며 살고 있기 때문이다.

---

64 같은 책, 34쪽 참조.

예컨대 자연 애호가이며 박물학자인 『동물기』의 저자 시튼E. T. Seton은 온 생애에 걸쳐 인디언에 관한 자료를 수집해, 인디언의 삶과 철학에 관한 평생의 역작으로 알려진 『인디언의 복음』[65]이란 책을 펴낸 바 있다. 한마디로 그는 생태계의 무차별적인 개발과 파괴를 특징으로 하는 모순적인 서구 문명에 대한 대안을 수만 년 동안 자연과 조화로운 삶을 영위해 온 인디언의 삶 속에서 찾아낸 것이다. 시튼은 인디언이 "이론보다 실제가 훨씬 더 앞섰다. 그들의 종교는 신학보다도 더 건전했고, 그들의 정치제도는 정치학보다 더 성숙한 것이었다. 그들이 잘 알고 있었던 유일한 과학은 인간관계라고 하는 과학이었다"고 역설한다.[66] 이를테면 자연과 더불어 살아온 인디언에게 '유일한 과학'이 있었다면, 그것은 바로 '인간관계의 과학', 곧 휴머니즘이라는 말인 것이다.

그런데 '원시성'을 간직한 '현대인의 아버지', 즉 이 인디언들은 오늘날의 생태 위기 상황에서 우리에게 어떤 메시지를 던지고 있을까. 비록 신자유주의 시대라 한들, 이런 전통적인 아메리카 인디언들을 빼닮은 온후한 '현대적 원시인'이 정녕 자취를 감출 리 있겠는가.

예컨대 "모든 인류뿐만 아니라 지구의 모든 존재들의 자궁"인 아마존 밀림의 공동체에 이 '현대적 원시인'들이 건재하고 있음이 밝혀진 바 있다. 그런데 이들은 현대인들이 경시하는 '관계'의 철학을 여태 저버리지 않고 소

---

65 E. T. 시튼, 『인디언의 복음 : 그들의 삶과 철학』(김원중 옮김, 두레, 2000).
66 같은 책, 135쪽.

중히 간직하고 있는 것으로 알려져 있다. 스스로가 무시해 버린 '관계'들로 인해 늘 갈등과 고통과 비극을 겪지 않으면 안 되는 소위 '현대인'들과는 전혀 다르게, 이들은 이렇게 절규한다. "저 사람이 나라는 걸 알게 되고 세상의 모든 존재들이 나의 다른 모습임을 깨닫는다면, 어떻게 저들을 미워할 수 있고 죽일 수 있을까? 저 산과 강물이 나를 구성한 본질임을 깨달았다면, 어찌 개발한다면서 무지막지하게 파괴시키고 훼손할 수 있단 말인가?"[67]

아마존 밀림 공동체의 이 '현대적 원시인'들이야말로 자연과의 합일을 성취해 낸 인간일 뿐만 아니라, 동시에 동등한 자연의 산물이라고 확신하는 주위 동료들과 더불어 온전한 공동체적 평등과 연대를 수립한 '자연의 휴머니스트'라 일컬어지기에 전혀 부족함이 없다.

시베리아도 예외가 아니다.

우리 한반도 생물의 원류로 일컬어지는 우수리Ussury에는 역사가 기록되기 이전부터 시베리아 호랑이를 신으로 숭배하는 원주민들이 살아왔다고 한다. 이들은 대대로 사냥을 하고 물고기를 잡으며 살아온 마지막 정령주의자들인데, 우리 민족과 마찬가지로 언어학상으로는 알타이Altai계, 인종학상으로는 '퉁구스Tungus 족'에 속하는 북방 유목민족의 후예들이다. 숲과 물과 대지의 모든 생명에는 영혼이 존재한다고 믿으며, 그 영혼의 정령들과 교류하면서 지금껏 자연의 일부로 소박하게 살아온 것으로 알려진

---

67 김병수, 『사람에게 가는 길 : 팔당 농부의 세계 공동체 마을 순례 여행』(마음의 숲, 2007), 426-427쪽.

종족이다. 이들은 나무를 베거나 동물을 살상하는 것은 오직 인간의 생존에 필요한 만큼만 자연의 정령이 허락하는 것이라 믿기 때문에, 지나치게 죽이거나 파괴하는 것을 자연의 조화를 깨뜨리는 불손한 짓거리로 타매한다. 이런 뜻에서 그들은 자신이 살기 위해 불가피하게 사냥한 동물들에 대해서까지 속죄 의식을 치렀다고 한다. 급기야는 이런 속죄 의식들이 아메리카 인디언의 경우처럼 토템 사상으로 발전하기도 했는데, 모두 자신들이 생업으로 사냥하는 동물들을 토템으로 삼았다는 것이다.[68]

또한 다른 생명체 역시 인간 못지않게, 아니 어떤 의미에서는 인간보다 훨씬 뛰어나게, 자연의 내재적 가치를 공유한다.

'심지어는' 하찮은 나무조차도 '연대'를 한다.

나무에도 '연리지'連理枝라는 게 있다. 연리지는 서로 가까이 있는 두 나무가 자라면서 하나로 합쳐지는 현상을 일컫는데, 처음에는 가지끼리 그저 맞닿아 있는 것처럼 보이지만, 나중에는 맞닿은 자리가 붙어 한 나무로 변해 버린다고 한다. 이를테면 땅 아래 뿌리는 둘이면서, 지상에 나온 부분은 한 몸이 된다는 말이다. 그러나 그럼에도 불구하고 합쳐지기 전의 성격

---

68 이에 대해서는, 박수용, 『시베리아의 위대한 영혼』(김영사, 2011), 특히 36쪽, 64-65쪽을 참조할 것. 저자는 이 책에서 20년 가까운 세월 동안 한 해의 절반을 시베리아 호랑이의 흔적을 따라 우수리와 만주, 북한 국경, 그리고 남한의 백두대간의 숲과 산맥들을 헤맸다고 술회한다. 그리고 나머지 절반을 영하 30도의 오지에서 오지 않는 호랑이를 끝없이 기다리며, 때로는 자연에 순응하고 또 때로는 자연을 원망하며 보낼 수밖에 없었다고 되뇐다. 그 결과 이전에는 한 시간짜리로도 기록되지 못했던 야생의 시베리아 호랑이를 1천 시간 가까운 영상으로 남길 수 있게 되었다며 뼈아프게 지난날들을 되돌아보기도 한다.

과 기질은 고스란히 그대로 간직한다는 것이다. 서로 다른 특성을 지닌 채 한 몸을 이루며 살 뿐만 아니라, 한 몸이 되고 나서도 서로의 개성을 존중하면서 조화를 잃지 않는, 멋지게 더불어 살아가는 나무의 모습인 것이다. 하물며 나무'조차도' 이처럼 계속 서로 다른 특성을 견지하면서 한 몸을 이루며, 또 한 몸이 되고 나서도 서로의 개성을 존중하며 조화를 잃지 않고 살아간다.[69] 인간도 흉내 내기 힘들 정도의 멋들어진 공존·공생을 통한 합일인 것이다.

이뿐만이 아니다. 한 몸에서 나왔으되 생명을 소진해 그 본체에서 떨어져 내리는 낙엽은 또 얼마나 경탄스러운 존재인가. 비록 말라비틀어지긴 했으나 다시금 자신을 거름이 되도록 썩혀, 원래 자신의 몸을 키워 왔던 뿌리의 영양분으로 되살아나고자 몸부림치는 탄복할 만한 '헌신적 생명체'다. 요컨대 '엽락분본'葉落糞本, 즉 '낙엽이 떨어져 뿌리를 키우는 거름이' 되기도 하는 것이다. 가히 식물 세계의 연대를 통한 부활이라 일컬을 만하다. 인간이 무색할 지경이다.

다시 강조하거니와, 자연의 내재적 가치는 다른 생명체의 경우와 마찬가지로 인간의 본성에도 그대로 발현된다. 이를테면 인간의 '자연', 요컨대 인간 본성은 자연적 '인본주의'humanism의 직접적 산물인 것이다.[70] 그러므

---

69 이에 대해서는 우종영, 『나는 나무처럼 살고 싶다』(중앙 M&B, 2002), 171-179쪽을 참조할 것.
70 박호성, "자연의 휴머니티에 관한 소고"(『시대와 철학』, 2011년 여름, 제22권 2호), 173-182쪽 참조.

로 앞에서도 이미 살펴보았듯이, 자연에서 발원한 인간적 평등 의식 및 연대 정신은 곧바로 인간 본성에 뿌리내릴 수밖에 없게 된다. 인간적 공존·공생 추구 의지 역시 바로 이런 인간 본성의 발로임은 자명한 이치라 할 수 있다.

한마디로 자연은 모든 생명의 원천이다. 따라서 생명의 질서, 즉 자연 질서의 창조자 겸 주재자인 자연의 섭리에 순응하는 인간적 삶의 방식이야말로 바람직할 뿐만 아니라 필연적이라 할 수 있다. 이런 의미에서 자연을 '보호'한다는 언행 자체가 대단히 부적절한 것이라 할 수 있다. 반대로 '존중'하는 자세를 함양해 나간다는 것이 보다 소망스럽고 인간적인 행위가 될 것이다.

이를 위해 '인간은 자연적'이 될 수밖에 없다. 무엇보다 '자연이 인간적'이기 때문이다. 왜 그래야 하는가, 그리고 그 의미는 도대체 무엇인가.

첫째, 인간 본성이 바로 자연의 '인본주의'의 직접적인 산물이기 때문에, 자연은 본래 인간적일 수밖에 없다. 달리 말하면, 인간 본성이야말로 인간에 대한 자연의 '기본권' 행사의 직접적인 산물, 그 자체란 말이다. 그리고 바로 이런 인본주의적 '자연권'이 여타 모든 다른 생명체의 창조 원리의 기본 토대로 작용하기도 하는 것이다. 그러므로 자연 역시 '휴머니티'를 지닌 인격체로 존중받아 마땅한 권리를 지닌다고 말할 수 있다. 이것이 바로 자연이 '인간적 자연'인 까닭이다.

둘째, 인간은 이런 생명의 탯줄을 통해, 마치 형제자매처럼, 대자연의 모든 생명체들과 불가분의 유기적인 상호 관계로 서로 결연해 있다. 따라서 이 생태계 속에는 존재 가치를 존중받지 못할 존재는 존재하지도 않을 뿐만 아니라, 동시에 존재할 수도 없다. 이것이 바로 인간이 '자연적 인간'이 되어야 할 까닭인 것이다.

한마디로 말해, 이런 '자연의 인간화' 및 '인간의 자연화'의 동시 구현, 이것이 바로 자연과 인간의 합일인 것이다.

바야흐로 생명체 상호 간의 평화적 공생·공존·공영을 성취해 내지 않으면 안 될 절박한 시기가 도래했다. 이런 상황에서 우리의 '현대 원시주의' 생태론은 시대적 요구에 부응하는 상생의 환경 윤리라 할 수 있다.

언제나 우리 인간은 자연 속에 있고, 자연은 우리의 가슴속에 있다. 그런데 우리 인간이 그 자연을 제대로 느끼지 못하는 것은, 자연이 멀리 떨어져 있기 때문이 아니라 오히려 그것이 너무나 가까이 있고, 또한 우리가 한 번도 그곳에서 벗어난 일이 없기 때문이다. 그러나 인간이 자연을 학대하는 것은 곧 자신의 삶 그 자체를 박해하는 것이 된다. 자연을 '죽이면', 자연이 '죽인다.' 자연이 인간의 소유물이 아니라, 인간이 자연의 소유물인 탓이다.

하지만 다른 한편 우리 인간이 우리 자신의 생존을 위해 다른 생명체의 희생을 요구할 수밖에 없다면, 우리 또한 마찬가지로 다른 생명체를 위해 스스로 희생을 감수해야 함은 지극히 자연스러운 이치요 의무라 할 수 있다. 그러므로 우리는 절제할 줄 아는 '살림살이'를 통해 우리를 살리고, 자연을 살리고, 생명을 아끼는 법을 체득하지 않으면 안 될 것이다. 따라서 청빈한 삶의 신조가 자연스레 요구된다. 이런 의미에서 "청빈"paupertas이야말로 "나와 인류와 온 누리를 구하는 길이며 생명 가치를 구현하는 길"

임은 결코 부인할 수 없는 삶의 기본 원리라 할 수 있다.[71]

이처럼 자연 존중의 원리는 자연스레 경제문제와 직결된다. 그런데 ‘경제학’economics과 ‘생태학’ecology 용어가 모두 집 또는 거처를 의미하는 그리스어 oikos에서 유래했다는 것은 대단히 흥미로운 사실이다. 하지만 경제를 생태학적 원칙을 뛰어넘는 범주로 “격상시킨다는 것은 우리가 자연법칙의 영향을 받지 않아도 된다고 생각하는 것”만큼 모순적일 수밖에 없다. 왜냐하면 우리의 인간적 생존에 필요한 “기본적인 것은 모두 생태계에서 나오는 것이므로, 인간이 만들어 낸 것, 곧 경제를 자연보다 높은 위치로 격상시킨다는 것은 자살 행위”와 다를 바 없기 때문이다.[72]

특히 이런 ‘청빈’을 구현하기 위해, 우리 모두는 자연과 조화롭게 잘 어우러지는, 요컨대 힘을 사랑하는 인간이 아니라 사랑의 힘을 가진 ‘인도주의적인 원시인’으로 되돌아가야 할 것이다. 지금도 ‘문명 세계’ 속에서 원시시대를 꾸준히 재현해 가며 공존·공생하고 있는 ‘고상한 원시인’들이 적잖음은 앞에서도 이미 살펴본 바 있다. 이 ‘현대적 원시인’은 ― 하나의 횃불에서 수많은 사람이 불을 나눠 가져도 그 횃불의 불꽃이 줄어들지 않는 것과 마찬가지로 ― 행복 역시 아무리 나눠 가져도 감소하지 않는다는 것을 우리에게 묵묵히 가르치고 있다. 한마디로 그들은 ‘생명 사랑’, 곧 ‘바이오

---

71 진교훈, “생명과 철학 : 철학에서 본 생명,” 서강대 생명문화연구원, 『생명의 길을 찾아서』(민지사, 2001), 34쪽.

72 데이비드 스즈키, 『마지막 강의 : 지속 가능한 미래를 상상하라』(오강남 옮김, 서해문집, 2012), 64쪽.

필리아'73야말로 우리가 나아갈 유일한 이정표임을 고즈넉이 가리키고 있는 것이다.

'현대 원시주의' 생태론은 바로 이런 '바이오필리아'의 세계를 지향한다. 무엇보다 '현대 원시주의'의 근간인 '원시성'이 양면적 합일성을 동시에 추구하기 때문이다. 요컨대 자연과 인간의 합일, 그리고 인간과 인간의 합일이 바로 그것이다. 그리고 이런 합일 지향성은 바로 '자연의 휴머니티'가 배태한 생래적 평등 정신과 연대 의식에 의해 촉진된다. 따라서 '현대 원시주의' 생태론은 바로 이런 '원시성'을 문명 세계의 생태 환경 속에 현현해내는, 윤리적인 환경 정의와 정의로운 생태 윤리 정립을 목표로 한다고 말할 수 있다.

이런 의미에서 우리의 '현대 원시주의' 생태론적 임무 역시 양면적이라 할 수 있다.

첫째로, 자연 앞에서는 모든 인간이 궁극적으로는 평등한 존재임에 유념해야 한다. 따라서 우리는 힘을 모아 탈脫이기적 공생·공존·공영의 세계를 함께 지향해야 한다. 특히 불우하고 소외당하는 동료 인간이 가까이 있다면, 그들의 인간적 해방을 위해 더불어 헌신해야 할 준엄한 사명을 지니고 있다. 이것이 바로 '환경' 민주화를 의미하는 것이다.

---

73 생태학자 에드워드 O. 윌슨은 우리 인간이 무엇보다 자연 상태에서 진화되어 나온 탓에, "다른 종들과 어울려 살려고 하는" 생래적 필요를 절실히 느끼고 있다고 믿는다. 바로 이런 사실을 표현하기 위해, 윌슨은 생명을 뜻하는 '바이오'와 사랑을 의미하는 '필리아'를 합성해 '바이오필리아'란 신조어를 만들었다. 이에 대해서는 데이비드 스즈키, 같은 책, 111쪽을 참조할 것.

둘째로, 생태계의 모든 생명체들이 동등한 내재적 가치를 지니고 있음에 주목해야 한다. 따라서 모든 생명체들이 상호 공생·공존·공영을 함께 누려 나갈 수 있는 공정한 생태 환경을 지속적으로 조성해 나갈 의무 또한 더불어 나눠 지지 않으면 안 된다. 이것이 바로 '생태' 민주주의의 기본 목표인 것이다.

이처럼 '생태 환경' 민주주의의 기본 토대 위에서 원시적인 삶의 양태를 현대화하고자 하는 '현대 원시주의' 생태론적 시도가 불가피하게 유토피아적인 속성을 안고 있음은 결코 숨길 수 없는 사실이다. 그러나 인간 세계에 문제의 영원한 해결은 있을 수 없다. 문제의 영원한 지속만이 있을 뿐이다. 바로 그렇기 때문에 우리 인간에게는 유토피아가 필연적으로 요구되는 것이다. 유토피아는 실현될 수 없는 것임에도 불구하고 그것이 실현될 수 있다는 꿈을 우리에게 끊임없이 불러일으킨다. 그를 통해 우리 인간은 앞으로 나아가는 힘을 얻는다. 이런 힘이야말로 결코 뿌리칠 수 없는 역사 발전의 동력인 것이다.

결론

인류역사에서 지금까지 한 번도 체험해 본 적이 없는 세계사적 '이중 위기'가 오늘날 이 지구를 뒤덮고 있다. '인간 위기'와 '자연 위기'가 바로 그것이다. "생명의 근원"이자 "생명체의 본질"로 인식되는 자연이 지금 결정적인 위기에 봉착해 있다. 요컨대 '생명' 자체의 위기인 것이다. 하지만 더할 나위 없이 안타까운 것은 자연이 심각하게 피폐해져 감에 따라, 인간의 '자연'nature, 즉 인간의 '본성' 자체가 더욱더 극심하게 날로 황폐해져 간다는 사실이다. 더욱이 생태계 전체의 존속 가능성 자체를 결정적으로 위협하는 존재가 바로 인간이기도 하다.

그럼에도 불구하고 우리 인간은 대단히 위선적이고 이중적인 품격을 몰염치할 정도로 과감하게 개발하고 발전시켜 왔다. 우리 현대인들, 요컨대 '영혼 없는 기계'들은, 한편으로는 "날카로운 칼로 자연을 난도질"하는 자연의 정복자로 군림하는 동시에, 다른 한편으로는 "흡사 보상 행위인 양 마치 자연미를 찬양하는” 것과 같은 위선적인 문화를 열심히 키워 왔다.

그리하여 이 세계를 지배하게 된 서구 문명은 자연을 가장 믿음직스러운 ‘사유’私有의 대상으로 전락시키는 동시에 자연을 가장 믿을 만한 ‘사유’思惟의 대상으로 등극시키기도 했다. 이처럼 ‘사유’私有와 ‘사유’思惟 사이에서 걸출하게 자연을 농간하는 와중에, 무엇보다 무차별적인 자연 훼손과 무자비한 인간성 파탄을 필연적으로 초래할 수밖에 없었다.

어찌 보면 인간은 참으로 불우한 생명체인 것만 같다. 한편으로는, 자연을 지배함으로써 가난과 질병의 위협으로부터 벗어날 수 있었지만 다른 한편으로는, 오히려 이러한 자연 정복을 통해 결과적으로 공해, 환경오염, 생태계 파괴, 기상이변과 자연재해 등을 자초할 수밖에 없었다. 안타깝게도 우리 인간 사회는 이와 같은 참담한 모순에 의해 이끌려 온 역사를 자랑한다. 인간적 한계이자 본질 탓일지도 모른다. “근대 이성이 낳은 비극”으로 간주할 수도 있을 것이다.

그렇다면 ‘살기 위해서 죽여야’ 하고, 또 ‘죽이기 위해서 살아야’ 하는 이 가혹한 모순의 악순환에서 우리 인간은 도대체 어떻게 벗어날 것인가?

이런 상황에서 ‘환경문제’를 단순히 기술적·정책적 문제로 치부해도 좋은가? 아니다. 그것은 오히려 자연과 이 세계에 대한 전면적인 반성과 인식의 쇄신을 촉구하며 자연과 인간의 새로운 상호 관계 설정에 전념하도록 압력을 가하는, 준엄한 인류사적 경고와도 같은 것이다. 동시에 그것은 서양의 자본주의적 기계문명과 생사고락을 함께해 온 자유주의 철학에 대한 뼈저린 재점검을 요구하기도 한다. 심지어 어떤 학자는 지금 수준의 환경 파괴가 계속된다면, 이번 세기말에 이르러 현존하는 동식물의 절반이 사라질 것이라고 경고할 정도다.

어쨌든 인간은 지금껏 마치 이 대자연의 절대자라도 되는 것처럼, 이른바 '만물의 영장'이라는 미몽에 빠져 마구잡이로 전횡을 일삼아 왔다. 바로 이러한 인간이 사실상 생태계를 가장 혹독하게 교란해 온 결정적인 불순세력임이 만천하에 드러난 것이다. 현재 심각한 우려를 자아내고 있는 이른바 '환경문제'는 실은 '인간문제'와 불가분의 상관관계를 맺고 있다.

이런 의미에서 나는 자연론이 곧 인간론이라 믿는다. 무엇보다 이 자연계에서 인간만이 거의 유일하게 자연을 병들게 할 수도, 치유할 수도 있는 생명체이기 때문이다. '병 주고 약 주는' 유일한 존재가 바로 인간이라는 말이다. 또한 자연 위기의 원인 제공자인 동시에 희생자로 그 위기의 중심에 서있는 존재 역시 인간밖에 없기 때문이다. 그러므로 인간에 대한 이해 없이 자연에 대한 올바른 해석 역시 불가능할 수밖에 없음은 자명하다. 요컨대 인간과 자연은 변증법적 상호 관계로 결합된 존재인 것이다. 따라서 자연은 인간에 의해 변화하고, 인간은 또 그를 통해 자신의 '자연', 곧 '본성'을 변화시킨다. 이를테면 인간은 자연의 지배를 받기도 할 뿐만 아니라, 동시에 자연을 변형시키는 힘으로 작용하기도 한다는 말이다.

이런 의미에서, 인간의 (사회적) 환경 변화 없이 자연환경의 변화를 기대한다는 것은 억지에 가까운 일이다. 그 역도 마찬가지다. 따라서 우리는 주위 동료 인간에 대한 사랑 없이 도대체 어떻게 자연에 대한 사랑이 가능할 수 있겠는가 하고 되묻지 않으면 안 된다. 자연론이 결국 인간론일 수밖에 없기 때문이다.

예컨대 농사일은 우리 인간의 생존과 직결되는 필수적인 인간적 과업이다. 그러나 그것은 근본적으로 하늘의 변덕, 곧 임의적인 자연의 동향에 좌지우지될 수밖에 없는 일이다. 하지만 농사를 짓는 주체는 자연이 아니라 바로 인간 자신이다. 애써 논밭을 일구고 씨를 뿌리는 것이 인간이기 때문이다. 비가 안 오면 샘을 파는 것도 인간이오, 홍수에 대비해 제방을 튼튼히 쌓는 것도 역시 인간이다. 요컨대 자연의 횡포를 저지할 수 있는 존재는 인간뿐인 것이다. 그러나 이 자연계에서 살충제와 제초제 등을 남발하는 생명체 역시 인간밖에 없다. 그러므로 한정되어 있는 이 지구상에서 변해야 할 것은 오로지 인간의 생활양식밖에 없다.

더구나 자연의 기본 가치는 '휴머니즘'이다. 그러므로 자연이 '인간적 자연'일 수밖에 없음은 자명한 이치라 할 수 있다. 그렇다면 이러한 '인간적 자연'이 우리 인간에게 도대체 어떠한 가치와 정신을 심어 주었을까. 크게 두 가지다.

첫째, 자연은 원래 모든 인간에게 그 어느 누구도 결코 거부할 수 없는 오직 하나의 '자연적 절대 평등'을 부여했다.

자연에서 와서 어차피 다시 자연으로 되돌아갈 수밖에 없는 유한한 존재인 우리 인간은 이러한 허망한 절대 평등의 울타리 안에서 더불어 살아가다가 결국 더불어 이 세상을 하직할 수밖에 없는 '피붙이 공동 운명체'로서, 서로를 아끼고 격려하고 도우며 함께 살아가야 할 자연적 소명을 부여받은 존재인 것이다. 자연은 빈부귀천, 지위 고하를 막론하고 모든 인간을 절대적으로 공평히 썩혀 준다. 그러므로 자신의 산물들이 상호 공존·공생·공영을 함께 누리게 될 것을 바라는 것, 이것이 자연의 자연스러운 소망일 수밖에 없을 것이다.

둘째, 자연은 — 이러한 인간의 자연적 절대 평등으로 말미암아 — 우리 인간으로 하여금 필연적으로 서로 '연대'하도록 창조했다. 말하자면 우리 인간은, 무한히 유한한 존재로서, 서로 연대하며 살아갈 수밖에 없도록 자연에 의해 운명지어졌다는 말이다.

다른 생명체와 마찬가지로 인간 역시, 자연 앞에서는 서로 평등한 존재임은 두말할 나위도 없다. 이러한 인간의 '자연적 평등' 명제에 입각한다면, 평등한 인간 사회 건설을 위해 매진하는 것이야말로 지극히 자연스러운 자연의 인본주의적 요청임이 자명해진다.

무엇보다 죽음 앞에서는 우리 인간 모두가 한갓 무상한 유한자일 수밖에 없다. 그러므로 평등하게 허무한 존재들끼리 서로 손잡고 조화롭게 연대해 나가지 않는다면, 이 인간적 삶이 얼마나 극심하게 피폐해지겠는가. 또한 필연적으로 자연으로 되돌아갈 수밖에 없는 이러한 인간적 유한성으로 말미암아, 인간은 고독해질 수밖에 없는 운명을 타고난 존재다. 끝이 있을 수밖에 없는 존재가 어찌 고독해지지 않을 수 있겠는가. 우리 인간은 본성적으로 고독한 존재인 것이다. 하지만 바로 이러한 숙명적인 고독이 인간적 연대의 원천으로 작용하게 된다. 이런 의미에서 우리 인간에게 연대란 인간적 공존·공생을 위한 지극히 자연스러운 본능적 행위, 그 자체라 할 수 있다. 그러므로 연대는 자연의 순리를 따르는 행위인 것이다.

나아가 우리 인간이 자연 속의 모든 생명체들과 평등하게 연대해야 마땅함은 자연의 창조 의지에 속하는 일이라 할 수 있다. 따라서 그것이 인간의 본성에 필연적으로 뿌리내린 자연의 요청임은 물론이다. 달리 말하면, 인간 본성이야말로 인간에 대한 자연의 '기본권' 행사의 직접적인 산물 그자체라는 말이다. 그리고 바로 이러한 인본주의적 '자연권'이 여타 모든 다른 생명체의 창조 원리의 기본 토대로 작용하기도 하는 것이다. 그러므로 자연 역시 '휴머니티'를 지닌 인격체로 존중받아 마땅한 권리를 지닌다고 말할 수 있다.

이런 의미에서, 나는 평등 의식의 선양 및 연대 정신의 함양을 지극히 자연스러운 '자연의 휴머니즘'의 기본 요청으로 이해하는 것이다. 물론 이러한 정신적 가치가 인간의 본성에 필연적으로 내재하는 자연의 요청임은 두말할 나위도 없다. '인간적 본성'의 뿌리가 '자연' 그 자체이기 때문이다. 그러므로 우리 인간과 자연계의 모든 생명체들이 서로 평등하게 연대하는 것이야말로 지극히 자연스러운 일일 수밖에 없다. 무엇보다 자연계를 구성하는 모든 종들이 다 상호 의존적이기 때문에 그 균형을 깨는 일은 그어느 구성원에게도 궁극적인 이득이 될 수 없기 때문이다.

우리 인간 역시 이러한 자연의 소명에 예외적인 존재일 수 없다. 따라서 자신들의 결함과 부족함을 스스로 보완하기 위해 상부상조하도록 만들어진 것이다. 자연은 물론 인간에게도 연대 정신을 준수하도록 가르친다. 동시에 자연은 ─ 자신이 스스로 생명을 부여한 꽃사슴과 지렁이, 장미와 잡초 등을 결코 차별하지 않는 것처럼 ─ 인간과 인간 사이에도 온전한 평등 의식이 선양되어야 함을 다그치기도 한다.

자연은 모든 생명의 원천이다.

따라서 생명의 질서, 즉 자연 질서의 창조자 겸 주재자인 자연의 섭리에 순응하는 인간적 삶의 방식이야말로 바람직할 뿐만 아니라 필연적이라 할 수 있다. 이런 의미에서 자연을 '보호'한다는 언행 자체가 부적절한 것이라 할 수 있다. 반대로 '존중'하는 자세를 함양해 나간다는 것이 보다 소망스럽고 인간적인 행위가 될 것이다.

이를 위해 '인간은 자연적'이 될 수밖에 없다. 무엇보다 '자연이 인간적'이기 때문이다.

왜 인간이 '자연적'이어야 하는가, 그리고 그 의미는 도대체 무엇인가.

첫째, 인간 본성이 바로 자연의 '휴머니즘'의 직접적인 산물이기 때문에, 자연은 본래 인간적일 수밖에 없다. 아울러 바로 이러한 인본주의적 '자연권'이 의당 여타 모든 다른 생명체의 창조 원리의 기본 토대로 작용하기도 하므로, 인간 역시 '자연적' 존재로서 뭇 생명체를 인격체로 존중해야 할 마땅한 의무를 지닌다고 말할 수 있다.

둘째, 그러므로 인간은 이러한 생명의 탯줄을 통해, 마치 형제자매처럼, 대자연의 모든 생명체들과 불가분의 유기적인 상호 관계로 서로 결연해 있다. 따라서 이 생태계 속에 존재 가치를 존중받지 못할 존재는 존재하지도 않을 뿐만 아니라, 존재할 수도 없다. 이것이 바로 인간이 '자연적 인간'이 되어야 할 까닭인 것이다.

한마디로 말해, 자연과 인간의 합일이란 '자연의 인간화' 및 '인간의 자연화'의 동시적 구현을 의미한다. 그리고 이러한 자연과 인간의 합일을 촉구하기 위해, 나는 '현대 원시주의' 생태론을 제시하며 이 저술을 마감하게 된 것이다. 자연과 인간의 합일, 그리고 자연의 동일한 산물로서 인간과 인간 사이의 연대에 입각한 온전한 평등 체제의 구축이야말로 '자연의 휴머니즘'이 가리키는 진솔한 이정표라 할 수 있기 때문이다.

자연은 우리에게 생명을 올곧게 부여하는 주체다. 그러므로 자연의 산물인 인간에게는 자연의 순리에 따르는 삶의 방식이야말로 가장 자연스러운 삶의 자세라 하지 않을 수 없다. 이런 의미에서 진정한 인간의 생존이 '자연과의 조화'를 쟁취함으로써 비로소 참답게 확보될 수 있을 것임은 자명한 이치다. 그리고 바로 이것이 인간으로 하여금 진정한 자연의 일원으로 복귀할 수 있도록 이끌어 줄, 유일하게 열려 있는 길일지도 모른다. 왜냐하면 자연이 생명체의 원천이며 본질이기 때문이다. 이처럼 자연을 수단이나 정복의 대상이 아니라 생명의 근원으로 인식할 때, 어떻게 생태계 파괴 공작이 감히 저질러질 수 있겠는가. 자연이 위대한 교사이기도 함은 물론이다.

간추려 말하면, 인류는 지금껏 '자연'에서 출발해 또다시 '자연'으로 회귀하는 삶의 양식을 발전시켜 왔다고 말할 수 있다. 이를테면 우리 인류는 자연에 맹종盲從해 온 무기력한 원시사회에서 출발해, 자연에 대한 순종順從으로 일관한 중세 봉건사회를 거쳐, 이윽고 정복과 파괴만을 일삼는, 요컨대 자연에 대한 방종放縱으로 일관하는 완력적인 근대 민족국가 체제에 이르렀다. 급기야는 환경오염, 생태계 파괴, 자본주의적 물신숭배와 황금만능주의를 무한정 부추기는 세계화 시대로 접어들며, 이윽고 자연을 '추종' 追從하는 '생명 공동체' 단계로 서서히 나아가고 있는 것처럼 보인다.

물론 이러한 '희망'에 입각해 우리는 새로운 '자연의 윤리'를 모색하지 않으면 안 된다. 그것은 "자연에 적응하는 것이 정의"라는 인식과 불가분의 관계를 맺고 있다. 이를테면 '자연의 윤리'란 자연의 섭리를 따르는 삶의 방식과 부합하는 것이라 말할 수 있는 것이다.

이런 의미에서 우리는 마땅히 생명에 대한 새로운 윤리 의식도 동시에 추구하지 않으면 안 된다. "모든 살아 있는 피조물들과 아름다운 자연 전체를 포괄할 수 있도록 동정심의 범위를 넓힐 것"을 역설한 바 있는 아인슈타인의 당부처럼, 오늘날 우리에게는 이 자연계의 모든 동식물까지도 섭렵하는 무한대의 생태 윤리가 절실히 요구된다. 그러나 생명에 대한 외경심에 뿌리를 둔 생태론은 필연적으로 자연과의 평화를 지향할 수밖에 없다. 왜냐하면 "생태계 위기는 자연에 대한 전쟁, 나아가 우리 자신에 대한 전쟁" 그 자체이기 때문이다. 그러므로 "자연과의 평화 없이는 세계 평화" 역시 불가능할 수밖에 없을 것이다. "모든 전쟁은 자연 파괴"이기 때문이다. 그러므로 참다운 생태 윤리가 평화 지향적일 수밖에 없음은 물론이다.

그렇다면 어떻게 할 것인가.

바야흐로 생명체 상호 간의 평화적 공생·공존·공영을 성취해 내지 않으면 안 될 절박한 시기가 도래했다. 인간이 자연을 학대하는 것은 곧 자신의 삶 그 자체를 박해하는 것이 된다. 자연을 '죽이면' 자연이 '죽인다.' 자연이 인간의 소유물이 아니라, 인간이 자연의 소유물이기 때문이다.

　그러므로 우리는 이 지상의 모든 생명에 대해 '연민의 정'을 기울여, 최대한 많은 것에 이득을 베풀고, 최소한의 것에 부득이한 해를 끼치도록 노력해야 할 것이다. 이 자연 속에 존재하는 모든 생명체가 '생명'生命, 곧 '살려는 명령'을 함께 부여받았을 뿐만 아니라 또 더불어 살 권리를 공평히 지녔으니, 우리가 줄 수 없는 생명을 어찌 우리가 함부로 취할 수 있겠는가. 그러나 "인간 중심의 사고는 뭇 생명을 도구화하기 쉽다." 그러므로 생명의 근원에 있어 인간과 다를 바 없는 짐승에게까지 "인간 중심의 사랑"이 아니라 내면적인 "생명 본위의 사랑"을 베풀 때, 비로소 인간을 '만물의 영장'이라 이를 수 있을 것이다.

　다른 한편 우리 인간이 우리 자신의 생존을 위해 다른 생명체의 희생을 요구할 수밖에 없다면, 우리 또한 다른 생명체를 위해 스스로 희생을 감수해야 함은 지극히 자연스러운 이치요 의무라 할 수 있다. 그러므로 우리는 절제할 줄 아는 '살림살이'를 통해 우리를 살리고, 자연을 살리고, 생명을 아끼는 법을 체득하지 않으면 안 될 것이다. 여기에는 청빈한 삶의 신조가 자연스레 요구된다. 이런 의미에서 "청빈"이야말로 "나와 인류와 온 누리를 구하는 길이며 생명 가치를 구현하는 길"임은 결코 부인할 수 없는 삶의 기본 원리라 할 수 있다. 따라서 나는 '생명 사랑', 곧 '바이오필리아'야말로 우리 모두의 미래지향적 소명임을 믿어 의심치 않는다.

　이런 관점에 입각해 나는 생명체 상호 간의 평화적 공생·공존·공영을 촉구하는 시대적 부름에 쫓아, 미래지향적인 상생의 환경 윤리로서 '현대 원시주의' 생태론을 새로이 제기한 것이다. 말하자면 '영혼 없는 기계'를 생

명을 사랑하는 '영혼 있는 인간'으로 탈바꿈시킴으로써 모든 생명체와 공
생·공존·공영할 수 있는 길을 제시하고자 한 것이 바로 '현대 원시주의' 생
태론인 것이다.

생태계의 모든 생명체는 동등한 자연의 산물이다. 다른 말로 하면, 모
든 생명체는 '일가 친족'과 다를 바 없는 운명 공동체라는 말이다. 그럼에
도 우리 인간은 생태계의 뭇 '겨레붙이'에 대해 일상적으로 비행을 저지르
는 패륜아와도 같은 존재로 전락하고 말았다. 자연이 부여한 공존·공생 정
신을 근본적으로 저버리는 처사임은 물론이다. 이렇게 볼 때, 생태계 파괴
는 곧 '친족 상해'와 다를 바 없는 범죄행위라 이를 수 있을 정도다.

이런 입장에 서서, 나는 민주주의를 일단 두 개의 차원으로 분류한다.
한편으로는 이상적인 목표 의식의 관점에서 인간 사회의 범주를 뛰어넘어
전 생태계를 아우르는 총괄적인 이념으로, 다른 한편으로는 현실적인 과
제와 관련지어 자연과 인간 사이의 친화적 연결 고리로 기능할 정신적·실
천적 개념으로 민주주의를 해석한 것이다. 이러한 유형 분석에 입각해, 나
는 '생태 환경' 민주주의를 제창했다.

이 와중에 나는 오늘날 인간 중심적 환경 보존 의지가 때로는 생태계
파괴나 자연 훼손의 본질적 문제점을 극복코자 하는 원초적 시도와 상충
할 위험성조차 배제할 수 없다는 역설이 결코 억설이 아니라는 점에 특히
유의했다. 나아가 환경이란 용어 자체가 '가정환경', '작업환경' 등 지나치
게 다양하고 포괄적이며 중첩적으로 사용되기도 한다는 점에도 유념했다.
이런 측면들을 고려함으로써 나는 자연과의 본질적인 관계를 엄정하게 규

정하고 통찰하는 어휘로는 '환경'이 그다지 적절해 보이지 않는다고 생각하게 되었다. 그리하여 나는 바람직하고 이상적인 대안으로 '생태계' 개념을 제시하게 된 것이다.

'환경'이 단편적인 인간중심주의적 사고를 반영할 수밖에 없는 것이라 한다면, '생태계'는 모든 생명체의 상호 의존성을 불가피한 것으로 간주하는 총체적 사고 체계의 소산이라 할 수 있다. 따라서 나는 생태계를 등한시하거나 도외시하는 '환경 정책'이란 것이 과연 어떤 가치를 지닐 수 있는지 되묻지 않을 수 없었다. 결국 나는 생태 위기의 원천적인 극복을 위해서는 인간 중심적 사고에서 탈피해 생명 중심적 가치관으로 나아가는 패러다임의 근본적 대혁신이 필수적이라는 믿음에 이르게 되었다. 나는 인간의 생존을 보다 근원적으로 확고하게 보장하고 보강할 수 있는 원동력으로 작용할 수 있는 범주로 생태계를 이해한 것이다. 따라서 생태계를 '환경'의 상위개념으로, 그리고 '환경'을 '생태계'의 종속 개념으로 파악했다.

또한 나는 이러한 생태계의 근원적 속성과 생태계와 환경 간의 불가분의 상호 관계를 고려해, '생태 환경'이란 개념이 보다 적실하다고 판단하게 되었다. 이런 관점에서 나는 '생태 환경'을 모든 생명체의 상호 의존성 및 상호 보완성에 대한 믿음을 모태로 하는 인간적 삶의 조건이라 규정했다. 나아가 이를 자연환경과 인공 환경의 변증법적 종합개념으로 이해하기도 했다. 말하자면 지속 가능한 인간적 삶과 더불어 모든 생명체의 무한한 공존·공생을 추구하는 실천적 개념을 '생태 환경'이라 할 수 있다는 말이다. 그리고 이런 맥락에서, 단순히 '환경 운동'이라 부를 게 아니라, 오히려 '생태 운동' 나아가 '생태 환경 운동'이라 명명하는 것이 보다 호소력이 있을 뿐만 아니라 더욱 타당하지 않겠는가 하는 소견까지 제시하게 되었다.

이러한 개념적 이해에 기초해, 나는 생태문제 자체를 원천적으로 자연에 대한 인간의 권리 문제로서가 아니라 오히려 인간의 의무와 직결되는 것으로 파악했다. 그러므로 나는 '생태 환경' 민주주의를 모든 생명체 상호 간의 동등권 복원 이념으로 인식하는 것이다.

이런 의미에서, '생태 환경' 민주주의를 크게 두 개의 범주를 포괄하는 것으로 해석한다. 하나는, 인간 중심적 환경, 다시 말해 인간 사회의 '환경' 민주화이고, 다른 하나는, 전체 생태계를 대상으로 하는 '생태' 민주화이다. 따라서 '생태 환경' 민주주의의 본질에 대한 분석을 토대로, 결론적으로 그 자연스러운 지향점으로서 '현대 원시주의' 생태론에 이르렀다. 그러므로 '환경' 민주주의는 인간 중심적 환경, 말하자면 인간 사회에서의 민주화 추진 이념으로서 인간다운 삶의 구현, 요컨대 자연 친화적인 인간의 기본권 신장을 목표로 한다. 반면에 전체 생태계를 대상으로 하는 '생태' 민주주의는 인간이 앞장서는 '자연의 기본권' 쟁취를 추구한다. 하지만 이러한 '생태 환경' 민주주의의 기본적인 정신적·실천적 목표 의식이 이미 앞에서도 살펴본 자연적 '휴머니즘'의 기본 요청, 요컨대 '평등 의식 및 연대 정신'의 함양에 근거를 둘 수밖에 없음은 지극히 자연스러운 일이라 할 수 있다.

이런 의미에서 '환경' 민주화 운동은 궁극적인 '생태 환경' 민주화를 쟁취하기 위한 전 단계적 과업을 수행하게 된다. 이를테면 '환경' 민주화 운동은 자연의 '휴머니즘'을 어떻게 '사회화'할 것인가를, 곧 자연을 살리기 위해 사회적 평등 및 연대를 어떻게 구축해 낼 것인가를 자신의 기본 목표로 삼는다는 말이다. 반면에 '생태' 민주화 운동은 자연의 '휴머니즘'을 어떻게 '자연화'할 것인가, 다시 말해 전 생태계에 걸쳐 생명체 상호 간의 평등 및 연대를 어떻게 구현해 낼 것인가 하는 목표를 향해 나아간다고 말할 수 있다. 그것은 결국 '현대 원시주의'의 구현을 궁극적인 목표로 삼는다. 이런 맥락에서 나는 생태계의 일가 친족 또는 겨레붙이와 다를 바 없는 모든 생명체가 당연히 함께 누려야 할 동등한 생존권을 쟁취함으로써 궁극적으로 자연과의 합일을 성취해 낼 수 있으리라는 희망찬 믿음에 입각한 '생태 환경' 민주주의를 구체화했다.

'깨물어 안 아픈 손가락 없다' 하듯이, 자연 앞에서는 모든 생명체가 동등한 존재일 수밖에 없다. 그러므로 전 생명체가 생래적으로 동등한 존재라는 절대 명제에 순종함으로써 평등한 생명 공동체 건설을 위해 일로 매진하는 것, 이것이 바로 '생태 환경' 민주주의의 기본 정신인 것이다. 따라서 '생태 환경' 민주주의는 의당 이 '생태계'에 존재하는 모든 생명체의 평화공존을 지향한다. 무엇보다 생태계야말로 자연과 인간, 그리고 인간과 인간이 상호 불가분의 관계로 결연해 있는 운명 공동체이기 때문이다. 그러므로 '너'가 존재하기 때문에 '내'가 존재할 수 있고, 또 '너'가 존엄하기 때문에 '나' 역시 존엄할 수 있다는 믿음에 뿌리를 드리울 수밖에 없다. 그리하여 나는 모든 생명체 상호 간, 그리고 인간과 인간 사이의 온전한 평등 체제를 수립하기 위한 전 생태계의 연대 구축을 '생태 환경' 민주주의의 본질적 목표로 인식하는 것이다. 이와 같이 자연이야말로 모든 생명체가 조화롭게 어울려 공존·공생하는 가족적 생명 공동체가 되어야 한다는 관점에서 볼 때, 예컨대 4대강 사업은 '동족상잔' 및 '친족 살해' 행위와 다를 바 없다고 말할 수 있다.

어쨌든 '환경' 민주주의는 자연에 순응함으로써 인간이 비로소 참다운 인간이 될 수 있다고 믿는 '인간의 자연주의' 원리에 입각하는 것이라 말할 수 있다. 그러므로 인간이 규정적인 존재로 부각될 수밖에 없다. 반면에 '생태' 민주주의는 인간의 '자연', 즉 인간적 본성이 자연에 그 뿌리를 두고 있다고 믿는 '자연의 휴머니즘' 정신에서 출발한다. 따라서 자연이 지배적인 존재로 인식된다. 이런 의미에서 '현대 원시주의' 생태론은 '환경' 민주주의와 '생태' 민주주의의 변증법적 종합개념이라 말할 수 있다. 따라서 이러한 생태론을 통해 비로소 인간과 자연의 궁극적인 합일을 도모할 수 있는 획기적인 계기가 확보되리라 여겨진다.

이렇게 볼 때, 우리에게는 현재 두 가지 유형의 공동체적 유대가 절실히 요망된다.

하나는 인간과 인간 사이에, 그리고 다른 하나는 인간과 자연 사이에 이루어져야 할 공동체적 연대인 것이다. 첫 번째 인간과 인간 사이, 곧 인간 사회의 공동체적 연대가 곧 '환경' 민주화 운동의 표적이라 한다면, 두 번째 인간과 자연 상호 간, 곧 생태계의 공동체적 결속은 '생태' 민주화 운동의 목표라 할 수 있다. 따라서 한편으로는 인간과 인간, 그리고 다른 한편으로는 인간과 자연의 합일을 성취해 내는 것, 이것이 바로 '생태 환경' 민주주의의 기본 정신이라 할 수 있다. 이런 의미에서 그것은 바로 '현대 원시주의’ 생태론의 모태로 작용하게 되는 것이다.

그런데 이러한 가치와 정신을 주도적으로 이끌어 갈 존재는 과연 누구인가? 자연을 가장 빼닮았음에도 자연을 가장 교묘히 학대하는 인간이 바로 이러한 ‘생태 환경’ 민주화 운동을 주도하지 않으면 안 된다. 무엇보다 자연의 선택된 피조물로서, 이 생태계의 신경중추가 바로 인간이기 때문이다. 이 역할을 부여받은 것 자체가 실은 자연의 위대한 선물이라 하지 않을 수 없다.

그런데 나는 이 ‘현대 원시주의’ 정신을 실질적으로 구현하는 존재로 ‘현대적 원시인’을 상정하면서, 그 모범적인 사례로서 ‘아마존 밀림 공동체’와 아메리카 인디언의 삶의 궤적을 추적했다. 나는 이들이야말로 ‘자연과의 합일’을 성취해 낸 인간일 뿐만 아니라, 동시에 온전한 공동체적 평등과 연대를 수립한 ‘자연의 휴머니스트’라고 해석했다. 그리하여 나는 이들을 ‘영혼 없는 기계’와는 상극적인 ‘현대적 원시인’이라 규정하게 된 것이다.

이러한 ‘현대 원시주의’ 생태론은 한마디로 ‘바이오필리아’의 세계를 지향한다. 무엇보다 ‘현대 원시주의’가 근원적으로 ‘양면적 합일성’을 추구하는 것으로 판단되기 때문이다. 요컨대 자연과 인간의 합일, 그리고 인간과 인간의 합일이 바로 그것이다. 그리고 이러한 합일 지향성은 바로 ‘자연의 휴머니즘’이 배태한 생래적 평등 정신과 연대 의식에 의해 촉진된다. 따라서 ‘현대 원시주의’ 생태론은 바로 이러한 ‘원시적’ 가치를 문명 세계의 생태 환경 속에 현현해 내는, 윤리적인 환경 정의와 정의로운 생태 윤리의 정립을 목표로 한다고 말할 수 있다.

이런 의미에서 우리의 '현대 원시주의' 생태론적 임무 역시 양면적이라 할 수 있다.

첫째로, 자연 앞에서는 모든 인간이 궁극적으로는 평등한 존재임에 유념해야 한다. 따라서 우리는 힘을 모아 탈脫이기적 공생·공존·공영의 세계를 함께 지향해야 한다. 특히 불우하고 소외당하는 동료 인간이 가까이 있다면, 그들의 인간적 해방을 위해 더불어 헌신해야 할 준엄한 사명을 지니고 있다. 이것이 바로 '환경' 민주화를 의미하는 것이다.

둘째로, 생태계의 모든 생명체들이 동등한 내재적 가치를 지니고 있음에 주목해야 한다. 따라서 모든 생명체들이 상호 공생·공존·공영을 함께 누려 나갈 수 있는 공정한 생태 환경을 지속적으로 조성해 나갈 의무 또한 더불어 나눠 지지 않으면 안 된다. 이것이 바로 '생태' 민주주의의 기본 목표인 것이다.

우리 현대인이 힘을 사랑하는 인간이 아니라 사랑의 힘을 가진 존재로서, '인도주의적인 원시인' 또는 '고상한 원시인'으로도 일컬어질 수 있는 '현대적 원시인'으로 거듭 태어날 것을 촉구하며 나는 이 저술을 마감했다.

하지만 '생태 환경' 민주주의의 기본 토대 위에서 '원시적인' 삶의 양태를 현대화해 내고자 하는 이러한 '현대 원시주의' 생태론적 시도가 불가피하게 유토피아적인 속성을 안고 있음은 결코 숨길 수 없는 사실이다. 그러나 인간 세계에 문제의 영원한 해결은 있을 수 없다. 문제의 영원한 지속만이 있을 뿐이다. 바로 그렇기 때문에 우리 인간에게는 유토피아가 필연적으로 요구되는 것이다. 유토피아는 실현될 수 없는 것임에도 불구하고 그것이 실현될 수 있다는 꿈을 우리에게 끊임없이 불러일으킨다. 그를 통해 우리 인간은 앞으로 나아가는 힘을 얻는다. 이러한 힘이야말로 결코 뿌리칠 수 없는 역사 발전의 동력인 것이다.

결국 이 저술에서도 나는 또다시 해묵은 '현실적 이상주의자' 신세를 면치 못했다. 유토피아의 실현 불가능성을 믿기 때문에 '현실적'이오, '그럼에도 불구하고' 유토피아를 쫓기 때문에 '이상주의자'인 것이다. 면목 없이 이 타이틀만 장수한다.

그러나 우리 앞에는 앞으로 반드시 함께 풀어 나가야 할, 지난하긴 하지만 지극히 본질적인 과제들이 우리를 노려보고 있다. 문제가 어디 한둘일까만은, 보다 시급하다고 여겨지는 다음과 같은 몇 개의 문제를 대표적으로 골라내, 공론의 대상으로 삼았으면 한다.

첫째로, 자연과학의 성과를 적극적으로 수용하면서, 어떻게 생물학적 삶을 위기에 빠뜨리지 않을 수 있겠는가? 나아가 자연의 섭리를 존중하면서, 어떻게 인류의 생존을 평화롭게 보장받을 수 있을까?

둘째로, 이른바 '환경 운동' 및 '생태주의'의 사회 계급적 기반은 과연 무엇이고 무엇이 되어야 할까? 예컨대 충분한 먹거리와 주거 등 '삶의 질'과 직결된 분야에서 지구상 절대다수의 인구가 심각한 고통 속에 놓여 있음은 널리 알려진 사실이다. 무엇보다 인간의 생존과 직결된 세계적인 식량 문제 하나만을 우리의 생태론적 애정과 관심에 견주어 보더라도, 우리는 주체하기 힘든 곤혹스러움에 빠져들지 않을 수 없다. 예컨대 전 세계 인구의 53%가 빈곤선에서 허덕이고 있다. 그리하여 60억 세계 인구 중 11~12

억 명 정도가 기아와 식량 부족으로 고통받고 있는 게 현실이다. 이처럼 엄청난 수의 동료 인간들이 근본적인 결핍에 시달리고 있는 상황임에도, '자연보호'라는 순결한 명분을 내걸고 자연 자원을 계속 깨끗이 '수호'하고자 하는 정조貞操 행위가 과연 얼마나 정당화될 수 있겠는가?

혹시 우리는 자연보호의 기치를 내걸며 결국엔 이 자연의 최후의 보루이기도 한 인간의 보호에는 눈감아 버리는 비인간적·비자연적인 작태를 태연히 자행하는 것은 아닐까? 이처럼 근본적인 필요가 결여된 상황에서, 자원을 환경보호의 이름으로 수호하는 것은 동료 인간의 고통에 눈감는 위선적 행위는 아닐까? 가령 우리나라에서도 환경보호 차원에서 높이 애호 받는 고가의 '친환경' 식품이나 유기 농산물의 주 고객은 과연 어떤 사회계층에 속하는 사람들일까? 요컨대 자연보호 문제는 계급적 문제일까, 아니면 인간적 문제일까?

셋째로, 그런데 어떻게 하면 인간의 자유와 주체성을 계속 키워 나가면서도 자연의 섭리에 순응하는 삶의 방식을 계속 살려 나갈 수 있을까?

꿈은 시련을 동반하는 법이다.

하지만 "지나친 물질적 축복에 대한 약간의 이성적 경멸만큼 유익한 것은 없다."[1]

---

1 알도 레오폴드, 『모래 군(郡)의 열두 달 : 그리고 이곳 저곳의 스케치』(송명규 옮김, 도서출판 따님, 2010), 19쪽.

참고문헌

계명대학교 철학연구소 편. 1995. 『인간과 자연』. 서광사.

고제희. 2009. 『부자 생태학 : 자연과 인간의 상생 관계 속에 숨겨진 부의 비밀』. 왕의서재.

구달, 제인. 2003. 『희망의 이유』. 박순영 옮김. 궁리.

구달, 제인·마크 베코프. 2003. 『제인 구달의 생명 사랑 십계명』. 최재천·이상임 옮김. 바다.

구달, 제인·세인 메이너드·게일 허드슨. 2010. 『희망의 자연』. 김지선 옮김. 사이언스북스

기든스, 앤서니. 2009. 『기후변화의 정치학』. 홍욱희 옮김. 에코리브르.

기무라 아키노리. 2010. 『사과가 가르쳐준 것』. 최성현 옮김. 김영사.

김경동. 2010. 『기독교 공동체운동의 사회학 : Koinonia의 이론과 전략』. 한들 출판사.

김기주. 2002. "동양 自然觀의 비교철학적연구 : 동서 자연관의 거시적 비교와 전망,"『동양 철학』, vol. 16.

김명호. 1996. 『자연, 사람 그리고 한의학』. 역사비평사.

______. 2002. 『생각으로 낫는다 : 생각을 치료하는 한의사 김명호의 생명 이야기』. 역사비평사.

김병수. 2007. 『사람에게 가는 길 : 팔당 농부의 세계 공동체 마을 순례 여행』. 마음의 숲.

김용민 외. 2010. 『MB 똥꾸 하이킥』. 도서출판 자리.

김재기. 2010. 『여행의 숲을 여행하다 : 인문학의 눈으로 바라본 여행의 모든 것』. 향연.

김정남. 2010. "몸으로 일구어 낸 한 살림 : 박재일,"『공동선』, 11+12월호.

김정욱. 2010. 『나는 반대한다 : 4대강 토건 공사에 대한 진실 보고서』. 느린걸음.

______. 2010. "4대강 사업의 문제점과 진정한 강 살리기,"『공동선』, 03+04월호.

김종원. 2000. 『지구환경 위기와 생태적 기회』. 계명 대학교 출판부.

김현우 외. 2010. 『착한 에너지 기행 : 기후 정의 원정대, 진짜 녹색을 찾아 세계를 누비다』. 이매진.

김형오. 2010.『이 아름다운 나라』. 생각의 나무.

남종영. 2010.『북극곰은 걷고 싶다』. 한겨레출판.

노터봄, 세스. 2010.『산티아고 가는 길』. 이희재 옮김. 민음사.

다카기 진자부로. 2007.『지금 자연을 어떻게 볼 것인가』. 김원식 옮김. 녹색평론사.

달, 로버트. 2010.『정치적 평등에 관하여』. 김순영 옮김. 후마니타스.

도킨스, 리처드. 2010.『눈먼 시계공』. 이용철 옮김. 사이언스북스.

라페, 프란시스 무어·애나 라페. 2005.『희망의 경계』. 신경아 옮김. 시울.

레오폴드, 알도. 2010.『모래 군(郡)의 열두 달 : 그리고 이곳저곳의 스케치』. 송명규 옮김.
        도서출판 따님.

루소, 장 자크. 1995.『에밀』. 민희식 옮김. 육문사.

_____. 2003.『인간 불평등 기원론』. 주경복 옮김. 책세상.

_____. 2008.『루소의 식물 사랑』. 진형준 옮김. 살림.

루아, 가브리엘. 2004.『내 생애의 아이들』. 김화영 옮김. 현대문학.

리더스 다이제스트. 1993.『과학 상식 시리즈I : 자연의 이해』. 동아출판사

마르크스, 칼. 2001.『데모크리토스와 에피쿠로스 자연철학의 차이(마르크스 박사학위 논
        문)』. 고병권 옮김. 그린비.

마텔, 루크. 1999.『녹색사회론 : 현대 환경의 사회이론적 이해』. 대구사회연구소환경연구부
        옮김. 한울아카데미.

맥키벤, 빌. 2005.『자연의 종말』. 진우기 옮김. 양문.

문규현. 2011. "원전과 생태 민주주의, 하느님 나라,"『녹색평론』, 121집, 11-12월.

뮤어, 존. 2005.『녹색의 신비』. 김용호 옮김. 현대문화센터.

박상철. 2009.『생명의 미학 : 어느 생화학자의 뜻으로 본 생명』. 생각의 나무.

박수용. 2011.『시베리아의 위대한 영혼』. 김영사.

박영수. 1998.『지식 속의 지식 2730』. 석필.

박은정. 2007.『자연에서 배운 옛사람들의 과학살이』. 서영경·한상언 그림. 대교출판.

박이문. 1997.『문명의 미래와 생태학적 세계관』. 당대.

박호성. 1994. "루소의 자연 개념 : '비판적' 자연과 '창조적' 자연,"『한국정치학회보』, Vol.
        27, No. 2.

박호성. 2007.『휴머니즘론 : 새로운 시대정신을 위하여』. 나남.

______. 2009.『평등론 : 자유민주주의·사회민주주의·맑스주의의 이론과 현실』. 창작과비평.

______. 2009.『공동체론 : 화해와 통합의 사회·정치적 기초』. 효형.

______. 2011. "자연의 휴머니티에 관한 소고,"『시대와 철학』, 2011년 여름호, 제22권 2호.

배종호. 1987. "東洋哲學으로 본 自然觀 : 儒學의 傳統과 科學,"『범한철학』, vol. 1.

법정. 1998.『산에는 꽃이 피네』. 류시화 엮음. 동쪽나라.

______. 2008.『아름다운 마무리』. 문학의 숲.

______. 2010.『무소유』. 범우사.

베니어스, 재닌 M. 2010.『생체모방』. 최돈찬·이명희 옮김. 시스테마

베코프, 마크. 2011.『동물 권리선언 : 우리가 동물의 소리에 귀 기울여야 하는 여섯 가지 이
        유』. 윤성호 옮김. 미래의 창.

북친, 머레이. 1997.『사회 생태론의 철학』. 문순홍 옮김. 솔.

블록, 앨런. 1989.『서양의 휴머니즘 전통』. 홍동선 옮김. 범양사 출판부.

비티, 앤드루·폴 에얼릭. 2005.『자연은 알고 있다』. 크리스틴 턴불 그림·이주영 옮김. 궁리.

새 가정사 편집부. 1974. "감사절의 유래와 각국 풍속,"『새가정』, 통권 231호.

서강대 생명문화연구원. 2001.『생명의 길을 찾아서』. 민지사.

서문성 엮음. 2006.『삶의 지혜와 진리가 담긴 인연 산책 : 인연과 이야기』. 미래북.

서영표·영국 적록연구그룹. 2010.『사회주의, 녹색을 만나다 : 생태주의, 사회주의, 민주주
        의』. 한울아카데미.

성염·김석수·문명숙. 1998.『인간이라는 심연 : 철학적 인간학』. 철학과현실사.

세네카, 루키우스 안나이우스. 2002.『인생이 왜 짧은가』. 천병희 옮김. 숲.

송명규. 2008.『현대 생태 사상의 이해』. 도서출판 따님.

______. 2010.『후투티를 기다리며』. 도서출판 따님.

송영배 외. 1998.『인간과 자연 : 유기체적 자연관과 동서철학 융합의 가능성』. 철학과현실사.

슈만, 하랄트·크리스티아네 그레페. 2010.『신자유주의의 종언과 세계화의 미래』. 김호균
        옮김. 영림카디널.

스즈키, 데이비드. 2012.『마지막 강의 : 지속 가능한 미래를 상상하라』. 오강남 옮김. 서해문집.

시오노 나나미. 2000.『로마인 이야기 1 : 로마는 하루아침에 이루어지지 않았다』. 김석희

옮김. 한길사.

아리스토텔레스. 1984. 『니코마코스 윤리학』. 최명관 옮김. 서광사

______. 2006. 『정치학』. 이병길 옮김. 박영사.

아비히, 클라우스 미하엘 마이어. 2001. 『자연을 위한 항거』. 박명선 옮김. 도서출판 도요새.

안종수. 2006. 『동양의 자연관』. 한국학술정보.

알트, 프란츠. 2003. 『생태주의자 예수』. 손성현 옮김. 나무심는사람.

야마오 산세이. 2002. 『여기에 사는 즐거움』. 이반 옮김. 도솔.

야오간밍. 2010. 『노자 강의』. 손성하 옮김. 김영사.

양근석·이을상. 1998. "동양의 자연관과 생태 철학의 이념 : 유가 사상을 중심으로," 『국민윤리연구』, 39호.

에치오니, 아미타이. 2007. 『제국에서 공동체로 : 국제관계의 새로운 접근』. 조한승·서헌주·오영달 옮김. 매봉.

오세창. 1993. "東洋의 自然觀에關한硏究," 『사회문화연구』, vol. 12.

오스트럼, 일리노. 1999. 『집합행동과 자치제도 : 집합적 행동을 위한 제도의 진화』. 윤홍근 옮김. 자유기업센터.

오제키 슈지·가메야마 스미오·다케다 가즈히로 엮음. 2007. 『환경사상 키워드』. 김원식 옮김. 알마.

오츠 슈이치. 2010. 『죽을 때 후회하는 스물다섯 가지』. 황소연 옮김. 21세기북스.

외암사상연구소 편. 2009. 『서양이 동양으로 걸어오다』. 철학과현실사.

우종영. 2002. 『나는 나무처럼 살고 싶다』. 중앙 M&B.

원경. 2011. "자연과 나는 불이(不二)," 『詩人』, 제14권, 도서출판 시인.

월드워치연구소 엮음. 2010. 『소비의 대전환 : 2010 지구환경보고서』. 오수길·곽병훈·정용일·이은숙 옮김. 도요새.

윌슨, 에드워드. 2000. 『인간 본성에 대하여』. 이한음 옮김. 사이언스북스.

유원기. 2009. 『자연은 헛된 일을 하지 않는다 : 아리스토텔레스의 자연철학』. 서광사.

유정길. 2001. "생명과 종교 : 불교적 사유로 인식한 생태적 세계관과 생명윤리," 『생명의 길을 찾아서』. 서강대 생명문화연구원. 민지사.

윤구병. 2010. 『자연의 밥상에 둘러앉다』. 휴머니스트.

윤재근. 2006. "동양적 자연관,"『본질과 현상』, vol. 3.

이기상. 2006. "생명의 진리와 생명학 : 지구 생명 시대에 요구되는 생명문화 공동체,"『생명
　　　사상과 전 지구적 살림 운동』. 세계생명문화포럼-경기2006 자료집.

이도원 엮음. 2010.『한국의 전통 생태학 1, 2』. 사이언스 북스.

이성. 2010.『돈바위산의 선물』. 생각의 나무.

이영문. 2007.『사람이 주인이라고 누가 그래요?』. 한문화멀티미디어.

이진우. 2010.『니체의 차라투스트라를 찾아서』. 책세상.

이진우·이은주. 2010.『제5의 물결, 녹색인간』. 이담북스.

임효선. 1996.『삶의 정치사상 : 동서 정치사상 비교』. 한길사.

자브나, 존·소피 자브나·제시 자브나. 2010.『새롭고 적극적인 지구를 살리는 방법 50』. 황
　　　성돈 옮김. 물병자리.

정연교·한형조. 1998. "동서양의 자연과 정치 : 서구 자유주의와 그에 대한 동양의 응답," 송
　　　영배 외,『인간과 자연 : 유기체적 자연관과 동서철학 융합의 가능성』. 철학과현실사.

정운. 2005.『맨발의 붓다』. 무우수.

정인석. 2005.『인간 중심 자연관의 극복 : 공생의 자기실현을 위하여』. 나노미디어

조홍섭. 2009.『생명과 환경의 수수께끼』. 고즈윈.

진교훈. 2001. "생명과 철학 : 철학에서 본 생명," 서강대 생명문화연구원,『생명의 길을 찾
　　　아서』. 민지사.

최민자. 2007.『생태정치학 : 근대의 초극을 위한 생태정치학적 대응』. 도서출판 모시는사람들.

최병성. 2010.『강은 살아 있다 : 4대강 사업의 진실과 거짓』. 황소걸음.

______. 2011.『대한민국이 무너지고 있다 : 4대강, 토건 국가 대한민국의 슬픈 자화상』. 오
　　　월의봄.

최영진. 2000. "『주역』에서 보는 인간과 자연의 관계 : 他者觀을 중심으로,"『동양철학』, vol. 13.

최재천. 2005.『생명이 있는 것은 다 아름답다』. 효형.

최종덕. 1997. "자연주의 세계관과 동양의학의 자연관 : 한의학의 철학에서 본 한국인의 자
　　　연관,"『한방성인병학회지』, vol. 3.

최진석. 2000. "도가의 자연관과 생태 문제 : 老子를 중심으로,"『동양철학』, vol. 13.

츠지 신이치. 2003.『슬로우 이즈 뷰티풀』. 권희정 옮김. 빛무리.

카르티에, 라셀·장 피에르 카르티에. 2010. 『인디언과 함께 걷기 : 현대 인디언들이 세상에 전하는 메시지』. 길잡이 늑대 옮김. 문학의 숲.

카슨, 레이첼. 2009. 『침묵의 봄』. 김은령 옮김. 에코리브로.

캔필드, 잭·마크 빅터 한센·스티브 칙맨 엮음. 2005. 『자연이 우리에게 준 1001가지 선물』. 신혜경 옮김. 도솔.

코바르치크, W. 슈미트. 1992. 『사회적 실천, 자연 그리고 변증법 : 마르크스 이론의 성립과 핵심 구조』. 이부현·이찬훈 옮김. 동녘.

콜링우드, R. G. 2004. 『자연이라는 개념』. 유원기 옮김. 이제이북스.

토다 키요시. 1996. 『환경 정의를 위하여 : 환경 파괴의 구조와 엘리뜨주의』. 김원식 옮김. 창작과비평.

패니치, 리오·클린 레이스 엮음. 2007. 『자연과 타협하기』. 허남혁 외 옮김. 필맥

포스터, 존 벨라미. 2003. 『생태계의 파괴자 자본주의』. 추선영 옮김. 책갈피.

포스텔, 샌드라·브라이언 릭터. 2009. 『생명의 강 : 인간과 자연을 위한 21세기 강 살리기의 새로운 패러다임』. 최동진 옮김. 뿌리와 이파리.

플라톤. 1997. 『국가』. 박종현 옮김. 서광사.

플래너리, 팀. 2007. 『지구온난화 이야기』. 이충호 옮김. 지식의풍경.

핑커, 스티븐. 2004. 『빈 서판 : 인간은 본성을 타고 나는가』. 김한영 옮김. 사이언스북스.

하루야마 시게오. 1999. 『뇌내 혁명』 3권. 심정인 옮김. 사람과책.

호킹, 스티븐·레오나르드 믈로디노프. 2010. 『위대한 설계』. 전대호 옮김. 까치.

호페, 한스헤르만. 2004. 『민주주의는 실패한 신인가 : 군주제, 민주주의 및 자연적 질서의 경제와 정치』. 박효종 옮김. 나남.

홉스, 토머스. 2008. 『리바이어던 : 교회국가 및 시민국가의 재료와 형태 및 권력』, 1권. 진석용 옮김. 나남.

홍성태. 2004. 『생태 사회를 위하여』. 문화과학사.

______. 2010. 『생명의 강을 위하여 : 생태사회학자 홍성태 교수의 4대강 지키기 제안』. 현실문화.

황훈영. 1999. 『우리 역사를 움직인 33가지 철학』. 푸른숲.

헌팅턴, 새뮤얼. 2008. 『문명의 충돌』. 이희재 옮김. 김영사.

휘터만, A. P.·A. H. 휘터만. 2004. 『성서 속의 생태학』. 홍성광 옮김. 황소걸음.

휴즈, 도날드. 1998. 『고대 문명의 환경사』. 표정훈 옮김. 사이언스 북스.

홈, 데이비드. 1996. 『인간 본성에 관한 논고 2 : 정념에 관하여』. 이준호 옮김. 서광사.

______. 1998. 『인간 본성에 관한 논고 3 : 도덕에 관하여』. 이준호 옮김. 서광사.

Arblaster, Anthony. 1987. *The Rise and Decline of Western Liberalism.* Basil Blackwell.

Arne Naess. 1989. *Ecology, Community and Lifestyle*(translated/edited by D. Rothenberg). Cambridge University Press.

Autorenteam des HDS(Hochschulinitiative Demokratischer Sozialismus). 1977. *Zur Einführung in die Theorie des Demokratischen Sozialismus*(Europäische Verlagsanstalt: Frankfurt/M./Köln.

Barbara Mettler-v. Meibom. 2008. *Wertschätzung: Wege zum Frieden mit der inneren und äußeren Natur.* 2.Aufl. Kösel-Verlag, München.

Bell, Daniel. 1976. "The End of American Exceptionalism," in Nathan Glazer and Irving Kristol(eds.), *The American Commonwealth.* New York: Basic Books.

Benton, Ted. 1989. "Marxism and Natural Limits : An Ecological Critique and Reconstruction," *New Left Review*, No. 178[테드 벤튼, "맑스주의와 자연의 한계 : 생태주의적 비판과 재구성," 『읽을꺼리』 6호(2000년 7월), 70쪽].

Allaby, Michael(ed.), 2010. *A Dictionary of Ecology.* Oxford University Press.

Böhme, Gernot und E. Schramm(Hg.). 1985. *Soziale Naturwissenschaft.* Frankfurt.

Böhme, Gernot. 1992. *Natürlich Natur : über Natur im Zeitalter ihrer technischen Reproduzierbarkeit.* Suhrkamp Verlag, Frankfurt am Main.

Dahrendorf, Ralf. 1987. *Fragmente eines neuen Liberalismus.* Stuttgart.

Dann, Otto. 1980. *Gleichheit und Gleichberechtigung : Das Gleichheitspostulat in der alteuropäischen Tradition und in Deutschland bis zum ausgehenden 19. Jahrhundert.* Duncker & Humblot, Berlin.

Engels, Friedrich. "Herrn Eugen Dührings Umwälzung der Wissenschaft(Anti-Dühring)," MEW 20.

Green, Philip. 1981. *The Pursuit of Inequality*. Pantheon Books: New york.

Hartz, Louis. 1955. *The Liberal Tradition in America : An Interpretation of American Political Thought Since the Revolution*. New York: Harcourt, Brace and World.

Hester, Randolph T. 2006. *Design for Ecological Democracy*. MIT Press, Cambridge·Massachusetts London, England.

Hobbes, Thomas. 1968. *The Leviathan*. edited by C. B. Macpherson. Penguin.

Honey, W. B. 1949. *Nature God and Man : a pamphlet*. Pen-In-Hand, Oxford.

Locke, John. 1976. *The Second Treatise of Government*. Basil Blackwell.

Maslow, Abraham H. 1987. *Motivation and Personality*. Revised by Robert Frager, James Fadiman(Addison Wesley Longman, Inc., NewYork/Reading, etc.)[『인간의 동기와 성격』. 조대봉 옮김, 교육과학사, 1992)].

Nasr, Seyyed Hossein. 1997. *Man and Nature : The Spiritual Crisis in Modern Man*. ABC International Group, Inc., Chicago.

Parkin, Frank. 1971. *Class Inequality and Political Order : Social Stratification in Capitalist and Communist Societies*. New York: Praeger Publishers.

Passmore, John. 1974. *Man's Responsibility for Nature : Ecological Problems and Western Traditions*. Charles Scribner's Sons, New York.

Plant, Raymond. 1991. *Modern Political Thought*. Basil Blackwell.

Rouner, Leroy S.(ed.), 1984. *On Nature*. University of Notre Dame Press, Notre Dame, Indiana.

Rousseau, J. J. 1982. *A Discourse on the Origin of Inequality*, trans., G.D.H. Cole, in *The Social Contract and the Discourses*. Everyman's Library.

Russell, Bertrand. 1949. *Authority and the Individual*. Allen & Unwin. London.

Schmied-Kowarzik, Wolfdietrich. 1984. "Zur Dialektik des Verhältnisses von Mensch und Natur : Eine philosophiegeschichtliche Problemskizze zu Kant und Schelling," in Hans Jörg Sandkühler(Hg.), *Natur und geschichtlicher Prozess: Studien zur Naturphilosophie F. W. J. Schellings : mit einem Quellenanhang als Studientext und einer Bibliographie*. 1. Aufl., Suhrkamp Verlag, Frankfurt am Main.

Smith, Adam. 1910. *The Wealth of Nations*. Dent/Everyman. Book IV.

Stjerno, Steinar. 2004. *Solidarity in Europe : The History of an Idea*. Cambridge University Press.

Strauss, Leo. 1974. *Natural Right and History*. University of Chicago Press.

Tawney, R. H. 1952. *Equality*. London: George Allen & Unwin LTD.

Weber, Max. 1958. "Der Nationalstaat und die Volkswirtschaftspolitik," *Gesammelte politische Schriften*. Tübingen.

절반의 인민주권 | E. E. 샤츠슈나이더 지음, 현재호·박수형 옮김

민주주의와 법의 지배 | 아담 쉐보르스키·호세 마리아 마리발 외 지음, 안규남·송호창 외 옮김

지겹도록 고마운 사람들아 | 오도엽 지음

박정희 정부의 선택 | 기미야 다다시 지음

의자를 뒤로 빼지 마 | 손낙구 지음, 신한카드 노동조합 기획

와이키키 브라더스를 위하여 | 이대근 지음

존 메이너드 케인스 1·2 | 로버트 스키델스키 지음, 고세훈 옮김

존 메이너드 케인스(세트) | 로버트 스키델스키 지음, 고세훈 옮김

시장체제 | 찰스 린드블롬 지음, 한상석 옮김

권력의 병리학 | 폴 파머 지음, 김주연·리병도 옮김

팔레스타인 현대사 | 일란 파페 지음, 유강은 옮김

자본주의 이해하기 | 새뮤얼 보울스·리처드 에드워즈·프랭크 루스벨트 지음,
    최정규·최민식·이강국 옮김

한국 정치의 이념과 사상 | 강정인·김수자·문지영·정승현·하상복 지음

위기의 부동산 | 이정전·김윤상·이정우 외 지음

산업과 도시 | 조형제 지음

암흑의 대륙 | 마크 마조워 지음, 김준형 옮김

부러진 화살(개정판) | 서형 지음

냉전의 추억 | 김연철 지음

만들어진 현실 | 박상훈 지음

정치와 비전 2 | 셸던 월린 지음, 강정인·이지윤 옮김

현대 일본의 생활보장체계 | 오사와 마리 지음, 김영 옮김

복지한국, 미래는 있는가(개정판) | 고세훈 지음

분노한 대중의 사회 | 김헌태 지음

정치 에너지 | 정세균 지음

워킹 푸어, 빈곤의 경계에서 말하다 | 데이비드 K. 쉬플러 지음, 나일등 옮김

거부권 행사자 | 조지 체벨리스 지음, 문우진 옮김

왜 사회에는 이견이 필요한가 | 카스 R. 선스타인 지음, 박지우·송호창 옮김

초국적 기업에 의한 법의 지배 | 수전 K. 셀 지음, 남희섭 옮김

한국 진보정당 운동사 | 조현연 지음

근대성의 역설 | 헨리 임·곽준혁 엮음

브라질에서 진보의 길을 묻는다 | 조돈문 지음

동원된 근대화 | 조희연 지음

의료 사유화의 불편한 진실 | 김명희·김철웅·박형근·윤태로·임준·정백근·정혜주 지음

대한민국 정치사회 지도(수도권 편) | 손낙구 지음

인권을 생각하는 개발 지침서 | 보르 안드레아센·스티븐 마크스 지음, 양영미·김신 옮김

불평등의 경제학 | 이정우 지음

왜 그리스인가 | 자클린 드 로미이 지음, 이명훈 옮김

민주주의의 모델들 | 데이비드 헬드 지음, 박찬표 옮김

노동조합 민주주의 | 조효래 지음

대한민국 정치사회 지도(집약본) | 손낙구 지음

유럽 민주화의 이념과 역사 | 강정인·오향미·이화용·홍태영 지음

우리, 유럽의 시민들? | 에티엔 발리바르 지음, 진태원 옮김

민주화 이후의 민주주의(개정2판) | 최장집 지음

지금, 여기의 인문학 | 신승환 지음

비판적 실재론 | 앤드류 콜리어 지음, 이기홍·최대용 옮김

누가 금융 세계화를 만들었나 | 에릭 헬라이너 지음, 정재환 옮김

정치적 평등에 관하여 | 로버트 달 지음, 김순영 옮김

한낮의 어둠 | 아서 쾨슬러 지음, 문광훈 옮김

모두스 비벤디 | 지그문트 바우만 지음, 한상석 옮김

진보와 보수의 12가지 이념 | 폴 슈메이커 지음, 조효제 옮김

한국의 48년 체제 | 박찬표 지음

너는 나다 | 손아람·이창현·유희·조성주·임승수·하종강 지음
    (레디앙, 삶이보이는창, 철수와영희, 후마니타스 공동 출판)

정치가 우선한다 | 셰리 버먼 지음, 김유진 옮김

대출 권하는 사회 | 김순영 지음

인간의 꿈 | 김순천 지음

복지국가 스웨덴 | 신필균 지음

대학주식회사 | 제니퍼 워시번 지음, 김주연 옮김

국민과 서사 | 호미 바바 편저, 류승구 옮김

통일 독일의 사회정책과 복지국가 | 황규성 지음

아담의 오류 | 던컨 폴리 지음, 김덕민·김민수 옮김

기생충, 우리들의 오래된 동반자 | 정준호 지음

깔깔깔 희망의 버스 | 깔깔깔 기획단 엮음

노동계급 형성과 민주노조운동의 사회학 | 조돈문 지음

시간의 목소리 | 에두아르도 갈레아노 지음, 김현균 옮김

법과 싸우는 사람들 | 서형 지음

작은 것들의 정치 | 제프리 골드파브 지음, 이충훈 옮김

경제 민주주의에 관하여 | 로버트 달 지음, 배관표 옮김

정치체에 대한 권리 | 에티엔 발리바르 지음, 진태원 옮김

작가의 망명 | 안드레 블첵·로시 인디라 지음, 여운경 옮김

지배와 저항 | 문지영 지음

한국인의 투표 행태 | 이갑윤 지음

그들은 어떻게 최고의 정치학자가 되었나 1·2 | 헤라르도 뭉크·리처드 스나이더 지음,
　　정치학 강독 모임 옮김

이주, 그 먼 길 | 이세기 지음

법률가의 탄생 | 이국운 지음

헤게모니와 사회주의 전략 | 에르네스토 라클라우·샹탈 무페 지음, 이승원 옮김

갈등과 제도 | 최태욱 엮음